I0666221

CE QU'ON VOIT

ET

CE QU'ON NE VOIT PAS

Frédéric Bastiat

COLLECTION RETOUR AU TEXTE

DOMINIQUE REMI
Les lois de Vichy
Actes dits "lois"
de l'autorité de fait se prétendant
"gouvernement de l'État français"
(2ème édition)

PROCES DE NUREMBERG
PRÉSENTÉ PAR MICHEL DOBKINE
Crimes et humanité
Extraits des actes
du procès de Nuremberg
18 octobre 1945 - 1er octobre 1946

Les Constitutions d'Anderson
TEXTE DE 1723
TRADUIT EN FRANÇAIS
ET PUBLIÉ PAR DE LA TIERCE EN 1742
Histoire, Obligations et Statuts
de la très Vénérable Confraternité
des Francs-Maçons
(2ème édition)

PIE XI / GOEBELS
Le dernier avertissement
Pie XI : encyclique Mit brennender Sorge
(Avec une profonde inquiétude)
Goebbels : Dernier avertissement
aux catholiques allemands

PIERRE-JOSEPH PROUDHON
Du Principe Fédératif
et de la nécessité de reconstituer
le parti de la révolution

FRÉDÉRIC BASTIAT

Ce qu'on voit

et

CE QU'ON NE VOIT PAS

Préface
JACQUES GARELLO
Professeur à l'Université
d'Aix en Provence

La table ronde
de la première édition
était présidée par
ALAIN MADELIN
Ancien ministre,
président de Démocratie Libérale

Seconde édition
sixième mille

Romillat

Préface

à la seconde édition

2001. Voici un nouveau siècle, un nouveau millénaire : pourquoi pas une nouvelle France ? Voilà aussi le bicentenaire de la naissance de Frédéric Bastiat : pourquoi ne pas lui rendre hommage et, à cette occasion, écouter ses conseils ?

Bastiat n'a-t-il pas été récemment traduit en chinois pour guider les premiers pas de l'empire de Mao sur le chemin de la liberté [1] ?

Mais comme nul n'est prophète en son pays, Bastiat demeure inconnu chez nous, alors même que c'est dans les œuvres de l'économiste français que l'on trouve la réponse aux grands défis de la société contemporaine. Ignorer Bastiat est un luxe, une erreur, une injustice que la France ne peut se permettre aujourd'hui.

Mais, direz-vous, que faire d'une œuvre datée de la première moitié du XIXe siècle – Bastiat est mort à Rome en 1850 ? En deux siècles, vous allez le voir, la pensée de Bastiat n'a pas pris une seule ride. Pour deux raisons : parce que le « mal français » rongeait déjà notre pays, mais surtout parce que les principes et les préceptes de Bastiat sont de tous les pays, de toutes les époques. C'est le propre d'une démarche scientifique de déboucher sur un savoir intemporel, universel. Bastiat était à ce

1/ Par les soins d'une Fondation allemande (Friedrich-Naumann-Stiftung, 1996). Ronald Reagan et Margaret Thatcher ont été, entre autres, des émules de Bastiat.

point pétri de science économique qu'il a pu en 1840 imaginer dans le détail les difficultés insurmontables, les erreurs dramatiques, que rencontrerait la société du futur si, d'aventure, les hommes libres remettaient leur destin entre les mains des hommes de l'Etat.

Visionnaire, Jules Vernes de l'économie ? Je ne le crois pas : les prophéties de Bastiat sont étayées par les grands théorèmes énoncés par les pères fondateurs de la science économique : Adam Smith en Angleterre certes, mais non moins (certains disent davantage) par Turgot et Jean Baptiste Say en France [1].

Vous trouverez dans les pages qui suivent tout ce qu'on peut dire sur l'explosion de la Sécurité Sociale, sur les conséquences des trente cinq heures et du traitement social du chômage, sur la mondialisation et les anti-mondialistes, sur les privilèges et les grèves de la fonction publique, sur la corruption et les affaires, sur les énarques, sur les syndicats et les groupes de pression, sur les promesses électorales, sur la bureaucratie.

L'actualité des écrits de Frédéric Bastiat est impressionnante, renversante. Lisez une page de Bastiat à vos amis sans en citer la source, et demandez-leur de quel quotidien ou de quel magazine elle a été extraite, ils la croiront de la plume d'un journaliste ou d'un écrivain contemporain.

*

Le débat qui a précédé la première édition [2] de ce recueil de textes a le mérite de souligner tout le profit que nous pouvons tirer aujourd'hui de cette œuvre datée de deux siècles. Mais, ce qui me paraît encore plus extraordinaire, et ce qui sans doute a séduit tant de réformateurs à l'étranger (hélas !), c'est le souffle, c'est la foi qui anime ces pages. Voilà en quoi Bastiat va bien au-delà des grands

---

1 / C'est la thèse soutenue par Murray Rothbard, *Economic Thought Before Adam Smith*, Edward Elgar ed. Sur Turgot, voir l'ouvrage présenté par Alain Laurent Turgot, éd. Belles Lettres, 1998. Sur la contribution des Français à la naissance de la science économique et du libéralisme, voir Alain Madelin *Aux sources du modèle libéral français*, ed. Perrin, 1995.
2 / Voir la Table Ronde infra p.14.

économistes classiques. Non seulement il facilite la compréhension des problèmes contemporains, non seulement il analyse, il explique, il démonte le jeu des comportements, des interactions humaines, mais il plaide, il proteste, il enrage, il dénonce, il enflamme, il espère, il incite, et son enthousiasme est vite communicatif.

Quelle cause Bastiat a-t-il ainsi épousée, qui le dévore et vous transporte ? C'est la cause du peuple, des petites gens, de ceux qui ont tout à gagner du progrès des sciences et des techniques, mais qui en seront finalement exclus par la volonté cupide de ceux qui gouvernent.

Le chemin de fer raccourcit-il les distances, et met-il les choux de Bruxelles à meilleur prix dans l'assiette du Parisien ? Des droits de douane et des réglementations rétabliront « l'équilibre » : le prix du chou ne baissera pas. C'est évidemment la logique de la politique agricole commune avec le principe des « prix européens ». Et pourquoi donc ? Parce que ceux qui font la législation sur les choux, les transports et les douanes sont eux-mêmes sous la pression des José Bové de tous les temps, la pression des producteurs. Délibérément, Frédéric Bastiat se met du côté de la majorité silencieuse des consommateurs.

A mon humble connaissance, il est, avec son mentor Richard Cobden, le seul économiste du XIXe siècle à avoir pris ce parti. Les uns vantaient les mérites et flattaient les intérêts des financiers (Ricardo), des entrepreneurs (J.B.Say), des « travailleurs » (Marx, Proudhon). Seul Bastiat s'est battu pour la masse informe et inorganisée des consommateurs.

Certes, comme il le dit, nous sommes tous à la fois producteurs et consommateurs. Mais nous mettons plus facilement notre casquette de producteurs. Le gain de pouvoir d'achat n'est guère conçu que comme un accroissement des revenus ; il n'existe que pour ceux qui exercent leurs talents dans des activités ou des entreprises à haute productivité (ce qui à la limite est admissible) ou pour ceux qui tirent leurs revenus d'un privilège ou d'une redistribution existant au détriment des autres (ce qui est injuste).

Pourquoi le gain de pouvoir d'achat ne proviendrait-il pas essentiellement de la baisse des prix, née elle-même de la concurrence qui oblige les producteurs non seulement à réaliser des performances supérieures mais aussi et surtout à abandonner le plus clair de leurs progrès à la clientèle ? « La concurrence est cette force humanitaire indomptable qui arrache le progrès, à mesure qu'il se réalise, des mains de l'individualité, pour en faire l'héritage commun de la grande famille humaine. [1]». Voilà pourquoi s'enflamme Bastiat : la diffusion du progrès à tous les hommes, l'économie au service des autres.

Avec Jean Baptiste Say (mais mieux que lui, comme le prouve son analyse de la valeur [2]), il a été l'un des rares économistes à présenter le marché comme un échange de services, comme une organisation tournée vers les autres, extravertie (alors qu'ordinairement on assimile le marché au libre jeu des appétits et des intérêts égoïstes).

✻

Ce sont les gens les plus modestes, les peuples les plus pauvres, qui ont intérêt à la concurrence, qui leur apporte le progrès « à domicile » parce que la baisse des prix leur permet d'accéder à des consommations naguère réservées à une minorité. La « société de consommation » tant décriée a conduit des millions d'hommes de la misère à l'aisance. La « société de production », dont le modèle le plus pur a été l'économie planifiée, a enfermé des milliards d'hommes dans la misère, le désespoir et le totalitarisme.

Prendre le parti du consommateur, c'est se mettre du côté de ceux qui n'ont jamais droit à la parole, qui ne sont jamais entendus dans le débat public.

1/ F. Bastiat *Harmonies Economiques*, Guillaumin, 5° édition, 1864, p.355.

2 / id. loc. le chapitre V *De la Valeur* pp.140 sq.

Celui-ci se réduit aux seuls groupes de producteurs dûment organisés, capables de peser sur le budget public ou la législation pour obtenir des privilèges, c'est à dire, des passe-droits, des passe-concurrences, appelés encore « rentes » : ce n'est pas le client qui fait la loi, c'est le législateur.

Loi du marché ou loi de l'Etat ? Le conflit est permanent, en France il a tourné pour l'instant en faveur de l'Etat. Mais l'Etat français est épuisé, harassé [1], il ne sait plus où donner de la tête parce qu'il n'a plus assez d'argent pour tenir toutes ses promesses, pour entretenir toute sa clientèle. Il lui reste la législation, mais elle se heurte à son tour aux engagements internationaux que la France a contractés vis-à-vis de l'Europe certes (on pourrait encore s'en accommoder en trichant un peu, pour peu que les Allemands veuillent bien s'aligner sur notre position), mais surtout vis-à-vis du reste du monde : la mondialisation, quelle catastrophe !

＊

Vous aurez compris que Bastiat nous porte non seulement au cœur du débat actuel sur la mondialisation, sur le fonctionnement des démocraties modernes, sur la nature et les missions de l'Etat, mais aussi aux côtés de tous ces gens qui souffrent des infractions à la loi du marché et par un réflexe suicidaire se retournent vers l'Etat qui ne peut plus rien pour eux, et qui est à l'origine de ces infractions et des dégâts qu'elles causent par priorité à ceux qui sont en bas de l'échelle sociale sans grand espoir de promotion.

A ceux-là il faut dire, avec les mots et les arguments de Bastiat : voyez dans le marché et la concurrence les vraies chances d'amélioration de votre pouvoir d'achat, de promotion et d'épanouissement personnels, voyez dans la libre entreprise et le libre échange les occasions de servir les autres, de mettre vos capacités à la disposition de l'humanité entière.

---

1 / R. Fauroux et B. Spitz, *Notre Etat*, Plon, 2001. Les Enarques se penchent au chevet de « leur » Etat, pour essayer de le sauver…

Voyez au contraire dans l'étatisme et le collectivisme l'origine de vos difficultés, des injustices nées des privilèges, voyez dans le socialisme non pas la défense mais la perte de votre dignité, car une élite éclairée prétend vous prendre en charge, vous entraîner dans le piège de l'assistance et de l'irresponsabilité.

Voilà donc les gens pour lesquels Bastiat se mobilise, et pour lesquels ses disciples actuels se battent aujourd'hui : ceux qui veulent vivre dignement de leurs œuvres, de leurs mérites et de leurs sacrifices, comme travailleurs, entrepreneurs, épargnants. Ceux qui n'attendent rien de privilèges et d'exemptions réservés aux amis et aux serviteurs du pouvoir.

Bastiat n'est ni du côté des riches (car il en est de bons et de mauvais) ni du côté des puissants (car ils cherchent surtout à conserver ou renforcer leur puissance) ni du côté des agitateurs (car ils font usage de la violence pour obtenir des rentes aux dépens des autres).

Il est du côté du peuple, de l'immense majorité faite des gens consciencieux mais silencieux, honnêtes mais volés, vertueux mais démodés. A la Chambre des Députés où il a été élu en 1848, Bastiat n'a voulu siéger ni à droite ni à gauche, ce clivage ne l'intéressait pas et il a pris des coups des deux côtés, parce que la droite conservatrice défend des positions acquises qui ne perdurent que par protection, et que la gauche révolutionnaire entend remplacer les protections anciennes par de nouvelles, on change seulement la caste des protégés.

Le vrai clivage est entre ceux qui vivent par l'Etat et ceux qui font vivre l'Etat, entre ceux qui mangent et ceux qui se font plumer : dramatique inégalité, scandaleuse inégalité, que nul statisticien de l'INSEE ne mesurera jamais, mais qui empoisonne la vie quotidienne des Français, qui contient en germe des affrontements qui seront de plus en plus violents, des ruptures de plus en plus nettes (notamment entre les générations). Pour préserver la paix intérieure, pour établir l'harmonie sociale, il est plus que jamais nécessaire d'écouter et de suivre Bastiat.

Vous dirais-je enfin que la lecture de Bastiat est un bain de jouvence, de fraîcheur, tant la plume de notre économiste est alerte, vive, acerbe parfois, humoristique toujours ? Les images sont d'un réalisme étonnant (l'Etat devrait amputer les travailleurs de leur bras gauche pour diminuer leur productivité et éviter ainsi le chômage – transposition immédiate aux 35 heures !).

Le verbe est puissant, la faconde est celle des Landais et des Basques. La phrase est limpide. Ces textes ne constituent pas un traité soporifique et savant, ils sont brefs, enchaînent des pamphlets, des slogans et des maximes dont la plus célèbre demeurera sans doute « l'Etat est cette grande fiction sociale à travers laquelle chacun essaie de vivre aux dépens de tous les autres ».

✠

Je remercie les éditions Romillat d'avoir accepté d'offrir ce nouveau cadeau aux Français. Je ne voudrais pas oublier non plus tous mes amis de l'ALEPS qui ont donné leur accord pour soutenir cette réédition, et qui ont dans le passé contribué à sortir Bastiat de l'oubli ou du mépris, en particulier Florin Aftalion, Raoul Audouin et Gilbert Fournier et Alain Madelin [7].

JACQUES GARELLO
Marseille, 12 Février 2001

---

1 / F. Aftalion, *Œuvres Economiques de F. Bastiat*, PUF, coll. Libre Echange, 1979. R. Audouin, *Frédéric Bastiat. Providence and Liberty*, Acton Institute 1991.
G. Fournier a créé le premier *Cercle Frédéric Bastiat* à Grenoble. La salle Frédéric Bastiat et sa bibliothèque constituent un véritable musée Bastiat.
A. Madelin a été l'instigateur de la première édition de *Ce qu'on voit et Ce qu'on ne voit pas*, alors qu'il était Ministre des Entreprises, Romillat 1993.
L'ALEPS est l'Association pour la Liberté Economique et le Progrès Social, 35 Avenue Mac Mahon, 75017 PARIS. La bibliothèque de l'ALEPS (av. Mac Mahon) détient la collection complète du *Journal des Economistes*, dans lequel Bastiat n'a cessé d'écrire, de 1844 à sa mort (1850). Il existe plusieurs sites Internet sur Bastiat, on peut les consulter à partir du site de l'ALEPS www.libres.org

Table ronde enregistrée
le 22 novembre 1993

Participants

Alain Madelin,
Ministre des Entreprises
et du Développement ;

Florin Aftalion,
Professeur d'économie à l'Essec ;

Gilbert Fournier,
Président du Cercle
Frédéric Bastiat de Grenoble ;

Jacques Garello,
Professeur d'économie
à l'Université Aix Marseille ;

Henri Lepage,
Délégué général
de l'Institut Euro 92 ;
Pascal Salin, Professeur d'économie
à l'Université de Paris-Dauphine ;

Alain Martinet, éditeur.

Table ronde

L'Éditeur :

En préparant cette Table Ronde, j'ai consulté l'Histoire des idées sociales de Maxime Leroy, ouvrage en trois volumes, 1330 pages et 2000 entrées d'index – publié par la NRF entre 1946 et 1954. De Montesquieu à Proudhon, personne n'est oublié, pas même madame de Staël... Mais pas trace de Bastiat !

Pourquoi Frédéric Bastiat est-il à ce point tombé dans l'oubli, alors qu'il est l'auteur d'une œuvre remarquable ?

Pascal SALIN :

Ce n'est certes pas le résultat d'un complot. Je pense que c'est plutôt le symptôme de la haine dont fait l'objet le libéralisme à notre époque, en particulier chez nous. Dire que Bastiat a été oublié n'est pas tout à fait exact ; il a été oublié en France. Aux États-Unis, *La Loi* a été publié en un million d'exemplaires et cet ouvrage a eu une influence considérable. Reagan lui-même a dit que Bastiat fut l'un des cinq auteurs qui l'avaient marqué. C'est un "produit" qui a bien marché à l'exportation, mais qui n'a pas trouvé un marché intérieur favorable, pour ainsi dire.

TROP LIMPIDE

D'autre part, les gens ont tendance à confondre l'aspect scientifique et l'aspect incompréhensible. Bastiat va tellement à l'encontre des modes économiques que cela ne fait pas sérieux ; il est trop limpide, en quelque sorte.

Alain MADELIN :

Lors d'une visite à New York, je me trouve avec la direction du *Wall Street Journal*, et au cours de la conversation je cite *Ce qu'on voit et ce qu'on ne voit pas*. Quelques mois plus tard, le *Wall Street Journal* a publié le texte en disant : « un de nos amis français de passage à New York a signalé l'existence de ce texte qui nous paraît suffisamment intéressant pour être porté à l'attention de nos lecteurs dans son intégralité ». La traduction a rempli une page entière du journal. Il est peu probable que l'on voie la même chose se produire en France...

UN OUBLI RÉCENT

J'ai été curieux de voir jusqu'à quelle époque Bastiat a été enseigné. J'ai chez moi une collection de manuels d'économie politique : l'un des plus importants, celui de Joseph Garnier, a marqué plusieurs générations jusqu'au lendemain de la Première guerre mondiale. Cet ouvrage est rempli de références à Bastiat : dans la table des auteurs figurent Bastiat, Chevallier, Adam Smith et Jean-Baptiste Say. Un grand nombre des textes de Bastiat y sont représentés.

S'il a été oublié, cet oubli date donc essentiellement de l'après-guerre.

Jacques GARELLO :

En effet, l'oubli est de fraîche date. Au début du siècle, on compte une quinzaine d'ouvrages sur Bastiat. L'Académie des Sciences Morales et Politiques a décerné le Prix Léon Fouché en 1904 à une étude sur la vie et les oeuvres de F. Bastiat.

Alain MADELIN :

A l'époque de sa polémique avec Proudhon, Bastiat a été publié dans *La Voix du Peuple*. Il y a eu un échange de lettres entre les deux hommes ; Proudhon le créditait d'ailleurs d'être un homme de gauche, il faisait plutôt un éloge personnel de Bastiat. Mais ils avaient un différend essentiel à propos du crédit gratuit, Proudhon voulant montrer que l'avenir appartenait au crédit gratuit, ce dont doutait évidemment fortement Bastiat.

Florin AFTALION :

Au point de vue de l'ana-lyse économique, l'apport de Bastiat est double : d'une part, il a clairement expliqué un certain nombre de phénomènes, notamment le libre-échange, et d'autre part il a appliqué la théorie économique au fonctionne-ment des institutions.

Alain MADELIN :

En ce qui concerne le libre-échange, il n'a pas seulement été un théoricien, mais également un acteur politique engagé. Il a fait le tour de la France pour convaincre les gens des avantages du libre-échange. Il a correspondu avec Cobden en Angleterre.

Dans *Abondance, Disette* (*Sophismes Économiques*), il a montré pourquoi seul le consommateur souhaitera l'abondance, la concurrence et le libre-échange, alors que le producteur deman-dera toujours des mesures protectionnistes pour favo-riser la disette, donc la hausse des prix, etc. Les voeux des consommateurs sont vertueux.

Dans ce contexte, on trouve également l'histoire édifiante de M. Prohibant,

marchand français d'acier à la frontière belge. Ce mon-sieur s'aperçoit qu'il est concurrencé par les fabri-cants d'acier belges et décide d'aller à la frontière pour tirer sur les produc-teurs belges qui traversent la frontière. Après avoir réfléchi, il se dit cependant que cela peut être dange-reux, puisque ses concur-rents belges risquent eux aussi de tirer. C'est alors qu'il se rappelle qu'il existe à Paris une fabrique de lois, dite l'Assemblée Nationale, qui pourra obtenir le même résultat, sans effusion de sang.

Pascal SALIN :

Il est intéressant de noter qu'on tend à notre époque à penser que le protection-nisme est une chose "à part". On peut être partisan de l'économie libérale tout en prônant des politiques protectionnistes, ne serait-ce que pour protéger l'éco-nomie de marché. C'est un problème d'une extrême actualité.

Jacques GARELLO :

Dans la préface de son livre, Louvion écrit à ce propos que : « Bastiat a séduit, parce que les questions qui ont agité son temps n'ont à l'heure présente rien perdu de leur intérêt, parce que les luttes auxquelles il a pris part sont celles dont nous sommes aujourd'hui les spectateurs ou les acteurs, parce qu'en face du protectionnisme triomphant et du socialisme menaçant, il importe de lever le drapeau du libéralisme et d'opposer une énergique résistance à des courants dangereux. »

C'était en 1905.

L'ÉDITEUR :

Peut-on expliquer alors pourquoi la tradition à laquelle appartient Bastiat s'est maintenue aux États-Unis, et non en France ?

UNE TRADITION VIVANTE
AUX ÉTATS-UNIS

Henri LEPAGE :

Bastiat (1801-1850), fut précédé par Charles Comte, Charles Dunoyer et les idéologues aux environs de 1820. En amont, on trouve Jean-Baptiste Say et surtout Destutt de Tracy. Ce dernier fut l'auteur d'un manuel d'économie politique.

Par ailleurs, l'ambassadeur américain pendant la Révolution française Thomas Jefferson, l'ami de Destutt de Tracy, fréquentait à l'époque de la Constituante les meilleurs salons parisiens. Lorsque Jefferson, après avoir été le second président des États-Unis, a créé la première faculté d'économie politique du pays, à Charlottesville (l'Université de Virginie), il a écrit son propre manuel d'économie politique qui était en réalité la traduction de l'ouvrage de Destutt de Tracy. Ce dernier, avec Say, sont ainsi à l'origine de la formation économique des générations d'étudiants américains jusqu'au début de ce siècle.

Gilbert FOURNIER :

En 1849, une délégation américaine de passage à Paris a contacté Bastiat pour lui réclamer la suite de son oeuvre – qui n'était pas encore écrite.

Jacques GARELLO :

Les Américains, fraîchement indépendants, n'aimaient pas beaucoup l'école classique anglaise.

Ils ont largement ignoré Ricardo, par exemple.

La notoriété de Bastiat est bien établie à l'époque ; tous les grands économistes le reçoivent à Paris. Il était question de créer une chaire d'économie politique. Il y en avait une au Collège de France instituée pour Say en 1815, mais pas à l'Université. On voulait faire de Bastiat le premier professeur universitaire d'économie politique. Il avait donc une grande influence pendant cette période.

Lorsque Bastiat vient participer aux débats à Paris dans les gazettes et le *Journal des Economistes*, il était engagé dans une lutte quotidienne avec Proudhon. Ils avaient tous les deux le génie de la formule : à la une du *Peuple*, il y avait tous les jours un slogan de Proudhon, et Bastiat lui répondait tous les jours.

Florin AFTALION :
Il convient de rappeler que Bastiat s'est fait connaître en écrivant un article sur l'Angleterre et le libre-échange, publié dans le *Journal des Economistes*. En résumé, il y disait que l'Angleterre allait abandonner toutes ses protections commerciales de façon unilatérale – il n'était pas question de les négocier à l'époque –, moyennant quoi elle allait devenir la première puissance commerciale du monde. Et c'est ce qui s'est passé. Personne ne se réfère plus à sa capacité de prédiction aujourd'hui ; on est revenu à négocier des restrictions au libre-échange au lieu de réaliser que tout le monde à intérêt à les abolir, même de manière unilatérale.

L'ÉTAT EST LA GRANDE FICTION À TRAVERS LAQUELLE CHACUN ESSAIE DE VIVRE AUX DÉPENS DES AUTRES

L'ÉDITEUR :
Dans mes lectures, j'ai été frappé par ce que dit Bastiat au sujet de l'idée d'un "État minimum". Peut-on établir un rapport avec l'action politique aujourd'hui ? Car il faut rappeler que Bastiat, parallèlement à son activité d'écrivain, siège à l'Assemblée Nationale, qu'il est Vice-Président de la Commission des Finances et qu'il enseigne l'économie politique.

Pascal SALIN :

Sa célèbre formule « L'État est la grande fiction à travers laquelle chacun essaie de vivre aux dépens des autres » consiste à dire que toute l'action étatique est purement redistributive et soumise à la pression de groupes d'intérêt particuliers. Son analyse du marché politique est extrêmement moderne, elle démontre que l'État ne poursuit que des objectifs extrêmement spécifiques et que la notion d'intérêt général est dénuée de sens. Le gain obtenu par certains se fait aux dépens des autres ; ce n'est pas un jeu à somme nulle, mais à somme négative.

Alain MADELIN :

J'utiliserai plutôt l'expression d'"État optimum". Car l'État a un rôle extrêmement important à jouer, ne serait-ce que pour faire respecter la loi juste et pour garantir la sécurité. Si je dis "État optimum", c'est aussi parce que Bastiat démontre, par une analyse économique rigoureuse, comment un grand nombre de tâches qu'assume l'État peuvent être exécutées à meilleur compte et dans l'intérêt de tous grâce aux mécanismes de l'économie libre.

L'OPPOSITION ENTRE LES *DROITS DE* ET LES *DROITS À*

Henri LEPAGE :

Bastiat se situe dans une tradition du droit naturel qui n'est jamais explicitée dans ses ouvrages. Pourquoi ? Tout simplement parce que c'est l'approche dominante à son époque : c'est le droit naturel thomiste et lockien qui forme le cadre intellectuel du débat. Les partisans de l'école de Manchester, par contre, se réfèrent à Hobbes et donc à la tradition matérialiste et déterministe du droit naturel.

Alain MADELIN :

C'est l'opposition entre les "droits de" (droits négatifs) et les "droits à" (droits positifs). Les derniers apparaissent en 1848 : c'est à cette époque que l'on retrouve pour la première fois la notion du "droit au travail. Tocqueville, dans un grand discours, démontre bien les dérives qui risquent de se produire dès lors que l'on s'engage dans le concept du "droit au travail". A ce moment, Bastiat est député, mais on ne l'entend pas au cours de ce débat. Dans une de ses correspondances, il développe ce qu'il aurait voulu dire à ce sujet s'il n'avait pas été absent du débat parlementaire pour cause de maladie.

Florin AFTALION :
La compréhension de Bastiat des rouages de l'État était tellement fine : il a prévu l'instauration de la Sécurité sociale – et qu'elle serait déficitaire, avant même qu'elle n'existe[1] !

L'ÉDITEUR :
Mais en même temps, il ne s'oppose pas à une certaine idée de la solidarité.

On peut être contre son étatisation et des pratiques trop lourdement redistributives, tout en prônant l'idée de l'individu à la fois solidaire et autonome.

Gilbert FOURNIER :
Bastiat dit à ce sujet que, naïvement exhumée notamment par J-J Rousseau, l'idée erronée que « le législateur a inventé la société, a induit à penser que la solidarité est de création législative », d'où l'assujettissement à une « solidarité artificielle agissant en sens inverse de la solidarité naturelle ».

Jacques GARELLO :
Il estime que l'État, dans toutes ses attributions,

---

(1) « Il est aisé de deviner le rôle qu'il [le gouvernement] s'attribuera. Son premier soin sera de s'emparer de toutes ces caisses sous prétexte de les centraliser; et, pour colorer cette entreprise, il promettra de les grossir avec des ressources prises sur le contribuable. « Car, dira-t-il, n'est-il pas bien naturel et bien juste que l'État contribue à une œuvre si grande, si généreuse, si « philanthropique, si humanitaire » ? Première injustice : faire entrer de force dans la société, et par le côté des cotisations, des citoyens qui ne doivent pas concourir aux répartitions de secours. Ensuite, sous prétexte d'unité, de solidarité (que sais-je ?), il s'avisera de fondre toutes les associations en une seule soumise à un règlement uniforme.
« Mais, je le demande, que sera devenue la moralité de l'institution, quand sa caisse sera alimentée par l'impôt ; quand nul, si ce n'est quelque bureaucrate, n'aura intérêt à défendre le fonds commun ; quand chacun, au lieu de se faire un devoir de prévenir les abus, se fera un plaisir de les favoriser ; quand aura cessé toute surveillance mutuelle et que feindre une maladie ce ne sera autre chose que jouer un bon tour au gouvernement ? [...]
« ... bientôt qu'arrivera-t-il ? Les ouvriers ne verront plus dans la caisse commune une propriété qu'ils administrent, qu'ils alimentent, et dont les limites bor-

même légitimes, il faut s'en méfier. Il faut se méfier également des « hommes de l'État », comme il les appelle.

Florin AFTALION :
C'est une extrapolation. Il s'exprime plutôt sur les pressions qui s'exercent sur l'État. Le rôle de l'État est de défendre les droits de propriété. Ce qu'il dispute, ce sont les hommes qui tentent de dévier l'État de son rôle légitime.

Jacques GARELLO :
Il reste qu'il est précurseur en ce sens qu'il anticipe les théories de *Public Choice* qui se sont développées seulement à partir de 1960 environ.
Quels que soient les hommes d'État, aussi imbus soient-ils d'esprit de bénévolat et d'intérêt général,

les mécanismes du jeu électoral exigent qu'ils fassent toujours passer des intérêts privés, corporatifs, avant l'intérêt général. L'un de ses grands combats, et c'est ce qui le rapproche de Hayek, consiste à dire que l'État est fait pour faire respecter le droit, mais non pour faire le droit. Et cela aboutit à ce qu'on peut appeler l'État gendarme. Ce n'est pas un État législateur, ni bien évidemment un État-providence ou un État redistributif. Bastiat partage le point de vue de Lysander Spooner : l'impôt, c'est du vol, c'est de la spoliation.

Pascal SALIN :
Lorsqu'il dit que les dépenses publiques se substituent toujours aux dépenses privées, cela est tout de même la marque d'un scepticisme extraordi-

---

nent leurs droits. Peu à peu, ils s'accoutumeront à regarder le secours en cas de maladie ou de chômage, non comme provenant d'un fonds limité préparé par leur propre prévoyance, mais comme une dette de la Société. Ils n'admettront pas pour elle l'impossibilité de payer, et ne seront jamais contents des répartitions. L'État se verra contraint de demander sans cesse des subventions au budget. Là, rencontrant l'opposition des commissions de finances, il se trouvera engagé dans des difficultés inextricables. Les abus iront toujours croissant, et on en reculera le redressement d'année en année, comme c'est l'usage, jusqu'à ce que vienne le jour d'une explosion. Mais alors on s'apercevra qu'on est réduit à compter avec une population qui ne sait plus agir par elle-même, qui attend tout d'un ministre ou d'un préfet, même la subsistance, et dont les idées sont perverties au point d'avoir perdu jusqu'à la notion du Droit, de la Propriété, de la Liberté et de la Justice. » Cité par Florin Aftalion, in *Œuvres économiques,* PUF, Paris 1983.

naire à l'égard de l'État. Celui-ci doit effectivement défendre le droit de propriété et garantir le droit de légitime défense. L'État n'a pas d'autre tâche.

Par ailleurs, le libre-échange doit d'abord être considéré du point de vue moral. La propriété est créatrice de richesses, mais l'échange génère aussi des valeurs. La propriété, comme l'échange, est un droit moral.

Alain MADELIN :
Les valeurs morales créent de la valeur ajoutée, en somme. Il est intéressant de rappeler que dans les manuels d'instruction civique du XIXe siècle, les textes fondamentaux sur l'échange faisaient partie, non pas de la théorie économique, mais de l'enseignement moral. L'échange avait d'abord valeur morale, puis valeur économique.

Pour retourner à l'actualité des idées de Bastiat, je pense que, après une longue période pendant laquelle les idées économiques se sont obscurcies, tous ceux qui recherchent des idées claires, dotées d'une force logique très importante, trouveront leur bonheur dans les ouvrages de Bastiat.

Jacques GARELLO :
Le libre-échange – autre thème d'actualité – est un sujet très fécond car il recèle tous les principes fondamentaux de l'économie de marché. Car celle-ci est une économie de libre-échange, notamment de libre-échange de travail. Les frontières politiques n'ont rien à voir avec le libre-échange : ce dernier existe au niveau national aussi bien qu'international ; la différence entre les deux est purement factice.

Le libre-échange élargit la concurrence : il fait en sorte que les efforts de tous soient partagés par le plus grand nombre. Son plus grand mérite n'est pas de diviser le travail. Hayek dira que la concurrence est un processus de découverte permettant à chacun d'avoir plus d'informations que si chaque acteur était cloisonné. Libre-échange plus concurrence égalent découvertes, informations élargies et reconstitution du savoir éclaté, et ainsi de suite.

Par ailleurs, le raisonnement de Bastiat est que le libre-échange est ce qui fait que le producteur est obligé de renoncer à une partie de ce qu'il a créé pour le faire partager aux autres. Nous sommes tiraillés entre deux sentiments : l'un veut que nous travaillions pour nous-mêmes. Le producteur veut garder pour lui le résultat de ses efforts ; la propriété est indispensable pour le motiver à créer des richesses. D'un autre côté, le producteur cède naturellement à ses instincts monopolistes qui l'incitent à capter la rente. Or c'est la concurrence qui va lui arracher les résultats de ses activités pour en faire bénéficier l'ensemble de la communauté et des consommateurs.

LE POINT DE VUE DES PETITES GENS

Alain MADELIN :
Cela permet d'ajouter, sur le plan politique et moral, que le point de vue de Bastiat est celui du plus grand nombre, et surtout des petites gens. Bastiat se place parfois à droite, souvent à gauche, ce qu'il faut souligner. La concurrence et le libre-échange, à condition de les autoriser à fonctionner, sont les mécanismes féconds qui permettent de mettre l'énergie et le talent des plus capables (qui essaient d'échapper aux mécanismes concurrentiels) au service du plus grand nombre. C'est là le message social de Bastiat ; il est le défenseur des consommateurs.

Ce thème est d'ailleurs repris par Cobden en Angleterre, dans sa campagne pour *The Big Loaf* (la grosse miche de pain). Il a distribué des milliers de tracts dans les boulangeries anglaises dans lesquels il montrait les différences de taille entre le "pain protectionniste" et le "pain libre-échangiste".

Florin AFTALION :
C'est l'équivalent du "pain de la PAC" et le "pain sans PAC" ...

Alain MADELIN :
Si l'on voulait être efficace, on s'emploierait à reconstruire la gauche. Car

si l'on voulait faire quelque chose d'intelligent dans ce pays, ce serait de concourir à l'émergence d'une gauche libérale : elle serait fédéraliste avec Proudhon d'une part, et ce serait le parti des consommateurs avec Bastiat d'autre part.

Jacques GARELLO :

Où vont les gains de productivité ? Il y a deux catégories de bénéficiaires : les producteurs et les consommateurs. Les gains de productivité se transforment soit en augmentation des revenus au profit de ceux qui ont été les artisans du progrès, soit en baisse des prix pour ceux qui n'y ont pas participé. En situation monopolistique, la plus grande partie ira aux producteurs et les consommateurs n'auront qu'un minimum ; en régime concurrentiel, les producteurs vont se serrer la ceinture et les consommateurs vont maximiser leurs gains. C'est l'augmentation du pouvoir d'achat.

L'ÉDITEUR :

Mais c'est là un phénomène que l'opinion publique actuelle ignore en grande partie.

Jusqu'en 1914, la stabilité de l'étalon-or permettait de constater *de visu* la baisse des prix, phénomène que notre génération n'a jamais connu.

Jacques GARELLO :

De 1870 à 1906, l'essentiel des gains en matière de pouvoir d'achat se fait, non pas en termes d'augmentations de salaire mais par la baisse des prix. Il est vrai que, si l'on vous interroge pour savoir si vous préférez une hausse de salaire ou la baisse des prix, il est évident que vous allez opter pour la première alternative.

C'est là l'un des drames de la société d'économie mixte. On peut l'illustrer en faisant un tableau divisé entre le secteur concurrentiel et le secteur public. En ce qui concerne les gains de productivité, le producteur du secteur non-concurrentiel gagne sur les deux tableaux : en tant qu'entrepreneur, il obtient des augmentations de salaire, et en tant que consommateur il bénéficie des gains de productivité réalisés par l'économie libre. A l'inverse, si l'on se trouve dans le secteur concurrentiel, on perd sur les deux tableaux : on ne gagne pas en tant que producteur, puisque les dirigeants politiques sont protectionnistes, et on ne gagne pas non plus en faisant ses achats, du fait des prix plus élevés. D'ailleurs, Bastiat dénonçait les hauts salaires dans la fonction publique.

L'ÉDITEUR :
Il est allé jusqu'à reprocher une qualité excessive à la table du Président de la République et de quelques grands ministres, en expliquant que ce qu'ils mangent en plus se traduit forcément par quelque chose en moins ailleurs. Autrement dit, il y a *ce qu'on voit* et *ce qu'on ne voit pas.*
Cela dit, et pour revenir à l'actualité, quelle est l'analyse de Bastiat en ce qui concerne le problème de la création d'emplois ?

UN FORMIDABLE MESSAGE D'OPTIMISME

Alain MADELIN :
L'actualité de Bastiat est totale sur ce point. Il démontre la fécondité du libre-échange du travail et l'effet destructeur exercé par tous les obstacles qui s'y opposent, tant au niveau national qu'international. Il y a une continuité totale entre les deux, c'est exactement la même analyse. Il met en valeur le potentiel du libre-échange du travail et du déversement du gain de la concurrence dans le reste de l'économie, souvent sous la forme de création d'activités nouvelles. C'est à mon sens la seule analyse moderne de l'emploi. De plus, Bastiat porte un formidable message d'optimisme, car il montre que, tant qu'il existera des entrepreneurs et qu'on laisse fonctionner les mécanismes de libre-échange du travail, il y aura création permanente d'emplois. A cet égard, Bastiat a été le grand vulgarisateur de la loi des débouchés de J-B Say.

DE 6 % SOUS LA REINE VICTORIA À 60 % CENT ANS PLUS TARD

L'ÉDITEUR :
Il est frappant de voir le pourcentage du PIB actuellement recyclé par l'État : il y a 15 ans l'on disait que le socialisme était atteint avec

des dépenses publiques au-delà de 40% du PIB...

Jacques GARELLO :

Lorsqu'on parle d'État minimum, cela signifie que l'État prend en charge la Justice, la Police et la Défense, ce qui correspond à des dépenses publiques représentant environ 15 % du PIB. A titre d'exemple , l'État en Grande-Bretagne est passé de 6 % sous la reine Victoria à 60 % cent ans plus tard.

Henri LEPAGE

Mais avant cela, les dépenses publiques britanniques durent être réduites de 12 % durant les guerres napoléoniennes à 6 %. Il a fallu en effet rembourser les dettes de guerres, énormes pour l'époque...

A la fin du XVIIIe siècle, la part de l'État par rapport au revenu national était de 4 %. En 1822, le budget équivalait à 11 % du revenu national français. Un siècle plus tard, il n'en représentait encore que 13 %. Aujourd'hui, cette part varie selon les pays de 30 à 60 %.

Pascal SALIN :

En effet, Bastiat écrivait à une époque où la taille de l'État était infiniment inférieur à ses dimensions actuelles. On peut considérer qu'il partait en bataille contre des moulins à vent, des problèmes marginaux, et pourtant c'était pour lui le coeur du problème social. Il l'a parfaitement compris et il avait une optique intemporelle dont nous voyons aujourd'hui l'actualité, compte tenu des développements récents de la science économique. Il a prévu les aboutissants de la mécanique de croissance de l'État. Pour lui, l'économie politique devait être une réflexion cohérente à partir de présupposés très simples, fondés sur la connaissance de la nature humaine. Par un effort rationnel, il a ainsi anticipé le processus de croissance étatique dont nous connaissons actuellement le résultat.

Jacques GARELLO :

L'un de ses disciples a dit que, si Bastiat n'a pas à l'heure actuelle l'honneur qui lui revient, il sera néanmoins de nouveau à la mode au moment où le poids de l'État sera devenu insupportable.

Pascal SALIN :

L'économie n'a de sens que dans la mesure où elle permet de comprendre les choses concrètes. Bastiat fascine les économistes, mais aussi les gens qui n'ont pas cette formation, car il parle de problèmes concrets qui sont compréhensibles pour tout le monde. C'est remarquable.

Florin AFTALION :

Il y autre chose qui est un peu plus compliqué que le simple retour du balancier. Grâce à l'école du *Public Choice*, nous savons que la technique de l'État consiste à prendre peu à beaucoup de gens et de donner beaucoup à quelques-uns sur lesquels il puisse asseoir son pouvoir. C'est ainsi qu'il est très difficile de susciter un mouvement de foule contre l'État.

DES PERDANTS NETS
QUI NE LE RÉALISENT PAS

Pascal SALIN :

On donne quelque chose de visible à un coût invisible. Ce qui fait que ceux qui croient bénéficier de l'action étatique sont en réalité des perdants nets, mais ils ne le réalisent pas. Il est plus facile de demander une protection douanière pour soi-même que de lutter contre les privilèges protectionnistes des autres.

Jacques GARELLO :

Toujours est-il qu'il existe des seuils de tolérance. L'exagération d'État porte en elle-même le balancier. Que François Mitterrand, élu président en 1981 sur un programme marxiste, en soit amené à dire que « trop d'impôt tue l'impôt », ne reflète pas une conversion idéologique ; c'est uniquement l'observation d'un fait.

Alain MADELIN :

Bastiat a illustré avec une anecdote le débat entre le gradualisme et une démarche résolument réformiste. C'est l'histoire du berger champenois qui doit couper la queue de son chien. Il lui dit : « Pauvre bête, il faut que je te coupe la queue ; mais sois tranquille, pour t'épargner des souffrances, je ménagerai la transition et ne t'en couperai qu'un morceau tous les jours. »

– Que concluez-vous de là ?

– Qu'une machine ne tue pas le travail, mais le laisse *disponible*, ce qui est bien différent ; car un travail *tué*, comme lorsque l'on coupe le bras à un homme, est une perte, et un travail rendu disponible, comme si l'on nous gratifiait d'un troisième bras, est un profit.

– En est-il de même dans la société ?

– Sans doute, si vous admettez que les besoins d'une société, comme ceux d'un homme, sont indéfinis.

– Et s'ils n'étaient pas indéfinis ?

– En ce cas, le profit se traduirait en loisirs.

FRÉDÉRIC BASTIAT
Midi à quatorze heures

La présente édition reprend à l'identique celle de Guillaumin et Cie, Paris 1854 (tomes 3, 4, 5), 1855 (tomes 1, 2 et 6), 1864 (tome 7).

Les textes composant les MÉLANGES sont tirés de : *Le Libre échange* (Recettes protectionnistes ; Un profit contre deux pertes ; Deux pertes contre un profit ; Midi à quatorze heures ; Circulaire d'un ministère introuvable), *Sophismes économiques* (Les deux haches ; Pétition des fabricants de chandelles ; Droits différentiels ; Immense découverte !!! Réciprocité ; La main droite et la main gauche ; Travail humain, travail national) et *Mélanges* (Laissez faire ; Prendre cinq et rendre quatre ce n'est pas donner).

PROPRIÉTÉ ET LOI, LA LOI et CE QU'ON VOIT ET CE QU'ON NE VOIT PAS sont extraits des *Pamphlets*. SERVICES PRIVÉS, SERVICES PUBLICS ext extrait d'*Harmonies économiques*.

L'ÉDITEUR

NOTICE

SUR LA VIE ET LES ÉCRITS

DE FRÉDÉRIC BASTIAT [1].

Par R. de FONTENAY

Frédéric Bastiat est né à Bayonne, le 19 juin 1801, d'une famille honorable et justement considérée dans le pays. Son père était un homme remarquablement doué de tous les avantages du corps et de l'esprit, brave, loyal, généreux. On dit que Frédéric, son fils unique, avait avec lui la plus grande ressemblance. En 1810, F. Bastiat resta orphelin sous la tutelle de son grand-père ; sa tante, mademoiselle Justine Bastiat (qui lui a survécu), lui servit de mère : – c'est cette parente dont les lettres de Bastiat parlent avec une si tendre sollicitude. Après avoir été un an au collège de Saint-Sever, Bastiat fut envoyé à Sorrèze, où il fit de très bonnes études. C'est là qu'il se lia d'une amitié intime avec M. V. Calmètes – aujourd'hui conseiller à la Cour de cassation –, à qui sont adressées les premières lettres de la *Correspondance*.

1 / Extrait des *Œuvres complètes de Frédéric Bastiat*, deuxième édition, Paris, Guillaumin & Cie Libraires, 1862-1864.

Quelques particularités de cette liaison d'enfance révèlent déjà la bonté et la délicatesse infinies que Bastiat portait en toutes choses. Robuste, alerte, entreprenant et passionné pour les exercices du corps, il se privait presque toujours de ces plaisirs, pour tenir compagnie à son ami que la faiblesse de sa santé éloignait des jeux violents. Cette amitié remarquable était respectée par les maîtres eux-mêmes ; elle avait des privilèges particuliers, et pour que tout fût plus complètement commun entre les deux élèves, on leur permettait de faire leurs devoirs en collaboration et sur la même copie signée des deux noms. C'est ainsi qu'ils obtinrent, en 1818, un prix de poésie. La récompense était une médaille d'or ; elle ne pouvait se partager : « Garde-la, dit Bastiat qui était orphelin ; puisque tu as encore ton père et ta mère, la médaille leur revient de droit. »

En quittant le collège de Sorrèze, Bastiat, que sa famille destinait au commerce, entra, en 1818, dans la maison de son oncle, à Bayonne. A cette époque, le plaisir tint naturellement plus de place dans sa vie que les affaires. Nous voyons pourtant, dans ses lettres, qu'il prenait sa carrière au sérieux, et qu'il gardait, au milieu des entraînements du monde, un penchant marqué pour la retraite ; étudiant, quelquefois jusqu'à se rendre malade, tour à tour ou tout ensemble, les langues étrangères, la musique, la littérature française, anglaise et italienne, la question religieuse, l'économie politique enfin, que depuis l'âge de dix-neuf ans il a toujours travaillée.

Vers l'âge de vingt-deux à vingt-trois ans, après quelques hésitations sur le choix d'un état, il revint, pour obéir aux désirs de sa famille, se fixer à Mugron, sur les bords de l'Adour, dans une terre dont la mort de son grand-père (1825) le mit bientôt en possession. Il paraît qu'il y tenta des améliorations agricoles : le résultat en fut assez médiocre, et ne pouvait guère manquer de l'être dans les conditions de l'entreprise. D'abord, c'était vers 1827, et à ce moment la science agronomique n'existait pas en France. Ensuite, il s'agissait d'un domaine de 250 hectares environ, subdivisé en une douzaine de métairies ; et tous les agriculteurs savent que le régime parcellaire et routinier du métayage oppose à tout progrès sérieux un enchevêtrement presque infranchissable de difficultés matérielles et surtout de résistances morales. Enfin, le caractère de Bastiat était incapable de se plier – on pourrait dire de s'abaisser – aux qualités étroites d'exactitude, d'attention minutieuse, de patiente fermeté, de surveillance défiante, dure, âpre au gain, sans lesquelles un propriétaire ne peut diriger fructueusement une exploitation très morcelée. Il avait bien entrepris, pour chaque culture et chaque espèce d'engrais, de tenir exactement compte des déboursés et des produits, et ses essais durent avoir quelque valeur théorique ; mais, dans la pratique, il était trop indifférent à l'argent, trop accessible à toutes les sollicitations, pour défendre ses intérêts propres, et la condition de ses métayers ou de ses ouvriers dut seule bénéficier de ses améliorations.

L'agriculture ne fut donc guère, pour Bastiat, qu'un goût ou un semblant d'occupation. L'intérêt véritable, le charme sérieux de sa vie campagnarde, ce fut au fond l'étude, et la conversation qui est l'étude à deux – « la conférence, comme dit Montaigne, qui apprend et exerce en un coup », quand elle s'établit entre deux esprits distingués. Le bon génie de Bastiat lui fit rencontrer, à côté de lui, cette intelligence-sœur, qui devait, en quelque sorte, doubler la sienne. Ici vient se placer un nom qui fut si profondément mêlé à l'existence intime et à la pensée de Bastiat, qu'il l'en sépare à peine lui-même dans ses derniers écrits : c'est celui de M. Félix Coudroy. Si Calmètes est le camarade du cœur et des jeunes impressions, Coudroy est l'ami de l'intelligence et de la raison virile, comme plus tard R. Cobden sera l'ami politique, le frère d'armes de l'action extérieure et du rude apostolat.

Cette intimité a été trop féconde en grands résultats pour que nous ne nous arrêtions pas un moment à dire la manière dont elle s'engrena : c'est M. F. Coudroy qui nous l'a racontée. Son éducation, ses opinions de famille, plus encore peut-être sa nature nerveuse, mélancolique et méditative, l'avaient tourné de bonne heure du côté de l'étude de la philosophie religieuse. Un moment séduit par les utopies de Rousseau et de Mably, il s'était rejeté ensuite, par dégoût de ces rêves, vers la *Politique sacrée* et la *Législation primitive*, sous ce dogme absolu de l'Autorité, si éloquemment prêché alors par les de Maistre et les Bonald : où l'on ne comprend l'ordre que comme résultat de l'abdication complète de toutes les volontés particulières sous une volonté unique et toute-puissante ; où les tendances naturelles de l'humanité sont supposées mauvaises, et par conséquent condamnées à un suicide perpétuel ; où enfin la liberté et le sentiment de la dignité individuelle sont considérés comme des forces insurrectionnelles, des principes de déchéance et de désordre. Quand les deux jeunes gens se retrouvèrent, en sortant l'un de l'école de droit de Toulouse, l'autre des cercles de Bayonne, et qu'on se mit à parler d'opinions et de principes, Bastiat, qui avait déjà entrevu en germe, dans les idées d'Ad. Smith, de Tracy et de J.-B. Say, une solution tout autre du problème humain, Bastiat arrêtait à chaque pas son ami, lui montrant par les faits économiques comment les manifestations libres des intérêts individuels se limitent réciproquement par leur opposition même, et se ramènent mutuellement à une résultante commune d'ordre et d'intérêt général ; comment le mal, au lieu d'être une des tendances positives de la nature humaine, n'est au fond qu'un accident de la recherche même du bien, une erreur que corrigent l'intérêt général qui le surveille et l'expérience qui le poursuit dans les faits ; comment l'humanité a toujours marché d'étape en étape, en brisant à chaque pas quelqu'une des lisières de son enfance ; comment, enfin, la liberté n'est pas seulement le résultat et le but, mais le principe, le moyen, la condition nécessaire de ce grand et incontestable mouvement...

Il étonna d'abord un peu, puis finit par conquérir à ces idées nouvelles son ami, dont l'esprit était juste et le cœur sincèrement passionné pour le vrai. Toutefois, ce ne fut pas sans recevoir lui-même une certaine impression de ces grandes théories de Bonald et de Maistre : car les négations puissantes ont le bon effet d'élever forcément à une hauteur égale le point de vue des systèmes qui les combattent. Il y eut sans doute des compromis, des concessions mutuelles ; et c'est peut-être à une sorte de pénétration réciproque des deux principes ou des deux tendances qu'il faudrait attribuer le caractère profondément religieux qui se mêle, dans les écrits de Bastiat, à la fière doctrine du *progrès par la liberté*.

Nous n'avons pas la prétention de chercher quelle put être la *mise de fonds* que chacun des deux associés d'idées versa ainsi à la masse commune. Nous pensons que de part et d'autre l'apport fut considérable. Le seul ouvrage de M. Coudroy que nous connaissions, sa brochure *sur le duel*, nous a laissé une haute opinion de son talent, et l'on sait que Bastiat a eu un moment la pensée de lui léguer à finir le second volume de ses *Harmonies*. Il semblerait pourtant que dans l'association, l'un apportait plus particulièrement l'esprit d'entreprise et d'initiative, l'autre l'élément de suite et de continuité. Bastiat avait le travail capricieux, comme les natures artistes ; il procédait par intuitions soudaines, et, après avoir franchi d'un élan toute une étape, il s'endormait dans les délices de la flânerie. L'ami Coudroy, comme le volant régulateur de la machine, absorbait de temps en temps cet excès de mouvement, pour le rendre en impulsion féconde à son paresseux et distrait sociétaire. Quand celui-ci recevait quelque ouvrage nouveau, il l'apportait à Coudroy, qui le dégustait, notait avec soin les passages remarquables, puis les lisait à son ami. Très souvent, Bastiat se contentait de ces fragments ; c'était seulement quand le livre l'intéressait sérieusement, qu'il l'emportait pour le lire de son côté : ces jours-là, la musique était mise de côté, la romance avait tort, et le violoncelle restait muet.

C'était ainsi qu'ils passaient leur vie ensemble, logés à quatre pas l'un de l'autre, se voyant trois fois par jour, tantôt dans leurs chambres, tantôt à de longues promenades qu'on faisait un livre sous le bras. Ouvrages de philosophie, d'histoire, de politique ou de religion, poésie, voyages, mémoires, économie politique, utopies socialistes... tout passait ainsi au contrôle de cette double intelligence – ou plutôt de cette intelligence doublée, qui portait partout la même méthode et rattachait au moyen du même fil conducteur toutes ces notions éparses à une grande synthèse. C'est dans ces conversations que l'esprit de Bastiat faisait son travail ; c'est là que ses idées se développaient, et quand quelqu'une le frappait plus particulièrement, il prenait quelques heures de ses matinées pour la rédiger sans effort ; c'est ainsi, raconte M. Coudroy, qu'il a fait l'article sur les *tarifs,* les *sophismes*, etc. Ce commerce intime a duré, nous l'avons dit, plus de vingt ans, presque sans interruption, et chose remarquable, sans dissentiments. On comprend après cela comment de cette longue étude préparatoire, de cette méditation solitaire à deux, a pu s'élancer si sûr de lui-même cet esprit improvisateur, qui à travers les interruptions de la maladie et les pertes de temps énormes d'une vie continuellement publique et extérieure, a jeté au monde, dans l'espace de cinq ans, la masse d'idées si neuves, si variées et pourtant si homogènes que contiennent ces volumes.

Membre du Conseil général des Landes depuis 1832, Bastiat se laissait porter de temps en temps à la députation. Décidé, s'il eût été nommé, à ne jamais accepter une place du gouvernement et à donner immédiatement sa démission des fonctions modestes de juge de paix, il redoutait bien plus qu'il ne désirait un honneur qui eût profondément dérangé sa vie et probablement sa fortune. Mais il profitait, comme il le racontait en riant, de ces rares moments où on lit en province, pour répandre dans ses circulaires électorales, et « distribuer sous le manteau de la candidature » quelques vérités utiles. On voit que son ambition originale intervertissait la marche naturelle des choses ; car il est certainement bien plus dans les usages ordinaires de faire de l'économie politique le marchepied d'une candidature, que de faire d'une candidature le prétexte d'un enseignement économique. Quelques écrits plus sérieux trahissaient de loin en loin la profondeur de cette intelligence si bien ordonnée : comme *Le fisc et la vigne*, en 1841, le *Mémoire sur la question vinicole*, en 1843, qui se rattachent à des intérêts locaux importants, que Bastiat avait tenté un moment de grouper en une association puissante. C'est aussi à cette époque de ses travaux qu'il faut rapporter, quoiqu'il n'ait été fini qu'en 1844, le *Mémoire sur la répartition de l'impôt foncier dans le département des Landes*, un petit chef-d'œuvre que tous les statisticiens doivent étudier pour apprendre comment il faut manier les chiffres.

La force des choses allait jeter bientôt Bastiat sur un théâtre plus vaste. Depuis longtemps (dès 1825) il s'était préoccupé de la réforme douanière. En 1829 il avait commencé un ouvrage *sur le régime restrictif* dont nous avons deux chapitres manuscrits et que les événements de 1830 l'empêchèrent sans doute de faire imprimer. En 1834, il publia *sur les pétitions des ports* des réflexions d'une vigueur de logique que les *Sophismes* n'ont pas surpassée. Mais la liberté du commerce ne lui était apparue encore que comme une vague espérance de l'avenir. Une circonstance insignifiante vint lui apprendre tout à coup que son rêve prenait un corps, que son utopie se réalisait dans un pays voisin.

Il y avait un *cercle* à Mugron, un cercle même où il se faisait beaucoup d'esprit : « deux langues, dit Bastiat, y suffisaient à peine. » Il s'y faisait aussi de la politique, et naturellement le fond en était une haine féroce contre l'Angleterre. Bastiat, porté vers les idées anglaises et cultivant la littérature anglaise, avait souvent des lances à rompre à ce propos. Un jour, le plus *anglophobe* des habitués l'aborde en lui présentant d'un air furieux un des deux journaux que recevait le cercle : « Lisez, dit-il, et voyez comment vos amis nous traitent !... » C'était la traduction d'un discours de R. Peel à la Chambre des communes ; elle se terminait ainsi : « Si nous adoptions ce parti, nous tomberions, *comme la France*, au dernier rang des nations. » L'insulte était écrasante, il n'y avait pas un mot à répondre. Cependant, à la réflexion, il sembla étrange à Bastiat qu'un Premier Ministre d'Angleterre eût de la France une opinion semblable, et plus étrange encore qu'il l'exprimât en pleine Chambre. Il voulut en avoir le cœur net, et sur-le-champ il écrivit à Paris pour se faire abonner à un journal anglais, en demandant qu'on lui envoyât tous les numéros du dernier mois écoulé. Quelques jours après, *The Globe and Traveller* arrivait à Mugron ; on pouvait lire le discours de R. Peel en anglais ; les mots malencontreux *comme la France* n'y étaient pas, ils n'avaient jamais été prononcés.

Mais la lecture du *Globe* fit faire à Bastiat une découverte bien autrement importante. Ce n'était pas seulement en traduisant mal que la presse française égarait l'opinion, c'était surtout en ne traduisant pas. Une immense agitation se propageait sur toute l'Angleterre, et personne n'en parlait chez nous. La ligue pour la liberté du commerce faisait trembler sur sa base la vieille législation. Pendant deux ans, Bastiat put suivre avec admiration la marche et les progrès de ce beau mouvement ; et l'idée de faire connaître et peut-être imiter en France cette magnifique réforme vint le mordre au cœur vaguement. C'est sous cette impression qu'il se décida à envoyer au *Journal des Économistes* son premier article : « Sur l'influence des tarifs anglais et français ». L'article parut en octobre 1844. L'impression en fut profonde dans le petit monde économiste ; les compliments et les encouragements arrivèrent en foule de Paris à Mugron. La glace était rompue. Tout en faisant paraître des articles dans les journaux, et surtout cette charmante première série des *Sophismes économiques*, Bastiat commence à écrire l'histoire de la Ligue anglaise, et pour avoir quelques renseignements qui lui manquent, se met en rapport avec R. Cobden.

Au mois de mai 1845, il vient à Paris pour faire imprimer son livre de *Cobden*, qui lui valut neuf mois plus tard le titre de membre correspondant de l'Institut. On l'accueille à bras ouverts, on veut qu'il dirige le *Journal des Économistes*, on lui trouvera une chaire d'économie politique, on se serre autour de cet homme étrange qui semble porter au milieu du groupe un peu hésitant des économistes le feu communicatif de ses hardies convictions. De Paris, Bastiat passe en Angleterre, serre la main à Cobden et aux chefs des Ligueurs, puis il va se réfugier à Mugron. Comme ces grands oiseaux qui essayent deux ou trois fois leurs ailes avant de se lancer dans l'espace, Bastiat revenait s'abattre encore une fois dans ce nid tranquille de ses pensées ; et déjà trop bien averti des agitations et des luttes qui allaient envahir sa vie livrée désormais à tous les vents, donner un dernier baiser d'adieu à son bonheur passé, à son repos, à sa liberté perdue. Il n'était pas homme à se griser du bruit subit fait autour de son nom, il se débattait contre les entraînements de l'action extérieure, il eût voulu rester dans sa retraite – ses lettres le prouvent à chaque page. Vaine résistance à la destinée ! L'épée était sortie du fourreau pour n'y plus rentrer.

Au moins de février 1846, l'étincelle part de Bordeaux. Bastiat y organise l'association pour la liberté des échanges. De là il va à Paris, où s'agitaient, sans parvenir à se constituer, les éléments d'un noyau puissant par le nom, le rang et la fortune de ses principaux membres. Bastiat se trouve en face d'obstacles sans nombre. « Je perds tout mon temps, l'association marche à pas de tortue », écrivait-il à M. Coudroy. A Cobden : « Je souffre de ma pauvreté ; si, au lieu de courir de l'un à l'autre à pied, crotté jusqu'au dos, pour n'en rencontrer qu'un ou deux par jour et n'obtenir que des réponses évasives ou dilatoires, je pouvais les réunir à ma table, dans un riche salon, que de difficultés seraient levées ! Ah ! ce n'est ni la tête ni le cœur qui me manquent ; mais je sens que cette superbe Babylone n'est pas ma place et qu'il faut que je me hâte de rentrer dans ma solitude... » Rien n'était plus original en effet que l'extérieur du nouvel agitateur. « Il n'avait pas eu encore le temps de prendre un tailleur et un chapelier parisiens, raconte M. de Molinari – d'ailleurs il y songeait bien en vérité ! Avec ses cheveux longs et son petit chapeau, son ample redingote et son parapluie de famille, on l'aurait pris volontiers pour un bon paysan en train de visiter les merveilles de la capitale. Mais la physionomie de ce campagnard était malicieuse et spirituelle, son grand œil noir était lumineux, et son front taillé carrément portait l'empreinte de la pensée. *Sancta simplicitas !* Qu'on ne s'y trompe pas, du reste : il n'y a rien d'actif comme ces solitaires lancés au milieu du grand monde, rien d'intrépide comme ces natures repliées et délicates, une fois qu'elles ont mis le respect humain sous leurs pieds, rien d'irrésistible comme ces timidités devenues effrontées à force de conviction.

Mais quelle entreprise pour un homme qui tombe du fond des Landes sur le pavé inconnu de Paris ! Il fallait voir les journalistes, parler aux ministres, réunir les commerçants, obtenir des autorisations de s'assembler, faire et défaire des manifestes, composer et décomposer des bureaux, encourager les noms marquants, contenir l'ardeur des recrues plus obscures, quêter des souscriptions... Tout cela à travers les discussions intérieures des voies et moyens, les divergences d'opinions, les froissements des amours-propres. Bastiat est à tout : sous cette impulsion communicative, le mouvement prend peu à peu un corps et l'opinion s'ébranle à Paris. La Commission centrale s'organise, il en est le secrétaire ; on fonde un journal hebdomadaire, il le dirige ; il parle dans les meetings, il se met en rapport avec les étudiants et les ouvriers, il correspond avec les associations naissantes des grandes villes de la province, il va faire des tournées et des discours à Lyon, à Marseille, au Havre, etc. ; il ouvre, salle Taranne, un cours à la jeunesse des écoles ; et il ne cesse pas d'écrire pour cela : « Il donnait à la fois, dit un de ses collaborateurs, M. de Molinari, des lettres, des articles de polémique et des variétés à trois journaux, sans compter des travaux plus sérieux pour le *Journal des Économistes*. Voyait-il le matin poindre un sophisme protectionniste dans un journal un peu accrédité, aussitôt il prenait la plume, démolissait le sophisme avant même d'avoir songé à déjeuner, et notre langue comptait un petit chef-d'œuvre de plus. » Il faut voir dans les lettres de Bastiat le complément de ce tableau : les tiraillements intérieurs, les découragements, les soucis de famille ou la maladie qui viennent tout interrompre, les menées électorales, la froideur ou l'hostilité soldée de la presse, les calomnies qui vont l'assaillir jusque dans ses foyers. On lui écrit de Mugron « qu'on n'ose plus parler de lui *qu'en famille*, tant l'esprit public y est monté contre leur entreprise... ». Hélas ! qu'étaient devenues les lectures avec l'ami Coudroy et les bons mots gascons du petit *cercle !*

Nous n'avons pas à apprécier ici le mérite ou les fautes des tentatives libre-échangistes de 1846-1847. Personne ne peut dire ce que fût devenu ce mouvement, s'il n'eût été brusquement arrêté par la révolution de 1848. Depuis ce moment-là, l'idée a fait à petit bruit son chemin dans l'opinion qu'elle a de plus en plus pénétrée. Et quand est arrivé le traité avec l'Angleterre, il a trouvé le terrain débarrassé des fausses théories, et les esprits tout prêts pour la pratique. Cette initiation, il faut le dire, manquait totalement alors : aussi, à l'exception de quelques villes de grand commerce, l'agitation ne s'est guère exercée que dans un milieu restreint d'écrivains et de journalistes. Les populations vinicoles, si nombreuses en France et si directement intéressées à la liberté des échanges, ne s'en sont même pas occupées. Bastiat, du reste, ne s'est jamais abusé sur le succès immédiat ; il ne voyait ni les masses préparées, ni même les instigateurs du mouvement assez solidement ancrés sur les principes. Il comptait « sur l'agitation même pour éclairer ceux qui la faisaient ». Il déclarait à Cobden qu'il aimait mieux « l'esprit du libre-échange que le libre-échange lui-même ». Et c'est pour cela que tout en se plaignant un peu d'être « garrotté dans une spécialité », il avait toujours soin, en réalité, d'élargir les discussions spéciales, de les rattacher aux grands principes, d'accoutumer ses collègues à faire de la doctrine, et d'en faire lui-même à tout propos – comme il est facile de le voir dans les deux séries des *Sophismes économiques* et dans les articles où il commençait déjà à discuter les systèmes socialistes.

En cela Bastiat ne s'est pas trompé. Il a rendu un immense

service à notre génération, qui s'amusait à écouter les utopies de toute espèce comme une innocente diversion aux
romans-feuilletons. Il a accoutumé le public à entendre traiter sérieusement les questions sérieuses ; il a réuni autour
d'un drapeau, exercé par une lutte de tous les jours, excité
par son exemple, dirigé par ses conseils et sa vive conversation, une phalange jeune et vigoureuse d'économistes, qui
s'est trouvée à son poste de combat et sous les armes, aussitôt que la Révolution de Février a déchaîné l'arrière-ban du
socialisme. Quand le mouvement du libre-échange n'aurait
servi qu'à cela, il me semble que les hommes qui, à différents titres, l'ont provoqué et soutenu auraient encore suffisamment bien mérité de leur pays.

Après la Révolution de Février, Bastiat se rallia franchement à la République, tout en comprenant que personne n'y
était préparé. Comme dans l'agitation du libre-échange, il
comptait sur la pratique même des institutions pour y mûrir
et façonner les esprits. Le département des Landes l'envoya
comme député à l'Assemblée constituante, puis à la
Législative. Il y siégea à la gauche, dans une attitude pleine
de modération et de fermeté qui, tout en restant un peu isolée, fut entourée du respect de tous les partis. Membre du
Comité des Finances, dont il fut nommé huit fois de suite
vice-président, il y eut une influence très marquée, mais tout
intérieure et à huis clos. La faiblesse croissante de ses poumons lui interdisait à peu près la tribune ; ce fut souvent
pour lui une dure épreuve d'être ainsi cloué sur son banc.
Mais ces discours *rentrés* sont devenus les *Pamphlets*, et
nous avons gagné à ce mutisme forcé des chefs-d'œuvre de
logique et de style. Il lui manquait beaucoup des qualités
matérielles de l'orateur ; et pourtant sa puissance de persua-
sion était remarquable. Dans une des rares occasions où il
prit la parole – à propos des incompatibilités parlementaires,
– au commencement de son discours il n'avait pas dix personnes de son opinion, en descendant de la tribune il avait
entraîné la majorité ; l'amendement était voté, sans M.
Billault et la commission qui demandèrent à le reprendre, et

en suspendant le vote pendant deux jours, donnèrent le temps de travailler les votes. Bastiat a défini lui-même sa ligne de conduite dans une lettre à ses électeurs : « J'ai voté, dit-il, avec la droite contre la gauche, quand il s'est agi de résister au débordement des fausses idées populaires. – J'ai voté avec la gauche contre la droite, quand les griefs légitimes de la classe pauvre et souffrante ont été méconnus. »

Mais la grande œuvre de Bastiat, à cette époque, ce fut la guerre ouverte, incessante, qu'il déclara à tous ces systèmes faux, à toute cette effervescence désordonnée d'idées, de plans, de formules creuses, de prédications bruyantes, dont le tohu-bohu nous rappela pendant quelques mois ce pays rabelaisien où les paroles dégèlent toutes à la fois. Le socialisme, longtemps caressé par une grande partie de la littérature, se dessinait avec une effrayante audace ; il y avait table rase absolue ; les bases sociales étaient remises en question comme les bases politiques. Devant la phraséologie énergique et brillante de ces hommes habitués sinon à résoudre, du moins à remuer profondément les grands problèmes, les avocats-orateurs, les légistes du droit écrit, les hommes d'État des bureaux, les fortes têtes du comptoir et de la fabrique, les grands administrateurs de la routine se trouvaient impuissants, déroutés par une tactique nouvelle, interdits comme les Mexicains en face de l'artillerie de Fernand Cortès. D'autre part, les catholiques criaient à la fin du monde, enveloppant dans un même anathème l'agression et la défense, le socialisme et l'économie politique, « le vipereau et la vipère » [1]. Mais Bastiat était prêt depuis longtemps. Comme un savant ingénieur, il avait d'avance étudié les plans des ennemis, et contre-miné les approches en creusant plus profondément qu'eux le terrain des lois sociales. A chaque erreur, de quelque côté qu'elle vienne, il oppose un de ses petits livres : à la doctrine Louis Blanc, *Propriété et loi* ; à la doctrine Considérant, *Propriété et spoliation* ; à la doctrine Leroux, *Justice et fraternité* ; à la doctrine

---

1 Donoso Cortès.

Proudhon, *Capital et rente* ; au comité Mimerel, *Protectionnisme et communisme* ; au papier-monnaie, *Maudit argent* ; au manifeste montagnard, *L'État* etc. Partout on le trouve sur la brèche, partout il éclaire et foudroie. Quel malheur et quelle honte qu'une association intelligente des défenseurs de l'ordre n'ait pas alors répandu par milliers ces petits livres à la fois si profonds et si intelligibles pour tous !

Dans cette lutte – où il faut dire, pour être juste, que notre écrivain se trouva entouré et soutenu dignement par ses collègues du libre-échange, – Bastiat apporta dans la polémique une sérénité et un calme bien remarquables à cette époque de colère et d'injures. Il s'irritait bien un peu contre l'outrecuidance de ces despotiques organisateurs, de ces « pétrisseurs de l'argile humaine » ; il s'attristait profondément de cet entraînement vers les réformes sociales qui compromettait les réformes politiques encore si mal assises ; mais d'un autre côté il ne méconnaissait pas le côté élevé de ces aspirations égarées : toutes les grandes écoles socialistes, disait-il, ont à leur base une puissante vérité... Le tort de leurs adeptes, c'est de ne pas savoir assez, et de ne pas voir que le développement naturel de la société tend bien mieux que toutes leurs organisations artificielles à la réalisation de chacune de leurs formules... Magnifique programme qui indique aux économistes le vrai terrain de la pacification des esprits. Sa correspondance avec R. Cobden nous a révélé l'action pleine de grandeur que Bastiat cherchait à exercer en même temps sur la politique extérieure. Mais une autre préoccupation l'obsédait, toujours plus vive à mesure que sa santé s'affaiblissait. Il avait dans la tête, depuis longtemps, « un exposé nouveau de la science » et il craignait de mourir sans l'avoir formulé. Il se recueillit enfin pendant trois mois pour écrire le premier volume des *Harmonies*. Puisque cette œuvre, tout incomplète qu'elle soit, est le dernier mot de Bastiat, qu'on nous permette de chercher à définir l'esprit et la tendance de sa doctrine.

L'économie politique, en France, a eu, dès son origine, le caractère d'une sorte de morale supérieure. Les physiocrates lui donnaient pour objet le *bonheur des hommes* ; ils la nommaient la *science du droit Naturel*. Le génie anglais, essentiellement positif et pratique, commença tout de suite par restreindre ce vol ambitieux : en substituant la considération de la *richesse* à celle du *bien-être*, et l'analyse des *faits* à la recherche des *droits*. Ad. Smith renferma la science économique dans des limites plus précises sans doute, mais incontestablement plus étroites. Seulement, Ad. Smith, en homme de génie qu'il était, ne s'est pas cru obligé de respecter servilement les bornes qu'il avait posées lui-même ; et à chaque pas sa pensée s'élève du fait à l'idée de l'utile général ou du juste, aux considérations morales et politiques. Mais sous ses successeurs, esprits plus ordinaires, on voit la science se restreindre et se matérialiser de plus en plus. Dans Ricardo surtout et ses disciples immédiats, l'idée de justice n'apparaît pour ainsi dire plus. C'est de cette phase de l'école qu'on a pu dire qu'elle subordonnait le producteur à la production, et l'homme à la chose. Aussi faut-il voir avec quelle vivacité le vieux Dupont de Nemours protestait contre cet abaissement de l'économie politique : « Pourquoi, disait-il à J.-B. Say, restreignez-vous la science à celle des richesses ? Sortez du comptoir... ne vous emprisonnez pas dans les idées et la langue des Anglais, peuple sordide qui croit qu'un homme ne *vaut* que par l'argent... qui parlent de leur *contrée* (country) et n'ont pas dit encore qu'ils eussent une *patrie*... » Dupont de Nemours était un peu sévère pour J.-B. Say, dont l'enseignement économique a été beaucoup plus large et plus élevé que les systèmes qui avaient de son temps la vogue en Angleterre. Mais tout en abordant, quand le sujet l'y conduit, les aperçus philosophiques et moraux, Say n'en persiste pas moins à les considérer, en principe, comme étrangers à l'économie politique. L'économie politique est, selon lui, une *science de faits* et uniquement de faits : elle dit *ce qui est*, elle n'a pas à chercher *ce qui devrait être*.

Un savant a parfaitement le droit de se renfermer dans les

limites qui conviennent le mieux à ses forces ; mais il ne faut pas qu'il rende la science elle-même solidaire de sa modestie, et qu'il l'entraîne à une abdication. La science doit être ambitieuse ; si elle craint d'empiéter sur ses voisins, elle risque de laisser inoccupée une partie de ses domaines. Il ne nous est nullement démontré qu'il soit possible ou utile de séparer les études sociales en deux branches distinctes – l'une qui serait la simple analyse des résultats de la pratique établie – l'autre qui en discuterait les causes théoriques, le but final, la légitimité ; mais quand même on admettrait ainsi une science du *fait* et une science du *droit*, il n'en est pas moins vrai que, puisqu'à côté de l'enseignement économique aucune science classée, aucun groupe d'hommes spéciaux ne s'occupait de rechercher la raison et le droit des faits sociaux, c'était à l'économie politique à prendre – ne fût-ce que provisoirement – cette position importante. Du moment qu'elle la laissait vide, il était évident qu'une rivale viendrait s'y établir, et qu'une protestation dangereuse battrait le fait avec l'idée du droit. Conformément au génie comme aux traditions nationales, cette protestation devait éclater surtout en France. Ce fut le *socialisme*. La fin de non-recevoir qu'il opposait à l'économie politique était spécieuse. « Le mal, disait-il, est dans les faits humains à côté du bien ; votre science se borne à catégoriser ces faits, sans les soumettre au contrôle préalable du droit ; par conséquent vos formules contiennent le mal comme le bien ; elles ne sont, à nos yeux, que le mal mis en théories, érigé en axiomes absolus et immuables. » Si le socialisme eût ajouté : « Nous allons vérifier vos formules à la lumière du juste », il n'y aurait pas eu un mot à lui répondre, et l'économie politique lui eût tendu la main. Mais, passionné et exclusif comme toutes les réactions, le socialisme nia au lieu de contrôler. On s'était contenté d'étudier, au point de vue de l'utile, les résultats de la propriété, de l'intérêt, de l'hérédité, de la concurrence, etc., en les prenant comme faits acceptés et sans discuter leur raison d'être et leur justice ; le socialisme nia au point de vue du juste et attaqua comme illégitimes la propriété, l'intérêt, l'héritage, la concurrence, etc. On s'était un peu trop borné à décrire ce qui est ; il se borna à décrire ce qui, dans ses rêves d'organisation nouvelle, devait être. On avait, disait-on, écrasé l'homme sous les choses et les faits ; par une sorte de vengeance, il écrasa sous ses pieds les faits et les choses pour remettre l'homme à son rang.

Dans cette situation, qu'y avait-il à faire, pour opérer la réconciliation des esprits ? Évidemment, il fallait réunir et fondre ensemble les deux aspects distincts du *fait* et du *droit* ; revenir à la formule des physiocrates, à *la science des faits au point de vue du droit naturel* ; soumettre la pratique au contrôle du juste ; faire du socialisme savant et consciencieux ; prouver que ce qui est, dans son ensemble actuel et surtout dans sa tendance progressive, est conforme à *ce qui doit être* selon les aspirations de la conscience universelle.

Voilà ce qu'a voulu faire Bastiat, et ce qu'il a fait, autant du moins qu'il l'a pu dans un livre inachevé. Il a passé en revue les phénomènes économiques et les formes fondamentales de nos sociétés modernes : en les examinant au triple point de vue de l'intérêt particulier, de l'intérêt général, et de la justice ; il a montré que les trois aspects concordaient. Au-dessus des divergences d'intérêts qu'on aperçoit d'abord entre le producteur et le consommateur, le capitaliste et le salarié, celui qui possède et celui qui ne possède pas, etc., il a fait voir qu'il existe des lois prédominantes d'équilibre et d'unité qui associent ces intérêts et englobent ces oppositions secondaires dans une harmonie supérieure. En sorte que « le bien de chacun favorise le bien de tous, comme le bien de tous favorise le bien de chacun » ; et que « le résultat naturel du mécanisme social est une élévation constante du niveau physique, intellectuel et moral pour toutes les classes, avec une tendance à l'égalisation » – développement qui n'a d'autre condition que le champ laissé à la recherche et à l'action, c'est-à-dire *la liberté*.

Pour caractériser plus nettement la grande et belle position prise par Bastiat, nous avons supprimé des transitions et des nuances. Il est essentiel de les rétablir ; sans quoi il semblerait que Bastiat a créé une science nouvelle, tandis qu'il n'a prétendu, comme il le dit, que présenter un exposé *nouveau* d'une science *déjà formée*. Il faut donc faire remarquer que ses devanciers avaient déjà bien préparé son terrain, soit par leurs savantes analyses des phénomènes qu'il n'a eu le plus souvent qu'à rappeler, soit en s'élevant eux-mêmes aux considérations de l'*intérêt général* – notion beaucoup moins éloignée qu'on ne pense de celle de *juste* Il faut dire que, sans être aussi hautement formulée, l'idée des grandes lois sociales a été de tout temps en germe dans la pensée des économistes, et que la fameuse devise du *laisser passer* n'est au fond qu'une affirmation de la gravitation naturelle des intérêts vers l'ordre et le progrès. Enfin il faut ajouter, pour rendre justice à deux hommes que Bastiat a reconnus comme ses maîtres, que Ch. Comte et M. Dunoyer avaient, avant lui, déjà ramené très sensiblement la science vers le point de vue élevé des physiocrates : le premier, en soumettant au contrôle du droit naturel les formes diverses de la législation et de la propriété ; le second, en introduisant hardiment les fonctions de l'ordre intellectuel et moral dans le champ des études économiques.

C'est là précisément l'excellence du point de vue de Bastiat, qu'il se rattache aux meilleures traditions, tout en ouvrant des perspectives nouvelles. « Les sciences, pour employer une de ses expressions, ont une croissance comme les plantes » ; il n'y a pas d'idées neuves, il n'y a que des idées développées ; et l'initiateur est celui qui formule en un principe net et absolu des traditions hésitantes et incomplètes, celui qui fait un système d'une tendance. Bastiat, d'ailleurs, ne s'est pas borné à affirmer son principe dans toute sa généralité, sans exceptions ni réserves – chose neuve déjà et hardie. Pour réclamer l'harmonie parfaite des lois économiques, il a fallu qu'il la fît en quelque sorte lui-même, en supprimant des dissonances, en rectifiant des erreurs appuyées de noms célèbres. Il a fallu dissiper la confusion établie entre la valeur et l'utilité – l'utilité qui est le but et le bien, – la valeur, qui représente l'obstacle et le mal ; asseoir solidement ce beau principe de la gratuité absolue du concours de la nature ; attaquer toute cette théorie qui entachait la propriété foncière d'une accusation de monopole aggravateur du prix ; débarrasser la loi du Progrès de cette effrayante perspective du renchérissement de la subsistance et de l'épuisement du sol, etc. ; toutes choses qui peuvent paraître simples maintenant, mais qui alors ont été critiquées pour leur hardiesse extraordinaire.

Du reste, à notre sens, ce qu'il y a de plus grand encore dans le livre de Bastiat, c'est l'idée de l'*harmonie* elle-même : idée qui répond éminemment au travail secret d'unité dans les sciences que poursuit notre époque, et qui a plutôt le caractère d'une intuition et d'un acte de foi que d'une déduction scientifique. C'est comme un cadre immense dans lequel chaque étude partielle des lois sociales peut et doit venir se classer infailliblement. Bastiat aurait manqué son livre, qu'il nous semble qu'avec sa donnée seule, ce livre se serait fait tôt ou tard. Il est permis de croire qu'en le commençant il n'en voyait pas toute la portée. Il avait sans doute rassemblé d'abord quelques aperçus principaux ; puis les vérités se sont attirées l'une l'autre ; chaque rapport nouveau ouvrait de nouvelles équations, chaque groupe *harmonisé* ou identifié se résolvait en une synthèse supérieure. De sorte que les points de vue allaient en s'agrandissant toujours, et que Bastiat, à la fin, a dû se sentir écrasé, comme il le dit lui-même, par la masse des harmonies qui s'offraient à lui. Une note posthume très précieuse nous indique comment cette extension de son sujet l'avait conduit à l'idée de refondre complètement tout l'ouvrage. « J'avais d'abord pensé, dit-il, à commencer par l'exposition des *Harmonies économiques*, et par conséquent ne traiter que des sujets purement économiques : valeur, propriété, richesse, concurrence, salaire, population, monnaie, crédit, etc. Plus tard, si j'en avais eu le temps et la force, j'aurais appelé l'attention du lecteur sur un sujet plus vaste : les *Harmonies sociales*. C'est là que j'aurais parlé de la *constitution humaine*, du *moteur social*, de la *responsabilité*, de la *solidarité*, etc.

L'œuvre ainsi conçue était commencée quand je me suis aperçu (qu'il était mieux de fondre ensemble que de séparer ces deux ordres de considérations. Mais alors la logique voulait que l'étude de l'homme précédât les recherches économiques. Il n'était plus temps... »

Il n'était plus temps en effet ! Bastiat ne s'était décidé à écrire les Harmonies que parce qu'il commençait à sentir que ses jours étaient comptés. On le devine à l'entassement tumultueux d'idées du dernier chapitre [1] et aux plaintes qui lui échappent sur le temps qui lui manque. Tout en continuant à jeter au courant des discussions du jour quelques-unes de ses belles pages – comme la polémique avec Proudhon dans *La Voix du Peuple*, la *Loi*, *Ce qu'on voit et ce qu'on ne voit pas*, l'article « Abondance », pour le *Dictionnaire de l'économie politique*, il préparait avec une ardeur fébrile des ébauches du second volume des *Harmonies*. Il ne voulut pas s'attarder à réparer dans le repos ses forces épuisées ; il mit tout son enjeu sur un dé, il crut qu'il pourrait peut-être gagner de vitesse sur les progrès du mal, et arriver par un clan suprême à ne tomber qu'au but... Dans ce steeple-chase désespéré contre la mort, il a perdu.

Quand un homme, à l'âge de quarante-cinq ans, brise d'un seul coup tous les liens de son passé, comme l'a fait Bastiat, et, sans l'ombre d'ambition, se jette d'une solitude méditative dans l'ardente atmosphère de l'action, vous pouvez être sûr que cet homme ne s'arrêtera plus que dans la tombe. Il y a quelque chose de plus terrible cent fois, de plus implacable au repos que l'ambition même : c'est le fanatisme de l'idée, c'est le sentiment d'une mission. Chez l'ambitieux, l'égoïsme veille et ménage ses ressources ; chez l'homme que domine l'idée, le moi est foudroyé, il n'avertit plus par sa résistance de l'épuisement des forces. Une volonté supé-

---

1 Le chapitre X. Le reste de l'ouvrage se compose de fragments recueillis après sa mort et réunis dans l'ordre indiqué par Bastiat lui-même.

rieure s'installe en souveraine dans sa volonté, une sorte de conscience étrangère dans sa conscience ; c'est le *devoir*. Il se dresse sur la dernière marche de sa vie passée, comme l'ange au glaive de feu sur le seuil de l'Éden ; il ferme la porte sur les rêves de bonheur et de paix. Désormais, proscrit, tu n'as plus de chez toi ; tu ne rentreras plus dans l'indépendance intime de ta pensée ; tu ne reviendras plus te délasser dans l'asile de ton cœur ; tu ne t'appartiens pas, tu es la chose de ton idée ; vivant ou mourant, ta mission te traînera.

Or la mission que Bastiat s'était donnée, ou plutôt que les événements lui imposèrent, était au-dessus des forces humaines. Bastiat, par le malheur d'une organisation trop riche, était à la fois homme de théories avancées, génie créateur – et homme d'action extérieure, esprit éminemment vulgarisateur et propagandiste. Il eût fallu opter entre les deux rôles. On peut être à la rigueur Ad. Smith et R. Cobden tour à tour ; mais à la fois et en même temps, non. Ad. Smith n'a pas essayé de jeter aux masses les vérités nouvelles qu'il creusait lentement dans sa retraite, et R. Cobden n'a fait passer dans l'opinion publique et les faits que des axiomes anciens et acceptés de longue date par la science. Bastiat, lui, a jeté dans le tumulte des discussions publiques les lambeaux de sa doctrine propre, et c'est au milieu de l'action qu'il a eu l'air d'improviser un système. Défricher les terrains vierges de la science pure, porter en même temps la hache au milieu de la forêt des préjugés gouvernementaux, et labourer en pleine révolution l'opinion publique, le sol le plus ingrat, le plus tourmenté, le plus impropre à une moisson prochaine, c'était faire triplement le métier de pionnier ; – et l'on sait que ce métier là est mortel.

Tant qu'on ne s'agita qu'autour du libre-échange, comme il y avait là un symbole commun et un drapeau reconnu, Bastiat se trouva aidé et soutenu vigoureusement ; et contre la résistance de l'ignorance, des préjugés et des intérêts égoïstes, la lutte, en dépit de quelques tiraillements, fut possible. Mais quand arriva le socialisme et la grande bataille

où l'on n'avait plus le temps de s'entendre d'avance, quand
Bastiat fut entraîné par l'urgence du péril à combattre à sa
manière, et à jeter de plus en plus dans la mêlée des idées à
lui – idées presque aussi neuves pour ses alliés que pour ses
adversaires, – il se trouva dans la position d'un chef qui, au
milieu du feu, changerait l'armement et la tactique de son
parti : tout en admirant sa nouvelle manière de faire, on se
contenta de le regarder ; et plus il s'avançait ainsi, plus il se
trouvait seul. Or la collectivité est indispensable aux succès
d'opinion et à l'effet sur les masses : un homme qui combat
isolé ne peut que mourir admirablement. Quand les
Harmonies parurent et mirent plus au jour les vues nouvelles
que les *Sophismes* et les *Pamphlets* avaient seulement fait
pressentir, il se fit un silence froid dans l'école déroutée, et
la plupart des économistes se prononcèrent contre les idées
de Bastiat.

Cet abandon lui fut très sensible, mais il ne s'en étonna ni
ne s'en plaignit : il se sentait trop près de sa fin pour laisser
un adieu de reproche à ses anciens compagnons de travaux,
restés unis à lui par le cœur, sinon par les idées. D'autres
chagrins se joignaient à la pensée de son œuvre incomprise
et inachevée ; la mort avait fauché dans sa famille pendant
son absence, la politique amoncelait de sombres nuages, et
de ce côté-là encore il voyait l'opinion égarée tourner contre
lui. Il n'avait plus la force ni le désir de lutter. Son esprit
commençait à entrer dans cette région plus haute de suprême
bienveillance, dans ce jour crépusculaire triste et doux qui
assouplit les contours heurtés et adoucit les oppositions de
couleur. « Nous autres souffreteux, écrivit-il à un de ses
amis, nous avons, comme les enfants, besoin d'indulgence :
car plus le corps est faible, plus l'âme s'amollit, et il semble
que la vie à son premier, comme à son dernier crépuscule,
souffle au cœur le besoin de chercher partout des attaches.
Ces attendrissements involontaires sont l'effet de tous les
déclins : fin du jour, fin de l'année, demi-jour des basiliques,
etc. Je l'éprouvais hier, sous les sombres allées des
Tuileries... Ne vous alarmez cependant pas de ce diapason

élégiaque. Je ne suis pas Millevoye, et les feuilles, qui s'ouvrent à peine, ne sont pas près de tomber. Bref, je ne me trouve pas plus mal, mais seulement plus faible, et je ne puis plus guère reculer devant la demande d'un congé. C'est en perspective une solitude encore plus solitaire. Autrefois je l'aimais ; je savais la peupler de lectures, de travaux capricieux, de rêves politiques, avec intermèdes de violoncelle. Maintenant, tous ces vieux amis me délaissent, même la fidèle compagne de l'isolement, la méditation. Ce n'est pas que ma pensée sommeille. Elle n'a jamais été plus active ; à chaque instant elle saisit de nouvelles harmonies, et il semble que le livre de l'humanité s'ouvre devant elle. Mais c'est un tourment de plus, puisque je ne puis transcrire aucune page de ce livre mystérieux sur un livre plus palpable... ».

Dès le printemps de 1850, en effet, la maladie de poitrine contre laquelle il se débattait depuis longtemps avait fait des progrès graves. Les eaux des Pyrénées, qui l'avaient sauvé plusieurs fois, aggravèrent son mal. L'affection se porta au larynx et à la gorge : la voix s'éteignit, l'alimentation, la respiration même devinrent excessivement douloureuses. Au commencement de l'automne, les médecins l'envoyèrent en Italie. Au moment où il y arrivait, le bruit prématuré de sa mort s'était répandu, et il put lire dans les journaux les phrases banales de regret sur la perte du « grand économiste » et de « l'illustre écrivain ». Il languit quelque temps encore à Pise, puis à Rome. Ce fut de là qu'il envoya sa dernière lettre au *Journal des Économistes*. M. Paillottet, qui avait quitté Paris pour aller recueillir les dernières instructions de son ami, nous a conservé un journal intéressant de la fin de sa vie. Cette fin fut d'un calme et d'une sérénité antiques. Bastiat sembla y assister en spectateur indifférent, causant, en l'attendant, d'économie politique, de philosophie et de religion. Il voulut mourir en chrétien : « J'ai pris, disait-il simplement, la chose par le bon bout et en toute humilité. Je ne discute pas le dogme, je l'accepte. En regardant autour de moi, je vois que sur cette terre les nations les plus éclairées sont dans la foi chrétienne ; je suis bien aise de me trouver en communion avec cette portion du genre humain. » Son intelligence conserva jusqu'au bout toute sa lucidité. Un instant avant d'expirer, il fit approcher, comme pour leur dire quelque chose d'important, son cousin l'abbé de Monclar et M. Paillottet. « Son œil, dit ce dernier, brillait de cette expression particulière que j'avais souvent remarquée dans nos entretiens, et qui annonçait la solution d'un problème. » Il murmura à deux fois : *La vérité...* Mais le souffle lui manqua, et il ne put achever d'expliquer sa pensée. Goethe, en mourant, demandait *la pleine lumière*, Bastiat saluait *la vérité*. Chacun d'eux, à ce moment suprême, résumait-il l'aspiration de sa vie – ou proclamait-il sa prise de possession du but ? Était-ce le dernier mot de la question – ou le premier de la réponse ? l'adieu au rêve qui s'en va – ou le salut à la réalité qui arrive ?...

Bastiat mourut le 24 décembre 1850, âgé de quarante-neuf ans et six mois. On lui fit, à l'église de Saint-Louis-des-Français, de pompeuses funérailles. C'est en 1845 qu'il était venu à Paris ; sa carrière active d'économiste n'a donc embrassé guère plus de cinq ans.

F. Bastiat était de taille moyenne ; mince et maigre, il était doué d'une force physique que son extérieur ne semblait pas annoncer ; dans sa jeunesse, il passait pour le meilleur coureur du pays basque. Sa figure était agréable, la bouche extrêmement fine, l'œil doux et plein de feu sous un sourcil épais, le front carré largement encadré d'une forêt de longs cheveux noirs. Sa conversation était celle d'un homme qui comprend tout et qui s'intéresse à tout, vive, variée, sans prétention, colorée de l'accent comme de l'esprit méridional. Jamais il ne causait d'économie politique le premier, jamais non plus il n'affectait d'éviter ce sujet, quel que fût le rang ou l'éducation de son interlocuteur. Dans les discussions sérieuses, il était modeste, conciliant, plein d'aménité dans sa fermeté de convictions. Rien dans sa parole ne sentait le discours ou la leçon. En général, son opinion finissait par entraîner l'assentiment général ; mais il n'avait pas l'air de s'apercevoir de son influence. Ses manières et ses habitudes étaient d'une extrême simplicité. Comme les hommes qui vivent dans leur pensée, il avait quelque chose souvent de naïf et de distrait : L. Leclerc l'appelait *le La Fontaine de l'économie politique.* Il convenait en riant qu'il n'avait jamais été de la rue de Choiseul au Palais-Royal sans se tromper de chemin. Un jour qu'il était parti pour aller faire un discours à Lyon, il se trouvait débarqué dans un cabaret au fond des Vosges. Pour tout ce qui s'appelle affaires, il était d'un laisser-aller d'enfant. Sa bourse était ouverte à tout venant, quand il était en fonds ; il n'y a pas d'auteur qui ait moins tiré parti de ses livres. Le détail matériel des choses lui était antipathique ; jamais il n'a su prendre une précaution pour sa santé ; jamais il n'a voulu s'occuper d'une annonce ou d'un compte rendu pour ses ouvrages. Il était si ennemi de charlatanisme en tout, il craignait tellement d'engager son indépendance dans l'engrenage des coteries, qu'après cinq ans de séjour à Paris, il ne connaissait pas un des écrivains de la presse quotidienne. Aussi les *comptes rendus* de journaux sur les livres de Bastiat sont-ils extrêmement rares. Le *Journal des économistes,* lui-même, attendit six mois avant de parler des *Harmonies,* et son article ne fut qu'une réfutation.

Nous avons déjà dit, je crois, que Bastiat écrivait avec une extrême facilité. On le devine à la netteté remarquable de ses manuscrits, où la plume semble, la plupart du temps, avoir couru de toute sa vitesse. Peut-être le travail préalable qui se faisait dans sa tête était-il long et pénible ; mais je crois plutôt que c'était une de ces intelligences saines qui tournent naturellement du côté de la lumière, comme certaines fleurs vers le soleil, et que la vérité lui était facile, comme aux natures honnêtes la vertu. Il est certain cependant que Bastiat se préoccupait de la forme... à sa manière. Nous avons vu, dans ses cahiers, un de ses *Sophismes,* entre autres, refondu entièrement trois fois – trois morceaux aussi fins l'un que l'autre, mais très différents de ton. La première manière, la plus belle à mon avis, c'était la déduction scientifique, ferme, précise, magistrale ; la seconde offrait déjà quelque chose de plus effacé dans la tournure et de plus bourgeois, une causerie terre à terre, débarrassée des mots techniques et à la portée du commun des lecteurs ; la troisième, enfin, encadrait tout cela dans une forme un peu légère, un dialogue ou une petite scène demi-plaisante. La première, c'était Bastiat écrivant pour lui, se parlant ses idées ; la dernière, c'était Bastiat écrivant pour le public ignorant ou distrait, émiettant le pain des forts pour le faire avaler aux faibles. Un écrivain ordinaire ne se donne pas tant de peine pour s'amoindrir et ne s'efface pas ainsi volontairement pour faire passer son idée : il faut pour cela telle souveraine préoccupation du but qui caractérise l'apôtre.

Il ne nous appartient pas de préjuger le rang que la postérité assignera à Bastiat. M. M. Chevalier a placé hautement les *Harmonies* à côté du livre immortel d'Ad. Smith. Tout récemment, R. Cobden a exprimé la même opinion. Pour nous, en cherchant à mettre cette simple et noble figure sur un piédestal, nous craindrions de faire quelque maladresse. Et puis, nous l'avouons, il nous semble qu'un éloge trop cru blesserait encore cet homme que nous avons connu si désintéressé de lui-même, qui ne s'est jamais mis en avant que pour être utile et n'a brillé que pour éclairer. Tout ce que nous pouvons dire, c'est que les idées neuves et d'abord contestées de son système ont fait leur chemin depuis sa mort, et que, sans parler de l'école américaine, des économistes marquants, en Angleterre, en Écosse, en Italie, en Espagne et ailleurs, professent hautement et enseignent ses opinions. Et s'il est certain que le caractère matériel, en quelque sorte, de la vérité, dans une doctrine comme dans une religion, est la puissance du prosélytisme qu'elle possède, on peut dire que la doctrine de Bastiat est vraie : car les nombreux convertis qui passent aujourd'hui à l'économie politique y vont à peu près tous par Bastiat et sous son patronage. Son œuvre de propagande se poursuit et se poursuivra longtemps encore après lui – c'est la seule espèce d'immortalité qu'il ait ambitionnée.

Bastiat était tout simplement une belle intelligence éclairée par un admirable cœur, un de ces grands *pacifiques* auxquels, selon la parole sacrée, le monde finit toujours par appartenir. Nous préférons hautement ces hommes-là aux génies solitaires et aux penseurs sibyllins. Ce ne sont, en effet, ni les idées ni les systèmes qui nous manquent aujourd'hui, mais le trait d'union et le lien d'harmonie. La masse incohérente des matériaux épars de l'avenir ressemble à ces gangues où le métal précieux abonde, mais disséminé dans la boue. Ce qu'il faut à notre siècle, c'est l'aimant qui rassemblera le fer autour de lui, c'est la goutte de mercure qui, promenée à travers le mélange, s'assimilera les parcelles d'or et d'argent. Or, ce rôle assimilateur nous paraît éminemment réservé aux natures sympathiques qui ont soif du bien et du vrai et vont le chercher partout, aux hommes de foi plutôt encore que de science.

Voilà pourquoi nous souhaitons à notre pays des hommes comme Bastiat, et des vérités comme la doctrine de l'*Harmonie*, de ces vérités simples et fécondes qu'on ne découvre et qu'on ne perçoit qu'avec l'*esprit de son cœur,* comme a dit de Maistre — *mente cordis sui.*

MÉLANGES.

I. – RECETTES PROTECTIONNISTES.

27 décembre 1846.

Depuis que nous avons publié un rapport au Roi sur le grand parti qu'on pourrait tirer d'une paralysie générale des mains droites, comme moyen de favoriser le travail, il paraît que beaucoup de cervelles sont en quête de nouvelles recettes protectionnistes. Un de nos abonnés nous envoie, sur ce sujet, une lettre qu'il a l'intention d'adresser au conseil des ministres. Il nous semble qu'elle contient des vues dignes de fixer l'attention des hommes d'État. Nous nous empressons de la reproduire.

MESSIEURS LES MINISTRES,

Au moment où la protection douanière semble compromise, la nation reconnaissante voit avec confiance que vous vous occupez de la ressusciter sous une autre forme.

C'est un vaste champ ouvert à l'imagination. Votre système de *gaucherie* a du bon ; mais il ne me semble pas assez radical, et je prends la liberté de vous suggérer des moyens plus héroïques, toujours fondés sur cet axiome fondamental : *l'intensité du travail, abstraction faite de ses résultats, c'est la richesse.*

De quoi s'agit-il ? de fournir à l'activité humaine de nouveaux aliments. C'est ce qui lui manque, et, pour cela, de faire le vide dans les moyens actuels de satisfaction, – de créer une grande demande de produits.

J'avais d'abord pensé qu'on pourrait fonder de grandes espérances sur l'*incendie*, – sans négliger la guerre et la peste. – Par un bon vent d'ouest mettre le feux aux quatre coins de Paris, ce serait certainement assurer à la population les deux grands bienfaits que le régime protecteur a en vue : *travail et cherté* – ou plutôt *travail par cherté*. Ne voyez-vous pas quel immense mouvement l'incendie de Paris donnerait à l'industrie nationale ? En est-il une seule qui n'aurait de l'ouvrage pour vingt ans ? Que de maisons à reconstruire, de meubles à refaire, d'outils, d'instruments, d'étoffes, de livres et de tableaux à remplacer ! Je vois d'ici le travail gagner de proche en proche et s'accroître par lui-même comme une avalanche, car l'ouvrier occupé en occupera d'autres et ceux-ci d'autres encore. Ce n'est pas vous qui viendrez prendre ici la défense du consommateur, car vous savez trop bien que le producteur et le consommateur ne font qu'un. Qu'est-ce qui arrête la production ? Évidemment les produits existants. Détruisez-les, et la production prendra une nouvelle vie. Qu'est-ce que nos richesses ? ce sont nos besoins, puisque sans besoins point de richesses, sans maladies point de médecins, sans guerres point de soldats, sans procès point d'avocats et de juges. Si les vitres ne se cassaient jamais, les vitriers feraient triste mine ; si les maisons ne s'écroulaient pas, si les meubles étaient indestructibles, que de métiers seraient en souffrance ! Détruire, c'est se mettre dans la nécessité de rétablir. Multiplier les besoins, c'est multiplier la richesse. Répandez donc partout l'incendie, la famine, la guerre, la peste, le vice et l'ignorance, et vous verrez fleurir toutes les professions, car toutes auront un vaste champ d'activité. Ne dites-vous pas vous-mêmes que la rareté et la cherté du fer font la fortune des forges ? N'empêchez-vous pas les Français d'acheter le fer à bon marché ? Ne faites-vous pas en cela prédominer l'intérêt de la production sur celui de la consommation ? Ne créez-vous pas, pour ainsi dire, la maladie afin de donner de la besogne au médecin ? Soyez donc conséquents. Ou c'est l'intérêt du consommateur qui vous guide, et alors recevez le fer ; ou c'est l'intérêt du producteur et en ce cas, incendiez Paris. Ou vous croyez que la richesse consiste à avoir plus en travaillant moins, et alors laissez entrer le fer ; ou vous pensez qu'elle consiste à avoir moins avec plus de travail, et en ce cas brûlez Paris ; car de dire comme quelques-uns : Nous ne voulons pas de principes absolus, – c'est dire : Nous ne voulons ni la vérité, ni l'erreur, mais un mélange de l'une et de l'autre : erreur, quand cela nous convient, vérité quand cela nous arrange.

Cependant, Messieurs les Ministres, ce système de protection, quoique théoriquement en parfaite harmonie avec le régime prohibitif, pourrait bien être repoussé par l'opinion publique, qui n'a pas encore été suffisamment préparée et éclairée par l'expérience et les travaux du *Moniteur industriel*. Vous jugerez prudent d'en ajourner l'exécution à des temps meilleurs. Vous le savez, *la production surabonde, il y a partout encombrement de marchandises, la faculté de consommation fait défaut à la faculté de produire, les débouchés sont trop restreints,* etc., etc. Tout cela nous annonce que l'incendie sera bientôt regardé comme le remède efficace à tant de maux.

En attendant, j'ai inventé un autre mode de protection qui me semble avoir de grandes chances de succès.

Il consiste simplement à substituer un encouragement direct à un encouragement indirect.

Doublez tous les impôts ; cela vous créera un excédant de recettes de 14 à 1 500 millions. Vous répartirez ensuite ce fonds de subvention entre toutes les branches du *travail national* pour les soutenir, les aider et les mettre en mesure de résister à la concurrence étrangère.

Voici comment les choses se passeront.

Je suppose que le fer français ne puisse se vendre qu'à 350 fr. la tonne. – Le fer belge se présente à 300 fr. – Vite vous prenez 55 fr. sur le fonds de subvention et les donnez à notre maître de forge. – Alors il livre son fer à 295 fr. Le fer belge est exclu, c'est ce que nous voulons. Le fer français reçoit son prix rémunérateur de 350 fr., c'est ce que nous voulons encore.

Le blé étranger a-t-il l'impertinence de s'offrir à 17 fr. quand le blé national exige 18 francs ? Aussitôt, vous donnez 1 franc 50 centimes à chaque hectolitre de notre blé qui se vend à 16 francs et 50 centimes, et chasse ainsi son concurrent. Vous procéderez de même pour les draps, toiles, houilles, bestiaux, etc., etc. Ainsi le travail national sera protégé, la concurrence étrangère éloignée, le prix rémunérateur assuré, l'inondation prévenue, et tout ira pour le mieux.

« Eh ! morbleu, c'est justement ce que nous faisons, me direz-vous. Entre votre projet et notre pratique, il n'y a pas un atome de différence. Même principe, même résultat. Le procédé seul est légèrement altéré. Les charges de la protection, que vous mettez sur les épaules du contribuable, nous les mettons sur celles du consommateur, ce qui, en définitive, est la même chose. Nous faisons passer directement la subvention du public au protégé. Vous, vous la faites arriver du public au protégé, par l'intermédiaire du Trésor, rouage inutile, en quoi seulement votre invention se distingue de la nôtre. »

Un moment, Messieurs les Ministres, je conviens que je ne propose rien de neuf. Mon système et le vôtre sont identiques. C'est toujours le travail de tous subventionnant le travail de chacun, – pure illusion, – ou de quelques-uns, – criante injustice.

Mais laissez-moi vous faire observer le beau côté de mon procédé. Votre protection indirecte ne protège efficacement qu'un petit nombre d'industries. Je vous offre le moyen de les protéger toutes. Chacune aura sa part à la curée. Agriculteurs, fabricants, négociants, avocats, médecins, fonctionnaires, auteurs, artistes, artisans, ouvriers, tous mettent leur obole à la tirelire de la protection ; n'est-il pas bien juste que tous y puisent quelque chose ?

Sans doute, cela serait juste, mais dans la pratique... – Je vous vois venir. Vous allez me dire : Comment doubler et tripler les impôts ? Comment arracher 150 millions à la poste, 300 millions au sel, un milliard à la contribution foncière ?

– Rien de plus simple. – Et d'abord, par vos tarifs vous les arrachez bien réellement au public, et vous allez comprendre que mon procédé ne vous donnera aucun embarras, si ce n'est quelques écritures, car tout se passera sur le papier.

En effet, selon notre droit public, chacun concourt à l'impôt en proportion de sa fortune.

Selon l'équité, l'État doit à tous une *égale protection.*

Il résulte de là que mon système se réduira, pour M. le ministre des finances, à ouvrir à chaque citoyen un compte qui se composera invariablement de deux articles, ainsi qu'il suit :

Doit N. à la caisse des subventions, 100 fr. pour sa part d'impôts.

Avoir N. par la caisse des subventions, 90 fr. pour sa part de protection.

– Mais c'est comme si nous ne faisions rien du tout !

– C'est très vrai. Et par la douane non plus vous ne feriez rien du tout, si vous pouviez la faire servir à protéger également *tout le monde.*

– Aussi ne l'appliquons-nous qu'à protéger quelques-uns.

– C'est ce que vous pouvez très bien faire par mon procédé. Il suffit de désigner d'avance les classes qui seront exclues, quand on partagera les fonds de la tontine, pour que la part des autres soit plus grosse.

– Ce serait une horrible injustice.

– Vous la commettez bien maintenant.

– Du moins, nous ne nous en apercevons pas.

– Ni le public non plus. Voilà pourquoi elle se commet.

– Que faut-il donc faire ?

– Protéger tout le monde, ou ne protéger personne.

II. – UN PROFIT CONTRE DEUX PERTES.

9 mai 1847.

Il y a maintenant dix-sept ans qu'un publiciste, que je ne nommerai pas, dirigea contre la protection douanière un argument, sous forme algébrique, qu'il nommait la *double incidence de la perte*.

Cet argument fit quelque impression. Les privilégiés se hâtèrent de le réfuter ; mais il arriva que tout ce qu'ils firent dans ce but ne servit qu'à élucider la démonstration, à la rendre de plus en plus invincible, et, en outre, à la populariser ; si bien qu'aujourd'hui, dans le pays où s'est passée la chose, la protection n'a plus de partisans.

On me demandera peut-être pourquoi je ne cite pas le nom de l'auteur ? Parce que mon maître de philosophie m'a appris que cela met quelquefois en péril l'effet de la citation [1].

Il nous dictait un cours parsemé de passages dont quelques-uns étaient empruntés à Voltaire et à Rousseau, invariablement précédés de cette formule : « Un célèbre auteur a dit, etc. » Comme s'il s'était glissé quelques éditions de ces malencontreux écrivains dans le collège, nous savions fort bien à quoi nous en tenir. Aussi, nous ne manquions jamais, en récitant, de remplacer la formule par ces mots : Rousseau a dit, Voltaire a dit. – Mais aussitôt le pédagogue, levant les mains au ciel, s'écriait : « Ne citez pas, l'ami B... ; apprenez que beaucoup de gens admireront la phrase qui la trouveraient détestable s'ils savaient d'où elle est tirée. » C'était le temps où régnait une opinion qui détermina notre grand chansonnier, je devrais dire notre grand poète, à mettre à jour ce refrain :

C'est la faute de Voltaire,
C'est la faute de Rousseau.

---

1. Le nom que l'auteur ne cite pas est celui d'un membre éminent de la Ligue anglaise, le colonel Perronnet Thompson. (*Note de l'éditeur. 1855.*)

Supprimant donc le nom de l'auteur et la forme algébrique, je reproduirai l'argument qui se borne à établir que toute faveur du tarif entraîne nécessairement :

1° Un profit pour une industrie ;

2° Une perte égale pour une autre industrie ;

3° Une perte égale pour le consommateur.

Ce sont là les effets *directs et nécessaires* de la protection.

En bonne justice, et pour compléter le bilan, il faudrait encore lui imputer de nombreuses *pertes accessoires*, telles que : frais de surveillance, formalités dispendieuses, incertitudes commerciales, fluctuations de tarifs, opérations contrariées, chances de guerre multipliées, contrebande, répression, etc.

Mais je me restreins ici aux conséquences *nécessaires* de la protection.

Une anecdote rendra peut-être plus claire la démonstration de notre problème.

Un maître de forges avait besoin de bois pour son usine. Il avait traité avec un pauvre bûcheron, quelque peu clerc, qui, pour 40 sous, devait bûcher du matin au soir, un jour par semaine.

La chose paraîtra singulière ; mais il advint qu'à force d'entendre parler protection, travail national, supériorité de l'étranger, prix de revient, etc. notre bûcheron devint économiste à la manière du *Moniteur industriel* : si bien qu'une pensée lumineuse se glissa dans son esprit en même temps qu'une pensée de monopole dans son cœur.

Il alla trouver le maître de forges, et lui dit :

— Maître, vous me donnez 2 francs pour un jour de travail ; désormais vous me donnerez 4 francs et je travaillerai deux jours.

— L'ami, répondit le maître de forges, j'ai assez du bois que tu refends dans la journée.

— Je le sais, dit le bûcheron ; aussi j'ai pris mes mesures. Voyez ma hache comme elle est émoussée, ébréchée. Je vous assure que je mettrai deux jours pleins à hacher le bois que j'expédie maintenant en une journée.

– Je perdrai 2 francs à ce marché.

– Oui, mais je les gagnerai, moi ; et, relativement au bois et à vous, je suis producteur, et vous n'êtes que consommateur. Le consommateur ! cela mérite-t-il aucune pitié ?

– Et si je te prouvais qu'indépendamment des 40 sous qu'il me fera perdre, ce marché fera perdre aussi 40 sous à un autre producteur ?

– Alors je dirais que sa perte balance mon gain, et que le résultat définitif de mon invention est pour vous, et par conséquent pour la nation en masse, une perte sèche de 2 francs. Mais quel est ce travailleur qui aura à se plaindre ?

– Ce sera, par exemple, Jacques le jardinier, auquel je ne pourrai plus faire gagner comme aujourd'hui 40 sous par semaine, puisque ces 40 sous, je te les aurai donnés ; et si je n'en prive pas Jacques, j'en priverai un autre.

– C'est juste, je me rends et vais aiguiser ma hache. Au fait, si par la faute de ma hache il se fait moins de besogne dans le monde pour une valeur de 2 francs, c'est une perte, et il faut bien qu'elle retombe sur quelqu'un... Mais pardon, maître, il me vient une idée. Si vous me faite gagner ces 2 francs, je les ferai gagner au cabaretier, et ce gain compensera la perte de Jacques.

– Mon ami, tu ne ferais là que ce que Jacques fera lui-même tant que je l'emploierai, et ce qu'il ne fera plus si je le renvoie, comme tu le demandes.

– C'est vrai ; je suis pris, et je vois bien qu'il n'y a pas de profit national à ébrécher les haches.

Cependant, notre bûcheron, tout en bûchant, ruminait le cas dans sa tête. Il se disait : Pourtant, j'ai cent fois entendu dire au patron qu'il était avantageux de protéger le producteur aux dépens du consommateur. Il est vrai qu'il a fait apparaître ici un autre producteur auquel je n'avais pas songé.

A quelques temps de là, il se présenta chez le maître de forges et lui dit :

– Maître, j'ai besoin de 20 kilogrammes de fer, et voici 5 francs pour les payer.

– Mon ami, à ce prix, je ne t'en puis donner que 10 kilogrammes.

– C'est fâcheux pour vous, car je sais un Anglais qui me donnera pour mes 5 francs les 20 kilogrammes dont j'ai besoin.

– C'est un coquin.

– Soit.

– Un égoïste, un perfide, un homme que l'intérêt fait agir.

– Soit.

– Un individualiste, un bourgeois, un marchand qui ne sait ce que c'est qu'abnégation, dévouement, fraternité, philanthropie.

– Soit ; mais il me donne pour 5 francs 20 kilogrammes de fer, et vous, si fraternel, si dévoué, si philanthrope, vous ne m'en donnez que 10.

– C'est que ses machines sont plus perfectionnées que les miennes.

– Oh ! oh ! monsieur le philanthrope, vous travaillez donc avec une hache obtuse, et vous voulez que ce soit moi qui supporte la perte.

– Mon ami, tu le dois, pour que mon industrie soit favorisée. Dans ce monde, il ne faut pas toujours songer à soi et à son intérêt.

– Mais il me semble que c'est toujours votre tour d'y songer. Ces jours-ci vous n'avez pas voulu me payer pour me servir d'une mauvaise hache, et aujourd'hui vous voulez que je vous paye pour vous servir de mauvaises machines.

– Mon ami, c'est bien différent ; mon industrie est nationale et d'une haute importance.

– Relativement aux 5 francs dont il s'agit, il n'est pas important que vous les gagniez si je dois les perdre.

– Et ne te souvient-il plus que lorsque tu me proposais de fendre mon bois avec une hache émoussée, je te démontrai qu'outre ma perte, il en retomberait sur le pauvre Jacques une

seconde, égale à la mienne, et chacune d'elles égale à ton profit, ce qui, en définitive, constituait, pour la nation en masse,
une perte sèche de 2 francs ? – Pour qu'il y eut parité dans les
deux cas, il te faudrait prouver que mon gain et ta perte se
balançant, il y aura encore un préjudice causé à un tiers.

– Je ne vois pas que cette preuve soit très nécessaire ; car,
selon vous-même, que j'achète à vous, que j'achète à
l'Anglais, la nation ne doit rien perdre ni gagner. Et alors, je
ne vois pas pourquoi je disposerais à votre avantage, et non
au mien, du fruit de mes sueurs. Au surplus, je crois pouvoir
prouver que si je vous donne 10 francs de vos 20 kilogrammes de fer, je perdrai 5 francs, et une autre personne
perdra 5 francs ; vous n'en gagnerez que 5, d'où résultera
pour la nation entière une perte sèche de 5 francs.

– Je suis curieux de t'entendre bûcher cette démonstration.

– Et si je la refends proprement, conviendrez-vous que
votre prétention est injuste ?

– Je ne te promets pas d'en convenir ; car, vois-tu, en fait
de ces choses là, je suis un peu comme le Joueur de la comé-
die, et je dis à l'économie politique :

> Tu peux bien me convaincre, ô science ennemie,
> Mais me faire avouer, morbleu, je t'en défie !

Cependant, voyons ton argument.

– Il faut d'abord que vous sachiez une chose. L'Anglais
n'a pas l'intention d'emporter dans son pays ma pièce de
100 sous. Si nous faisons marché (– le maître de forges, *à
part :* j'y mettrai bon ordre, –) il m'a chargé d'acheter pour
5 francs deux paires de gants que je lui remettrai en échange
de son fer.

– Peu importe, arrive enfin la preuve.

– Soit ; maintenant calculons. – En ce qui concerne les 5
francs qui représentent le prix naturel du fer, il est clair que
l'industrie française ne sera ni plus ni moins encouragée,
dans son ensemble, soit que je les donne à vous pour faire le
fer directement, soit que je les donne au gantier qui me four-

nit les gants que l'Anglais demande en échange du fer.

– Cela paraît raisonnable.

Ne parlons donc plus de ce premiers 100 sous. Restent les autres 5 francs en litige. Vous dites que si je consens à les perdre, vous les gagnerez, et que votre industrie sera favorisée d'autant.

– Sans doute.

– Mais si je conclus avec l'Anglais, ces 100 sous me resteront. Précisément, je me trouve avoir grand besoin de chaussure, et c'est juste ce qu'il faut pour acheter des souliers. Voilà donc un troisième personnage, le cordonnier, intéressé dans la question. – Si je traite avec vous, votre industrie sera encouragée dans la mesure des 5 francs ; celle du cordonnier sera découragée dans la mesure des 5 francs, ce qui fait la balance exacte. – Et, en définitive, je n'aurai pas de souliers ; en sorte que ma perte sera sèche, et la nation, en ma personne, aura perdu 5 francs.

– Pas mal raisonné pour un bûcheron ! mais tu perds de vue une chose, c'est que les 5 francs que tu ferais gagner au cordonnier, – si tu traitais avec l'Anglais, – je les lui ferai gagner moi-même si tu traites avec moi.

– Pardon, excuse, maître ; mais vous m'avez vous-même appris, l'autre jour, à me préserver de cette confusion.

J'ai 10 francs ;

Traitant avec vous, je vous les livre et vous en ferez ce que vous voudrez.

Traitant avec l'Anglais, je les livre, savoir : 5 francs au gantier, 5 francs au cordonnier, et ils en feront ce qu'ils voudront.

Les conséquences ultérieures de la circulation qui sera imprimée à ces 10 francs par vous dans un cas, par le gantier et le cordonnier dans l'autre, sont identiques et se compensent. Il ne doit pas en être question.

Il n'y a donc en tout ceci qu'une différence. Selon le premier marché, je n'aurai pas de souliers ; selon le second, j'en aurai.

Le maître de forges s'en allant : Ah ! où diable l'économie politique va-t-elle se nicher ? Deux bonnes lois feront cesser ce désordre : une loi de douanes qui me donnera la force, puisque aussi bien je n'ai pas la raison, – et une loi sur l'enseignement, qui envoie toute la jeunesse étudier la société à Sparte et à Rome. Il n'est pas bon que le peuple voie si clair dans ses affaires !

III. – DEUX PERTES CONTRE UN PROFIT.

30 mai 1847.

A M. Arago, de l'Académie des sciences.

MONSIEUR,

Vous avez le secret de rendre accessibles à tous les esprits les plus hautes vérités de la science. Oh ! ne pourriez-vous, à grand renfort d'x, trouver un théorème suivant une de ces démonstrations par a + b, qui ne laissent plus de place à la controverse ! Son simple énoncé suffira pour montrer l'immense service que vous rendriez au pays et à l'humanité. Le voici :

SI UN DROIT PROTECTEUR ÉLÈVE LE PRIX D'UN OBJET D'UNE QUANTITÉ DONNÉE, LA NATION GAGNE CETTE QUANTITÉ UNE FOIS ET LA PERD DEUX FOIS.

Si cette proposition est vraie, il s'ensuit que les nations s'infligent à elles-mêmes des pertes incalculables. Il faudrait reconnaître qu'il n'est aucun de nous qui ne jette des pièces d'un franc dans la rivière chaque fois qu'il mange ou qu'il boit, qu'il avise de toucher à un outil ou à un vêtement.

Et comme il y a longtemps que ce jeu dure, il ne faut pas être surpris si, malgré le progrès des sciences et de l'industrie, une masse bien lourde de misère et de souffrances pèse encore sur nos concitoyens.

D'un autre côté, tout le monde convient que le régime protecteur est une source de maux, d'incertitudes et de dangers, en dehors de ce calcul de profits et de pertes. Il nourrit les animosités nationales, retarde l'union des peuples, multiplie les chances de guerre, fait inscrire dans nos codes, au rang des délits et des crimes, des actions innocentes en elles-mêmes. Ces inconvénients accessoires du système repose lui-même sur cette donnée : *que tout renchérissement, de son fait, est un gain national.* – Car, monsieur, je crois avoir observé et vous aurez peut être observé comme moi que, malgré le grand mépris que les individus et les peuples affichent pour le *gain*, ils y renoncent difficilement, – mais s'il venait à être prouvé que ce prétendu gain est accompagné d'abord d'une *perte égale*, ce qui fait compensation, puis d'une *seconde perte encore égale*, laquelle constitue une duperie bien caractérisée ; comme dans le cœur humain l'horreur des pertes est aussi fortement enracinée que l'amour des profits, il faut croire que le régime protecteur et toutes ses conséquences directes et indirectes s'évanoui-raient avec l'illusion qui les a fait naître.

Vous ne serez donc pas surpris, Monsieur, que je désire voir cette démonstration revêtue de l'évidence invincible que communique la langue des équations. Vous ne trouverez pas mauvais non plus que je m'adresse à vous ; car, parmi tous les problèmes qu'offrent les sciences que vous cultivez avec tant de gloire, il n'en est certainement aucun plus digne d'occuper, au moins quelques instants, vos puissances facul-tés. J'ose dire que celui qui en donnerait une solution irréfu-table, n'eût-il fait que cela dans ce monde, aurait assez fait pour l'humanité, et pour sa propre renommée.

Permettez-moi donc d'établir en langue vulgaire ce que je voudrais voir mettre en langue mathématique.

Supposons qu'un couteau anglais se donne en France pour 2 fr.

Cela veut dire qu'il s'échange contre 2 fr. ou tout autre objet valant lui-même 2 fr., par exemple une paire de gants de ce prix.

Admettons qu'un couteau semblable ne puisse se faire

chez nous à moins de 3 fr.

Dans ces circonstances, un coutelier français s'adresse au gouvernement et lui dit : Protégez-moi. Empêchez mes compatriotes d'acheter des couteaux anglais, et moi je me charge de les pourvoir à 3 fr.

Je dis que ce renchérissement d'un franc sera *gagné une fois*, mais j'ajoute qu'il sera *perdu deux fois* par la France, et que le même phénomène se présentera dans tous les cas analogues.

D'abord, finissons-en avec les 2 fr. qui sont en dehors du renchérissement. En tant que cela concerne ces 2 fr. il est bien clair que l'industrie française n'aura rien gagné ni perdu à la mesure. Que ces 2 fr. aillent au coutelier ou au gantier, cela peut arranger l'un de ces industriels et déranger l'autre, mais cela n'affecte en rien l'ensemble du *travail national*. Jusque là, il y a changement de direction, mais non accroissement ou décroissement dans l'industrie ; 2 fr. de plus prennent le chemin de la coutellerie, 2 fr. de moins prennent celui de la ganterie, voilà tout. Injuste faveur ici, oppression non moins injuste là, c'est tout ce qu'il est possible d'apercevoir ; ne parlons donc plus de ces 2 fr.

Mais il reste un troisième franc dont il est essentiel de suivre la trace ; il constitue le surenchérissement du couteau ; c'est la *quantité donnée* dont le prix des couteaux est élevé. C'est celle que je dis être gagnée une fois et perdue deux fois par le pays.

Qu'elle soit gagnée une fois, cela est hors de doute. Évidemment, l'industrie coutelière est favorisée, par la prohibition, dans la mesure de *un franc*, qui va solder des salaires, des profits, du fer, de l'acier. En d'autres termes, la production des gants n'est découragée que de 2 fr. et celle des couteaux est encouragée de 3 fr., ce qui constitue bien pour l'ensemble de l'industrie nationale, tout balancé jusqu'ici, un excédant d'encouragement de 20 sous, 1 franc ou 100 centimes, comme on voudra les appeler.

Mais il est tout aussi évident que l'acquéreur du couteau,

quant il l'obtenait d'Angleterre contre une paire de gants, ne déboursait que 2 fr., tandis que maintenant il en dépense 3. Dans le premier cas, il restait donc à sa disposition *un franc* au delà du prix du couteau ; et, comme nous sommes tous dans l'habitude de faire servir les francs à quelque chose, nous devons tenir pour certain que ce franc aurait été dépensé d'une manière quelconque et aurait encouragé l'industrie nationale tout autant qu'un franc peut s'étendre.

Si, par exemple, vous étiez cet acheteur, – avant la prohibition vous pouviez acheter une paire de gants pour 2 fr., contre laquelle paire de gants vous auriez obtenu le couteau anglais. – Et, en outre, il vous serait resté 1 fr. avec lequel vous auriez acheté, selon votre bon plaisir, de petits pâtés ou un petit volume in-12.

Si donc nous faisons le compte du *travail national*, nous trouvons de suite à opposer au gain du coutelier une perte équivalente, savoir, celle du pâtissier ou du libraire.

Il me semble impossible de nier que dans un cas comme dans l'autre, vos 3 fr., puisque vous les aviez, ont encouragé dans une mesure exactement semblable, l'industrie du pays. Sous le régime de la liberté, ils se sont partagés entre un gantier et un libraire ; sous le régime de la protection, ils sont allés exclusivement au coutelier, et je crois qu'on pourrait défier le génie de la prohibition lui-même d'ébranler cette vérité.

Ainsi, voilà le franc gagné un fois par le coutelier et perdu une fois par le libraire.

Reste à examiner votre propre situation, vous acheteur, vous consommateur. Ne saute-t-il pas aux yeux qu'avant la prohibition, vous aviez pour vos 3 fr. et un couteau et un petit volume in-12, tandis que depuis, vous ne pouvez avoir pour vos mêmes 3 fr. qu'un couteau et pas de volume in-12 ? Vous perdez donc dans cette affaire un volume, soit l'équivalent d'*un franc*. Or, si cette seconde perte n'est compensée par aucun profit pour qui que ce soit en France, j'ai raison de dire que ce franc, gagné une fois est perdu deux fois.

Savez-vous, Monsieur, ce qu'ont dit à cela ? car il est bon

que vous connaissiez l'objection. On dit que votre perte est compensée par le profit du coutelier, ou, en termes généraux que la perte du consommateur est compensée par le profit du producteur.

Votre sagacité aura bien vite découvert que la mystification ici consiste à laisser dans l'ombre le fait déjà établi que le profit d'un producteur, le coutelier, est balancé par la perte d'un autre producteur, le libraire ; et que votre franc, par cela même qu'il a été encourager la coutellerie, n'a pu aller encourager, comme il l'aurait fait, la librairie.

Après tout, comme il s'agit de sommes égales, qu'on établisse, si on le préfère, la compensation entre le producteur et le consommateur, peu importe, pourvu qu'on n'oublie pas le libraire, et qu'on ne fasse pas reparaître deux fois le même gain pour l'opposer alternativement à deux pertes bien distinctes.

On dit encore : Tout cela est bien petit, bien mesquin. Il ne vaut guère la peine de faire tant de bruit pour un petit franc, un petit couteau, et un petit volume in-12. Je n'ai pas besoin de vous faire observer que le franc, le couteau et le livre sont mes signes algébriques, qu'ils représentent la vie, la substance des peuples ; et c'est parce que je ne sais pas me servir des A, B, C qui généralisent les questions, que je mets celle-ci sous votre patronage.

On dira encore ceci : le franc que le coutelier reçoit en plus, grâce à la protection, il le fait gagner à des travailleurs. – Je réponds : le franc que le libraire recevrait en plus, grâce à la liberté, il le ferait gagner aussi à d'autres travailleurs ; en sorte que, de ce côté, la compensation n'est pas détruite, et il reste toujours que, sous un régime vous avez un libre, et sous l'autre vous n'en avez pas. – Pour éviter la confusion volontaire ou non qu'on ne manquera pas de faire à ce sujet, il faut bien distinguer la distribution originaire de vos 3 francs d'avec leur circulation ultérieure, laquelle, dans l'une et dans l'autre hypothèse, suit des parallèles infinies et ne peut jamais affecter notre calcul.

Il me semble qu'il faudrait être de bien mauvaise foi pour venir argumenter de l'importance relative des deux industries comparées, disant : mieux vaut la coutellerie que la ganterie ou la librairie. Il est clair que mon argumentation n'a rien de commun avec cet ordre d'idées. Je cherche l'effet général de la prohibition sur l'ensemble de l'industrie, et non si l'une a plus d'importance que l'autre. Il m'eût suffi de prendre un autre exemple pour montrer que ce qui, dans mon hypothèse, se résout en privation d'un livre est, dans beaucoup de cas, privation de pain, de vêtements, d'instruction, d'indépendance et de dignité.

Dans l'espoir que vous attacherez à la solution de ce problème l'importance vraiment radicale qu'il me semble mériter, permettez-moi d'insister encore sur quelques objections qu'on pourra faire. – On dit : la perte ne sera pas d'*un franc*, parce que la concurrence intérieure suffira pour faire tomber les couteaux français à 2 fr. 50, peut être à 2 fr. 25. Je conviens que cela pourra arriver. Alors il faudra changer mes chiffres. Les *deux pertes* seront moindres, et le *gain aussi* ; mais il n'y aura pas moins deux pertes pour un gain tant que la protection protégera.

Enfin, on objectera, sans doute, qu'il faut au moins protéger l'industrie nationale en raison des taxes dont elle est grevée. La réponse se déduit de ma démonstration même. Soumettre le peuple à deux pertes pour un gain, c'est un triste moyen d'alléger ses charges. Qu'on suppose les impôts aussi élevés qu'on voudra ; qu'on suppose que le gouvernement nous prend les 99 centièmes de nos revenus, est-ce un remède proposable, je le demande, que de gratifier le coutelier surtaxé d'un franc pris au libraire surtaxé, avec perte par dessus le marché d'un franc pour le consommateur surtaxé ?

Je ne sais, Monsieur, si je me fais illusion, mais il me semble que la démonstration rigoureuse que je sollicite de vous, si vous prenez la peine de la formuler, ne sera pas un objet de pure curiosité scientifique, mais dissipera bien des préjugés funestes.

Par exemple, vous savez combien on est impatient de toute *concurrence étrangère*. C'est le monstre sur lequel se déchargent toutes les colères industrielles. Eh bien ! que voit-on dans le cas proposé ? Où est la rivalité réelle ? Quel est le vrai, le dangereux concurrent du gantier et du libraire français ? N'est-ce pas le coutelier français qui sollicite l'appui de la loi, pour absorber à lui seul la rémunération de ses deux confrères, même aux dépens d'une perte sèche pour le public ? Et de même, quels sont les vrais, les dangereux antagonistes du coutelier français ? Ce n'est pas le coutelier de Birmingham ; ce sont le libraire et le gantier français, qui, du moins s'ils n'ont pas une taie sur les yeux, feront des efforts incessants pour reprendre au coutelier une clientèle qu'il leur a législativement et injustement ravie. N'est-il pas assez singulier de découvrir que ce monstre de la concurrence, dont nous croyons entendre les rugissements de l'autre côté du détroit, nous le pourrissons au milieu de nous ? D'autres points de vue aussi neufs qu'exacts sortiront de cette équation que j'ose attendre, Monsieur, de vos lumières et de votre patriotisme.

IV. – MIDI À QUATORZE HEURES

(Ébauche inédite.)

..... 1847

On fait de l'économie politique une science pleine de subtilités et de mystères. Rien ne s'y passe naturellement. On la dédaigne, on la persifle aussitôt qu'elle s'avise de donner à un phénomène simple une explication simple.

– Le Portugal est pauvre, dit-on ; d'où cela vient-il ?

– De ce que les Portugais sont inertes, paresseux, imprévoyants, mal administrés, répond-elle.

– Non, réplique-t-on, c'est l'échange qui fait tout le mal ; c'est le traité de Méthuen, l'invasion des draps anglais à bon marché, l'épuisement du numéraire, etc.

Puis on ajoute : les Anglais travaillent beaucoup, et cependant il y a beaucoup de pauvres parmi eux ; comment cela se peut-il ?

– Parce que, répond-elle naïvement, ce qu'ils gagnent par le travail, on le leur prend par l'impôt. On le distribue à des colonels, à des commodores, à des gouverneurs, à des diplomates. On va faire au loin des acquisitions de territoire, qui coûtent beaucoup à obtenir et plus à conserver. Or ce qui est gagné une fois ne peut être dépensé deux ; et ce que l'Anglais met à satisfaire sa gloriole, il ne le peut consacrer à satisfaire ses besoins réels.

– Quelle explication misérable et terre à terre ! s'écrie-t-on. Ce sont les colonies qui enrichissent l'Angleterre.

– Vous disiez tout à l'heure qu'elle était pauvre, quoiqu'elle travaillât beaucoup.

– Les travailleurs anglais sont pauvres, mais l'Angleterre est riche.

– C'est cela ; le travail produit, la politique détruit ; et voilà pourquoi le travail n'a pas sa récompense.

– Mais c'est la politique qui provoque le travail, en lui donnant les colonies pour tributaires.

C'est au contraire à ses dépens que sont fondées les colonies ; et c'est parce qu'il sert à cela qu'il ne sert pas à nourrir, vêtir, instruire, moraliser le travailleur.

– Mais voici un peuple qui est laborieux et n'a pas de colonies. Selon vous ; il doit s'enrichir.

– C'est probable.

– Eh bien ! cela n'est pas. Tirez-vous de là.

– Voyons, dit-elle : peut-être que ce peuple est imprévoyant et prodigue. Peut-être est-ce sa manie de convertir tous ses revenus en fêtes, jeux, bals, spectacles, brillants costumes, objets de luxe, fortifications, parades militaires ?

– Quelle hérésie ! quand c'est le luxe qui enrichit les nations... Cependant, ce peuple souffre. Comment n'a-t-il pas seulement du pain à discrétion !...

– Sans doute que la récolte a manqué.

– C'est vrai. Mais les hommes n'ont-ils pas le droit de vivre ? D'ailleurs, ne peut-on pas faire venir des aliments du dehors ?

– Peut-être que ce peuple a fait des lois qui s'y opposent.

– C'est encore vrai. Mais n'a-t-il pas bien fait, pour encourager la production des aliments au dedans ?

– Quand il n'y a pas de vivres dans le pays, il faut pourtant bien choisir entre s'en passer ou en faire venir.

– Est-ce là tout ce que vous avez à nous apprendre ? Ne sauriez vous suggérer à l'État une meilleure solution du problème ?

Ainsi toujours on veut donner des explications compliquées aux faits les plus simples et l'on ne se croit savant qu'à la condition d'aller chercher *midi à quatorze heures.*

Les faits économiques agissant et réagissant les uns sur les autres, effets et causes tour à tour, présentent, il faut en convenir, une complication incontestable. Mais, quant aux lois générales qui gouvernent ces faits, elles sont d'une simplicité admirable, d'une simplicité telle qu'elle embarrasse quelquefois celui qui se charge de les exposer ; car le public est ainsi fait, qu'il se défie autant de ce qui est simple qu'il se fatigue de ce qui ne l'est pas. Lui montrez-vous que le travail, l'ordre, l'épargne, la liberté, la sécurité sont les sources des richesses, que la paresse, la dissipation, les folles entreprises, les guerres, les atteintes à la propriété, ruinent les nations ; il hausse les épaules, en disant :

« Ce n'est que cela ! C'est là l'économie des sociétés !... La plus humble des ménagères se gouverne d'après ces principes. Il n'est pas possible que de telles trivialités soient la base d'une science ; et je vais la chercher ailleurs. Parlez-moi de Fourier.

On cherche ce qu'il dit après qu'il a parlé ;

mais il y a dans ses pivots, ses arômes, ses gammes, ses passions en ton majeur et mieux, ses papillonnes, ses postfaces, cisfaces et transfaces, quelque chose qui ressemble au moins à un appareil scientifique. »

Cependant, à beaucoup d'égards, les besoins, le travail, la prévoyance collective, ressemblent aux besoins, au travail, à la prévoyance individuels.

Donc une question économique nous embarrasse-t-elle, allons observer Robinson dans son île, et nous obtiendrons la solution. S'agit-il de comparer la liberté à la restriction ?

De savoir ce que c'est que travail et capital ?

De rechercher si l'un opprime l'autre ?

D'apprécier les effets des machines ?

De décider entre le luxe et l'épargne ?

De juger s'il vaut mieux exporter qu'importer ?

Si la production peut surabonder et la consommation lui faire défaut ?

Courons à l'île du pauvre naufragé. Regardons-le agir. Scrutons et le mobile, et la fin, et les conséquences de ses actes. Nous n'y apprendrons pas tout, ni spécialement ce qui concerne la répartition de la richesse au sein d'une société nombreuse ; mais nous y verrons poindre les faits primordiaux. Nous y observerons les lois générales dans leur action la plus simple ; et l'économie politique est là en germe.

Faisons à quelques problèmes seulement l'application de cette méthode.

— Ce qui tue le travail, Monsieur, ne sont-ce pas les machines ? Elles se substituent aux bras ; elles sont cause que la production surabonde et que l'humanité en est réduite à ne pouvoir plus consommer ce qu'elle produit.

— Monsieur, permettez-moi de vous inviter à m'accompagner dans l'île du Désespoir... Voilà Robinson qui a bien de la peine à se procurer de la nourriture. Il chasse et pêche tout le long du jour ; pas un moment ne lui reste pour réparer ses vêtements et se bâtir une cabane. Mais que fait-il maintenant ? Il rassemble des bouts de ficelle et en fait un filet qu'il place au travers d'un large ruisseau. Le poisson s'y prend de lui-même, et Robinson n'a plus qu'à donner quelques heures par jour à la tâche de se pourvoir d'aliment. Désormais, il peut s'occuper de se vêtir et de se loger.

– Que concluez-vous de là ?

– Qu'une machine ne tue pas le travail, mais le laisse *disponible*, ce qui est bien différent ; car un travail *tué*, comme lorsque l'on coupe le bras à un homme, est une perte, et un travail rendu disponible, comme si l'on nous gratifiait d'un troisième bras, est un profit.

– En est-il de même dans la société ?

– Sans doute, si vous admettez que les besoins d'une société, comme ceux d'un homme, sont indéfinis.

– Et s'ils n'étaient pas indéfinis ?

– En ce cas, le profit se traduirait en loisirs.

– Cependant vous ne pouvez pas nier que, dans l'état social, une nouvelle machine ne laisse des bras sans ouvrage.

– Momentanément certain bras, j'en conviens ; mais l'ensemble du travail, je le nie. Ce qui produit l'illusion, c'est ceci : on omet de voir que la machine ne peut mettre une certaine quantité de travail *en disponibilité*, sans mettre aussi *en disponibilité* une quantité correspondante de rémunération.

– Comment cela ?

– Supposez que Robinson, au lieu d'être seul, vive au sein d'une société et vende le poisson au lieu de le manger. Si, ayant inventé le filet, il continue à vendre le poisson au même prix, chacun, excepté lui, aura pour s'en procurer à faire le même travail qu'auparavant. S'il le vend à meilleur marché, tous les acheteurs réaliseront une épargne qui ira provoquer et rémunérer du travail.

– Vous venez de parler d'épargne. Oseriez-vous dire que le luxe des riches n'enrichit pas les marchands et les ouvriers ?

– Retournons à l'île de Robinson, pour nous faire une idée juste du luxe. Nous y voici ; que voyez-vous ?

– Je vois que Robinson est devenu Sybarite. Il ne mange plus pour satisfaire sa faim ; il tient à la variété des mets, donne à son appétit une excitation factice, et, de plus, il s'occupe à changer tous les jours la forme et la couleur de ses vêtements.

– Par là il se crée du travail. En est-il réellement plus riche ?

– Non ; car tandis qu'il chiffonne et marmitonne, ses armes se rouillent et sa case se délabre...

– Règle générale bien simple et bien méconnue : chaque travail donne un résultat et non pas deux. Celui qu'on dissipe à contenter des fantaisies puériles ne peut satisfaire des besoins plus réels et d'un ordre plus élevé.

– Est-ce qu'il en est de même dans la société ?

– Exactement. Pour un peuple, le travail qu'exige le goût des modes et des spectacles ne peut être consacré à ses chemins de fer ou à son instruction.

– Si les goûts de ce peuple se tournaient vers l'étude et les voyages, que deviendraient les tailleurs et les comédiens ?

– Professeurs et ingénieurs.

– Avec quoi la société payerait-elle plus de professeurs et d'ingénieurs ?

– Avec ce qu'elle donnerait de moins aux comédiens et aux modistes.

– Voulez-vous insinuer par là que, dans l'état social, les hommes doivent exclure toute diversion, tous les arts, et se couvrir simplement au lieu de se décorer ?

– Ce n'est pas ma pensée. Je dis que le travail qui est employé à une chose est pris sur une autre ; que c'est au bon sens d'un peuple, comme à celui de Robinson, de choisir. Seulement, il faut qu'on sache bien que le luxe *n'ajoute rien* au travail ; il le déplace.

– Est-ce que nous pourrions étudier aussi le traité de Méthuen dans l'île du Désespoir ?

– Pourquoi pas ? Allons y faire une promenade... Voyez :

Robinson est occupé à se faire des habits pour se garantir du froid et de la pluie. Il regrette un peu le temps qu'il y consacre ; car il faut manger aussi, et son jardin réclame tous ses soins. Mais voici qu'une pirogue aborde l'île. L'étranger qui en descend montre à Robinson des habits bien chauds et propose de les céder contre quelques légumes, en offrant de continuer à l'avenir ce marché. Robinson regarde d'abord si l'étranger est armé. Le voyant sans flèches ni tomahawk, il se dit : après tout, il ne peut prétendre à rien que je n'y consente ; examinons. – Il examine les habits, suppute le nombre d'heures qu'il mettrait à les faire lui-même, et le compare au nombre d'heures qu'il devrait ajouter à son travail horticole pour satisfaire l'étranger. – S'il trouve que l'échange, en le laissant tout aussi bien nourri et vêtu, met quelques-une de ses heures en *disponibilité*, il accepte, sachant bien que ces heures disponibles sont un profit net, soit qu'il les emploie au travail ou au repos. – Si, au contraire, il croit le marché désavantageux, il le refuse. Qu'est-il besoin, en ce cas, qu'une force extérieure le lui interdise ? Il sait se l'interdire lui-même.

Revenant au traité de Méthuen, je dis : la nation portugaise ne prend aux Anglais que du drap contre du vin que parce qu'une quantité donnée de travail lui donne en définitive, par ce procédé, plus de vin à la fois et plus de drap. Après tout, elle échange parce qu'elle veut échanger. Il n'était pas besoins d'un traité pour l'y décider. Remarquez même qu'un traité, dans le sens de l'échange, ne peut être que la destruction de conventions contraires ; si bien que, lorsqu'il arrive à stipuler le libre-échange, il ne stipule plus rien du tout. Il se borne à laisser les parties stipuler pour elles-mêmes. – Le traité de Méthuen ne dit pas : les Portugais seront forcés de donner du vin pour du drap. Il dit : les Portugais prendront du drap contre du vin, *s'ils veulent*.

– ... Ah ! ah ! ah ! Vous ne savez pas ?
– Pas encore.

– Je suis allé tout seul à l'île du Désespoir. Robinson est ruiné.

– En êtes-vous bien sûr ?

– Il est ruiné, vous dis-je.

– Et depuis quand ?

– Depuis qu'il donne des légumes contre des vêtements.

– Et pourquoi continue-t-il ?

– Ne savez-vous pas l'arrangement qu'il fit autrefois avec l'insulaire du voisinage ?

– Cet arrangement lui permet de prendre des habits contre des légumes, mais ne l'y force pas.

– Sans doute, mais ce coquin d'insulaire a tant de peaux à sa disposition, il est si habile à les préparer et à les coudre, en un mot, il donne *tant* d'habits pour si peu de légumes, que Robinson ne résiste pas à la tentation. Il est bien malheureux de n'avoir pas au-dessus de lui un *État* qui diri- gerait sa conduite.

– Que pourrait faire l'État en cette occurrence ?

– Prohiber l'échange.

– En ce cas, Robinson ferait ses vêtements comme autre- fois. Qui l'en empêche, si c'est son avantage ?

– Il a essayé ; mais il ne peut les faire aussi vite qu'il fait les légumes qu'on lui demande en retour. Et voilà pourquoi il persiste à échanger. Vraiment, à défaut d'un *État*, qui n'a pas besoin de raisonner, lui, et procède par voie d'injonc- tions, ne pourrions-nous pas envoyer au pauvre Robinson un numéro du *Moniteur industriel* pour lui ouvrir les yeux ?

– Mais d'après ce que vous me dites, il doit être plus riche qu'avant.

– Ne pouvez-vous comprendre que l'insulaire offre une quantité toujours plus grande de vêtements contre une quan- tité de légumes qui reste la même ?

– C'est pour cela que l'affaire devient toujours meilleure pour Robinson.

– Il est ruiné, vous dis-je. C'est un fait. Vous ne prétendez pas raisonner contre un fait.

– Non ; mais contre la cause que vous lui assignez. Faisons donc ensemble un voyage dans l'île... Mais que vois-je ! Pourquoi me cachiez-vous cette circonstance ?

– Laquelle ?

– Voyez donc comme Robinson est changé ! Il est devenu paresseux, indolent, désordonné. Au lieu de bien employer les heures que son marché mettait à sa disposition, il dissipe ces heures-là et les autres. Son jardin est en friche ; il ne fait plus ni vêtements, ni légumes ; il gaspille ou détruit ses anciens ouvrages. S'il est ruiné, qu'allez-vous chercher une autre explication ?

– Oui ; mais le Portugal ?

– Le Portugal est-il paresseux ?

– Il l'est, je n'en saurais disconvenir.

– Est-il désordonné ?

– A un degré incontestable.

– Se fait-il la guerre à lui-même ? Nourrit-il des factions, des sinécures, des abus ?

– Les factions le déchirent, les sinécures y pullulent, et c'est la terre des abus.

– Alors sa misère s'explique comme celle de Robinson.

– C'est trop simple. Je ne puis pas me contenter de cela. Le *Moniteur industriel* vous accommode les choses bien autrement. Ce n'est pas lui qui expliquerait la misère par le désordre et la paresse. Prenez donc la peine d'étudier la science économique pour en venir là !...

V. – CIRCULAIRES D'UN MINISTERE INTROUVABLE.

19 mars 1848

Le ministre de l'intérieur à MM. les commissaires du gouvernement, préfets, maires, etc.

Les élections approchent ; vous désirez que je vous indique la ligne de conduite que vous avez à tenir ; la voici :

comme citoyens, je n'ai rien à vous prescrire, si ce n'est de puiser vos inspirations dans votre conscience et dans l'amour du bien public. Comme fonctionnaires, respectez et faites respecter les libertés des citoyens.

Nous interrogeons le pays. Ce n'est pas pour lui arracher, par l'intimidation ou la ruse, une réponse mensongère. Si l'Assemblée nationale a des vues conformes aux nôtres, nous gouvernerons, grâce à cette union, avec une autorité immense. Si elle ne pense pas comme nous, il ne nous restera qu'à nous retirer et nous efforcer de la ramener avec nous par une discussion loyale. L'expérience nous avertit de ce qu'il en coûte de vouloir gouverner avec des majorités factices.

Le ministre du commerce aux négociants de la République.

CITOYENS,

Mes prédécesseurs ont fait ou ont eu l'air de faire de grands efforts pour vous procurer des affaires. Il s'y sont pris de toutes façons, sans autre résultat que celui-ci : aggraver les charges de la nation et nous créer des obstacles. Tantôt ils forçaient les exportations par primes, tantôt ils gênaient les importations par des entraves. Il leur est arrivé souvent de s'entendre avec leurs collègues de la marine et de la guerre pour s'emparer d'une petite île perdue dans l'Océan, et quand, après force emprunts et batailles, on avait réussi, on vous donnait, comme Français, le privilège exclusif de trafiquer avec la petite île, à la condition de ne plus trafiquer avec le reste du monde.

Tous ces tâtonnements ont conduit à reconnaître la vérité de cette règle, dans laquelle se confondent et votre intérêt propre, et l'intérêt national, et l'intérêt de l'humanité : *acheter et vendre là où on peut le faire avec le plus d'avantage.*

Or, comme c'est là ce que vous faites naturellement sans

que je m'en mêle, je suis réduit à avouer que mes fonctions sont plus qu'inutiles ; je ne suis pas même la *mouche du coche*.

C'est pourquoi je vous donne avis que mon ministère est supprimé. La République supprime en même temps toutes les entraves dans lesquelles mes prédécesseurs vous ont enlacés, et tous les impôts qu'il faut bien faire payer au peuple pour mettre ces entraves en action. Je vous prie de me pardonner le tort que je vous ai fait ; et pour me prouver que vous n'avez pas de rancune, j'espère que l'un d'entre vous voudra bien m'admettre comme commis dans ses bureaux, afin que j'apprenne le commerce, pour lequel mon court passage au ministère m'a donné du goût.

Le ministre de l'agriculture aux agriculteurs.

CITOYENS,

Un heureux hasard m'a suggéré une pensée qui ne s'était jamais présentée à l'esprit de mes prédécesseurs ; c'est que vous appartenez comme moi à l'espèce humaine. Vous avez une intelligence pour vous en servir, et, de plus, cette source véritable de tout progrès, le désir d'améliorer votre condition.

Partant de là, je me demande à quoi je puis vous servir. Vous enseignerai-je l'agriculture ? Mais il est probable que vous la savez mieux que moi. Vous inspirerai-je le désir de substituer les bonnes pratiques aux mauvaises ? Mais ce désir est en vous au moins autant qu'en moi. Votre intérêt le fait naître, et je ne vois pas comment mes circulaires pourraient parler à vos oreilles plus haut que votre propre intérêt.

Le prix des choses vous est connu. Vous avez donc une règle qui vous indique ce qu'il vaut mieux produire ou ne produire pas. Mon prédécesseur voulait vous procurer du travail manufacturier pour occuper vos jours de chômage.

Vous pourriez, disait-il, vous livrer à ce travail avec avantage pour vous et pour le consommateur. Mais de deux choses l'une : ou cela est vrai, et alors qu'est-il besoin d'un ministère pour vous signaler un travail lucratif à votre portée ? Vous le découvrirez bien vous-mêmes, si vous n'êtes pas d'une race inférieure frappée d'idiotisme ; hypothèse sur laquelle est basé mon ministère et que je n'admets pas. Ou cela n'est pas vrai ; en ce cas, combien ne serait-il pas dommageable que le ministre imposât un travail stérile à tous les agriculteurs de France, par mesure administrative ?

Jusqu'ici, mes collaborateurs et moi nous sommes donné beaucoup de mouvement sans aucun résultat, si ce n'est de vous faire payer des taxes, car notez bien qu'à chacun de nos mouvements répond une taxe. Cette circulaire même n'est pas gratuite. Ce sera la dernière. Désormais, pour faire prospérer l'agriculture, comptez sur vos efforts et non sur ceux de mes bureaucrates ; tournez vos yeux sur vos champs et non sur un hôtel de la rue de Grenelle.

Le ministre des cultes aux ministres de la religion.

CITOYENS,

Cette lettre a pour objet de prendre congé de vous. La liberté des cultes est proclamée. Vous n'aurez affaire désormais, comme tous les citoyens, qu'au ministre de la justice. Je veux dire que si, ce que je suis loin de prévoir, vous usez de votre liberté de manière à blesser la liberté d'autrui, troubler l'ordre, ou choquer l'honnêteté, vous rencontrerez infailliblement la répression légale, à laquelle nul ne doit être soustrait. Hors de là, vous agirez comme vous l'entendrez, et cela étant, je ne vois pas en quoi je puis vous être utile. Moi et toute la vaste administration que je dirige, nous devenons un fardeau pour le public. Ce n'est pas assez dire ; car à quoi pourrions-nous occuper notre temps sans porter atteinte à la liberté de conscience ? Évidemment, tout fonctionnaire qui ne fait pas une chose utile, en fait une nuisible par cela seul qu'il agit. En nous retirant, nous remplissons donc deux conditions du programme républicain : économie, liberté.

Le secrétaire du ministère introuvable.

F. B.

VI. – LES DEUX HACHES.

PÉTITION DE JACQUES BONHOMME, CHARPENTIER, À M. CUNIN-GRIDAINE, MINISTRE DU COMMERCE.

MONSIEUR LE FABRICANT-MINISTRE,

Je suis charpentier, comme fut Jésus ; je manie la hache et l'herminette pour vous servir.

Or hachant et bûchant, depuis l'aube jusqu'à la nuit faite, sur les terres de notre seigneur le roi, il m'est tombé dans l'idée que mon travail était national autant que le vôtre.

Et dès lors, je ne vois pas pourquoi la protection ne visiterait pas mon chantier, comme votre atelier.

Car enfin, si vous faites des draps, je fais des toits. Tous deux, par des moyens divers, nous abritons nos clients du froid et de la pluie.

Cependant, je cours après la pratique, et la pratique court après vous. Vous l'y avez bien su forcer en l'empêchant de se pourvoir ailleurs, tandis que la mienne s'adresse à qui bon lui semble.

Quoi d'étonnant ? M. Cunin ministre s'est rappelé M. Cunin tisserand ; c'est bien naturel. Mais, hélas ! mon humble métier n'a pas donné un ministre à la France, quoiqu'il ait donné un Dieu au monde.

Et ce Dieu, dans le code immortel qu'il légua aux hommes, n'a pas glissé le plus petit mot dont les charpentiers se puissent autoriser pour s'enrichir, comme vous faites, aux dépens d'autrui.

Aussi, voyez ma position. Je gagne trente sous par jour, quand il n'est pas dimanche ou jour chômé. Si je me présente à vous en même temps qu'un charpentier flamand, pour un sou de rabais, vous lui accordez la préférence.

Mais me veux-je vêtir ? Si un tisserand belge met son drap à côté du vôtre, vous le chassez, lui et son drap, hors du pays.

En sorte que, forcément conduit à votre boutique, qui est la plus chère, mes pauvres trente sous n'en valent, en réalité que vingt-huit.

Que dis-je ? Ils n'en valent pas vingt-six ! car, au lieu d'expulser le tisserand belge *à vos frais* (ce serait bien le moins), vous me faites payer les gens que, dans votre intérêt, vous mettez à ses trousses.

Et comme un grand nombre de vos co-législateurs, avec qui vous vous entendez à merveille, me prennent chacun un sou ou deux, sous couleur de protéger qui le fer, qui la houille, celui-ci l'huile et celui-là le blé, il se trouve, tout compte fait que je ne sauve pas quinze sous, sur les trente du pillage.

Vous me direz sans doute que ces petits sous, qui passent ainsi, sans compensation, de ma poche dans la vôtre, font vivre du monde autour de votre château, vous mettant à même de mener grand train. – A quoi je vous ferai observer que, si vous me les laissiez, ils feraient vivre du monde autour de moi.

Quoi qu'il en soit, monsieur le ministre-fabricant, sachant que je serais mal reçu, je ne viens pas vous sommer, comme j'en aurais bien le droit, de renoncer à la *restriction* que vous imposez à votre clientèle ; j'aime mieux suivre la pente commune et réclamer, moi aussi, un petit brin de *protection*.

Ici, vous m'opposerez une difficulté : « L'ami, me direz-vous, je voudrais bien te protéger, toi et tes pareils ; mais comment conférer les faveurs douanières au travail des charpentiers ? Faut-il prohiber l'entrée des maisons par terre et par mer ? »

Cela serait passablement dérisoire ; mais, à force d'y rêver, j'ai découvert un autre moyen de favoriser les enfants de Saint-Joseph ; et vous l'accueillerez d'autant plus volontiers, je l'espère, qu'il ne diffère en rien de celui qui constitue le privilège que vous votez chaque année à vous-même.

Ce moyen merveilleux, c'est interdire en France l'usage des haches aiguisées.

Je dis que cette *restriction* ne serait ni plus illogique, ni plus arbitraire que celle à laquelle vous nous soumettez à l'occasion de votre drap.

Pourquoi chassez-vous les Belges ? Parce qu'ils vendent à meilleur marché que vous. Et pourquoi vendent-ils à meilleur marché que vous ? Parce qu'ils ont sur vous, comme tisserands, une supériorité quelconque.

Entre vous et un Belge il y a donc tout juste la différence d'une hache obtuse !

Considérez la France comme un ouvrier qui veut, par son travail, se procurer toutes choses, et entre autres du drap.

Pour cela, il y deux moyens :

Le premier, c'est de filer et de tisser la laine ;

Le second, c'est de fabriquer, par exemple, des pendules, des papiers peints ou des vins, et de les livrer aux Belges contre du drap.

Celui de ces deux procédés qui donne le meilleur résultat peut être représenté par la hache affilée, l'autre par la hache obtuse.

Vous ne niez pas qu'actuellement, en France, on obtient *avec plus de peine* une pièce d'étoffe d'un métier à tisser (c'est la hache obtuse) que d'un plant de vigne (c'est la hache affiliée). Vous le niez si peu, que c'est justement par la considération de cet *excédant de peine* (en quoi vous faites consister la richesse) que vous recommandez bien plus, que vous imposez la plus mauvaise des deux haches.

Eh bien ! soyez conséquent, soyez impartial, si vous ne voulez être juste, et traitez les pauvres charpentiers comme vous vous traitez vous-même.

⌐... ne loi qui porte :

« Nul ne pourra se servir que de poutres et solive produits de haches obtuses. »

A l'instant, voici ce qui arrive.

Là où nous donnons cent coups de hache, nous en donnerons trois cents. Ce que nous faisons en une heure en exigera trois. Quel puissant encouragement pour le travail ! Apprentis, compagnons et maîtres, nous n'y pourrons plus suffire. Nous serons recherchés, partant bien payés. Qui voudra jouir d'un toit sera bien obligé d'en passer par nos exigences, comme qui veut avoir du drap est obligé de se soumettre aux vôtres.

Et que ces théoriciens du *libre échange* osent jamais révoquer en doute l'utilité de la mesure, nous saurons bien où chercher une réfutation victorieuse. Votre enquête de 1834 est là. Nous les battrons avec, car vous y avez admirablement plaidé la cause des prohibitions et des haches émoussées, ce qui est tout un.

VII. – Pétition

DES

FABRICANTS DE CHANDELLES, BOUGIES, LAMPES, CHANDELIERS, RÉVERBÈRES, MOUCHETTES, ÉTEIGNOIRS, ET DES PRODUCTEURS DE SUIF, HUILE RÉSINE, ALCOOL, ET GÉNÉRALEMENT DE TOUT CE QUI CONCERNE L'ÉCLAIRAGE.

A MM. les membres de la Chambre des députés.

MESSIEURS,

Vous êtes dans la bonne voie. Vous repoussez les théories abstraites ; l'abondance, le bon marché vous touchent peu. Vous vous préoccupez surtout du sort du producteur. Vous le voulez affranchir de la concurrence extérieure, en un mot, vous voulez réserver le *marché national* au *travail national*.

Nous venons vous offrir une admirable occasion d'appliquer votre... comment dirons-nous ? votre théorie ? non, rien n'est plus trompeur que la théorie ; votre doctrine ? votre système ? votre principe ? mais vous n'aimez pas les doctrines, vous avez horreur des systèmes, et, quant aux principes, vous déclarez qu'il n'y en a pas en économie sociale ; nous dirons donc votre pratique, votre pratique sans théorie et sans principe.

Nous subissons l'intolérable concurrence d'un rival étranger placé, à ce qu'il parait, dans des conditions tellement supérieures aux nôtres, pour la production de la lumière, qu'il en *inonde* notre *marché national* à un prix fabuleusement réduit ; car, aussitôt qu'il se montre, notre vente cesse, tous les consommateurs s'adressent à lui, et une branche d'industrie française, dont les ramifications sont innombrables, est tout à coup frappée de la stagnation la plus complète. Ce rival, qui n'est autre que le soleil, nous fait une guerre si acharnée, que nous soupçonnons qu'il nous est suscité par la perfide Albion (bonne diplomatie par le temps qui court !), d'autant qu'il a pour cette île orgueilleuse des ménagements dont il se dispense envers nous.

Nous demandons qu'il vous plaise de faire une loi qui ordonne la fermeture de toutes fenêtres, lucarnes, abat-jour, contre-vents, volets, rideaux, vasistas, œil-de-bœuf, stores, en un mot, de toutes ouvertures, trous, fentes et fissures par lesquelles la lumière du soleil a coutume de pénétrer dans les maisons, au préjudice des belles industries dont nous nous flattons d'avoir doté le pays, qui ne saurait sans ingratitude nous abandonner aujourd'hui à une lutte si inégale.

Veuillez, messieurs les députés, ne pas prendre notre demande pour une satire, et ne la repoussez pas du moins sans écouter les raisons que nous avons à faire valoir à l'appui.

Et d'abord, si vous fermez, autant que possible, tout accès à la lumière naturelle, si vous créez ainsi le besoin de lumière artificielle, quelle est en France l'industrie qui, de proche en proche, ne sera pas encouragée ?

S'il se consomme plus de suif, il faudra plus de bœufs et

de moutons, et, par suite, on verra se multiplier les prairies artificielles, la viande, la laine, le cuir, et surtout les engrais, cette base de toute richesse agricole.

S'il se consomme plus d'huile, on verra s'étendre la culture du pavot, de l'olivier, du colza. Ces plantes riches et épuisantes viendront à propos mettre à profit cette fertilité que l'élève des bestiaux aura communiquée à notre territoire.

Nos landes se couvriront d'arbres résineux. De nombreux essaims d'abeilles recueilleront sur nos montagnes des trésors parfumés qui s'évaporent aujourd'hui sans utilité, comme les fleurs d'où ils émanent. Il n'est donc pas une branche d'agriculture qui ne prenne un grand développement.

Il en est de même de la navigation : des milliers de vaisseaux iront à la pêche de la baleine, et dans peu de temps nous aurons une marine capable de soutenir l'honneur de la France et de répondre à la patriotique susceptibilité des pétitionnaires soussignés, marchands de chandelles, etc.

Mais que dirons-nous de l'*article Paris* ? Voyez d'ici les dorures, les bronzes, les cristaux en chandeliers, en lampes, en lustres, en candélabres, briller dans de spacieux magasins, auprès desquels ceux d'aujourd'hui ne sont que des boutiques.

Il n'est pas jusqu'au pauvre résinier, au sommet de sa dune, ou au triste mineur, au fond de sa noire galerie, qui ne voie augmenter son salaire et son bien-être.

Veuillez y réfléchir, messieurs ; et vous resterez convaincus qu'il n'est peut-être pas un Français depuis l'opulent actionnaire d'Anzin jusqu'au plus humble débitant d'allumettes, dont le succès de notre demande n'améliore la condition.

Nous prévoyons vos objections, messieurs ; mais vous ne nous en opposerez pas une seule que vous n'alliez la ramasser dans les livres usés des partisans de la liberté commerciale. Nous osons vous mettre au défi de prononcer un mot contre nous qui ne se retourne à l'instant contre vous-mêmes et contre le principe qui dirige toute votre politique.

Nous direz-vous que, si nous gagnons à cette protection, la France n'y gagnera point, parce que le consommateur en fera les frais ?

Nous vous répondrons :

Vous n'avez plus le droit d'invoquer les intérêts du consommateur. Quand il s'est trouvé aux prises avec le producteur, en toutes circonstances vous l'avez sacrifié. – Vous l'avez fait pour *encourager le travail*, pour *accroître le domaine du travail*. Par le même motif, vous devez le faire encore.

Vous avez été vous-mêmes au-devant de l'objection. Lorsqu'on vous disait : Le consommateur est intéressé à la libre introduction du fer, de la houille, du sésame, du froment, des tissus. – Oui, disiez-vous, mais le producteur est intéressé à leur exclusion. – Eh bien, si les consommateurs sont intéressés à l'admission de la lumière naturelle, les producteurs le sont à son interdiction.

Mais, disiez-vous encore, le producteur et le consommateur ne font qu'un. Si le fabricant gagne par la protection, il fera gagner l'agriculteur. Si l'agriculteur prospère, elle ouvrira des débouchés aux fabriques. – Eh bien ! si vous nous conférez le monopole de l'éclairage pendant le jour, d'abord nous achèterons beaucoup de suifs, de charbons, d'huiles, de résines, de cire, d'alcool, d'argent, de fer, de bronzes, de cristaux, pour alimenter notre industrie, et, de plus, nous et nos nombreux fournisseurs, devenus riches, nous consommerons beaucoup et répandrons l'aisance dans toutes les branches du travail national.

Direz-vous que la lumière du soleil est un don gratuit, et que repousser des dons gratuits, ce serait repousser la richesse même sous prétexte d'encourager les moyens de l'acquérir ?

Mais prenez garde que vous portez la mort dans le cœur de votre politique ; prenez garde que jusqu'ici vous avez toujours repoussé le produit étranger *parce qu'il* se rapproche du don gratuit. Pour obtempérer aux exigences des autres monopoleurs, vous n'aviez qu'un *demi-motif* ; pour accueillir notre demande, vous avez un *motif complet*, et nous repousser précisément en vous *fondant* sur ce que nous sommes plus *fondés* que les autres, ce serait poser l'équation : + x + = − ; en d'autres termes, ce serait entasser *absurdité* sur *absurdité*.

Le travail et la nature concourent en proportions diverses, selon les pays et les climats, à la création d'un produit. La part qu'y met la nature est toujours gratuite ; c'est la part du travail qui en fait la valeur et se paie.

Si une orange de Lisbonne se vend à moitié prix d'une orange de Paris, c'est qu'une chaleur naturelle et par conséquent gratuite fait pour l'une ce que l'autre doit à une chaleur artificielle et partant coûteuse.

Donc, quand une orange nous arrive du Portugal, on peut dire qu'elle nous est donnée moitié gratuitement, moitié à titre onéreux, ou, en d'autres termes à *moitié prix* relativement à celle de Paris.

Or, c'est précisément de cette *demi-gratuité* (pardon du mot) que vous arguez pour l'exclure. Vous dites : Comment le travail national pourrait-il soutenir la concurrence du travail étranger quand celui-là a tout à faire, et que celui-ci n'a à accomplir que la moitié de la besogne, le soleil se chargeant du reste ? – Mais si la *demi-gratuité* vous détermine à repousser la concurrence, comment la *gratuité* entière vous porterait-elle à admettre la concurrence ? Ou vous n'êtes pas logiciens, ou vous devez, repoussant la demi-gratuité comme nuisible à notre travail national, repousser *a fortiori* et avec deux fois plus de zèle la gratuité entière.

Encore une fois, quand un produit, houille, fer, froment ou tissu, nous vient du dehors et que nous pouvons l'acquérir avec moins de travail que si nous le faisions nous-mêmes, la différence est un *don gratuit* qui nous est conféré. Ce don est plus ou moins considérable, selon que la différence est plus ou moins grande. Il est du quart, de la moitié, des trois quarts de la valeur du produit, si l'étranger ne nous demande que les trois quarts, la moitié, le quart du paiement. Il est aussi complet qu'il puisse l'être, quand le donateur, comme fait le soleil pour la lumière, ne nous demande rien. La question, et nous la posons formellement, est de savoir si vous voulez pour la France le bénéfice de la consommation gratuite ou les prétendus avantages de la production onéreuse. Choisissez, mais soyez logiques ; car, tant que vous repousserez, comme vous le faites, la houille, le fer, le froment, les tissus étrangers, *en proportion* de ce que leur prix se rapproche de *zéro*, quelle inconséquence ne serait-ce pas d'admettre la lumière du soleil, dont le prix est zéro, pendant toute la journée ?

VIII. – DROITS DIFFÉRENTIELS.

Un pauvre cultivateur de la Gironde avait élevé avec amour un plant de vigne. Après bien des fatigues et des travaux, il eut enfin le bonheur de recueillir une pièce de vin, et il oublia que chaque goutte de ce précieux nectar avait coûté à son front une goutte de sueur. « – Je le vendrai, dit-il à sa femme, et avec le prix j'achèterai du fil dont tu feras le trousseau de notre fille. – L'honnête campagnard se rend à la ville, il rencontre un Belge et un Anglais. Le Belge lui dit : Donnez-moi votre pièce de vin, et je vous donnerai en échange quinze paquets de fil. L'Anglais dit : Donnez-moi votre vin, et je vous donnerai vingt paquets de fil ; car, nous autres Anglais, nous filons à meilleur marché que les Belges. Mais un douanier qui se trouvait là dit : Brave homme, échangez avec le Belge, si vous le trouvez bon, mais je suis chargé de vous empêcher d'échanger avec l'Anglais. – Quoi ! dit le campagnard, vous voulez que je me contente de quinze paquets de fil venus de Bruxelles, quand je puis en avoir vingt venus de Manchester ? – Certainement ; ne voyez-vous pas que la France perdrait si vous receviez vingt paquets, au lieu de quinze ? – J'ai peine à le comprendre, dit le vigneron. – Et moi à l'expliquer, repartit le douanier ; mais la chose est sûre : car tous les députés, ministres et gazetiers sont d'accord sur ce point, que plus un peuple reçoit en échange d'une quantité donnée de ses produits, plus il s'appauvrit. » Il fallut conclure avec le Belge. La fille du campagnard n'eut que les trois quarts de son trousseau, et ces braves gens en sont encore à se demander comment il se fait qu'on se ruine en recevant quatre au lieu de trois, et pourquoi on est plus riche avec trois douzaines de serviettes qu'avec quatre douzaines.

IX. – IMMENSE DÉCOUVERTE !!!

Au moment où tous les esprits sont occupés à chercher des économies sur les moyens de transport ;

Au moment où, pour réaliser ces économies, on nivelle les routes, on canalise les rivières, on perfectionne les bateaux à vapeur, on relie à Paris toutes nos frontières par une étoile de fer, par des systèmes de traction atmosphériques, hydrauliques, pneumatiques, électriques, etc. ;

Au moment enfin où je dois croire que chacun cherche avec ardeur et sincérité la solution de ce problème :

« *Faire que le prix des choses au lieu de consommation, se rapproche autant que possible du prix qu'elles ont au lieu de production ; »*

Je me croirais coupable envers mon pays, envers mon siècle et envers moi-même, si je tenais plus longtemps secrète la découverte merveilleuse que je viens de faire.

Car les illusions de l'inventeur ont beau être proverbiales, j'ai la certitude la plus complète d'avoir trouvé un moyen infaillible pour que les produits du monde entier arrivent en France, et réciproquement, avec une réduction de prix considérable.

Infaillible ! et ce n'est encore qu'un des avantages de mon étonnante invention.

Elle n'exige ni plan, ni devis, ni études préparatoires, ni ingénieurs, ni machinistes, ni entrepreneurs, ni capitaux, ni actionnaires, ni secours du gouvernement !

Elle ne présente aucun danger de naufrages, d'explosions, de chocs, d'incendie, de déraillement !

Elle peut être mise en pratique du jour au lendemain !

Enfin, et ceci la recommandera sans doute au public, elle ne grèvera pas d'un centime le budget ; au contraire. – Elle n'augmentera pas le cadre des fonctionnaires et les exigences de la bureaucratie ; au contraire. – Elle ne coûtera à personne sa liberté ; au contraire.

Ce n'est pas le hasard qui m'a mis en possession de ma découverte, c'est l'observation. Je dois dire ici comment j'y ai été conduit.

J'avais donc cette question à résoudre :

« Pourquoi une chose faite à Bruxelles, par exemple, coûte-t-elle plus cher quand elle est arrivée à Paris ? »

Or, je n'ai pas tardé à m'apercevoir que cela provient de ce qu'il existe entre Paris et Bruxelles des *obstacles* de plusieurs sortes. C'est d'abord la *distance* ; on ne peut la franchir sans peine, sans perte de temps ; et il faut bien s'y soumettre soi-même ou payer pour qu'un autre s'y soumette. Viennent ensuite des rivières, des marais, des accidents de terrain, de la boue : ce sont autant de *difficultés* à surmonter. On y parvient en construisant des chaussées; en bâtissant des ponts, en perçant des routes, en diminuant leur résistance par des pavés, des bandes de fer, etc. Mais tout cela coûte, et il faut que l'objet transporté supporte sa part de frais. Il y a encore des voleurs sur les routes, ce qui exige une gendarmerie, une police, etc.

Or, parmi ces *obstacles*, il en est un que nous avons jeté nous-mêmes, et à grands frais, entre Bruxelles et Paris. Ce sont des hommes embusqués le long de la frontière, armés jusqu'au dents et chargés d'opposer des *difficultés* au transport des marchandises d'un pays à l'autre. On les appelle *douaniers*. Ils agissent exactement dans le même sens que la

boue et les ornières. Il retardent, ils entravent, ils contribuent
à cette différence que nous avons remarquée entre le prix de
production et le prix de consommation, différence que notre
problème est de réduire le plus possible.

Et voilà le problème résolu. Diminuez le tarif.

– Vous aurez fait le chemin de fer du Nord sans qu'il vous
en ait rien coûté. Loin de là, vous épargnerez de gros traitements, et vous commencerez dès le premier jour par mettre
un capital de votre poche.

Vraiment, je me demande comment il a pu entrer assez de
bizarrerie dans nos cervelles pour nous déterminer à payer
beaucoup de millions dans l'objet de détruire les *obstacles
naturels* qui s'interposent entre la France et l'étranger, et en
même temps à payer beaucoup d'autres millions pour y substituer des *obstacles artificiels* qui ont exactement les
mêmes effets, en sorte que, l'obstacle créé et l'obstacle
détruit se neutralisant, les choses vont comme devant, et le
résidu de l'opération est une double dépense.

Un produit belge vaut à Bruxelles 20 fr., et, rendu à Paris,
30, à cause des frais de transport. Le produit similaire
d'industrie parisienne vaut 40 fr. Que faisons-nous ?

D'abord, nous mettons un droit d'au moins 10 fr. sur le
produit belge, afin d'élever son prix de revient à Paris à
40 fr. et nous payons de nombreux surveillants pour qu'il
n'échappent pas à ce droit, en sorte que dans le trajet il est
chargé de 10 fr. pour le transport et 10 fr. pour la taxe.

Cela fait, nous raisonnons ainsi : ce transport de Bruxelles
à Paris, qui coûte 10 fr., est bien cher. Dépensons deux ou
trois cents millions en railways, et nous le réduirons de moitié. – Évidemment, tout ce que nous aurons obtenu c'est que
le produit belge se vendra à Paris 35 fr., savoir :

20 fr. son prix de Bruxelles.

10 — droit

5 — port réduit par le chemin de fer.

35 fr. total, ou prix de revient à Paris.

Eh ! n'aurions-nous pas atteint le même résultat en abaissant le tarif à 5 fr. ? Nous aurions alors :

20 fr. le prix de Bruxelles.

5 — droit réduit.

10 — port par les routes ordinaires.

35 fr. total ou prix de revient à Paris.

Et ce procédé nous eût épargné 200 millions que coûte le chemin de fer, plus les frais de surveillance douanière, car ils doivent diminuer à mesure que diminue l'encouragement à la contrebande.

Mais, dit-on, le droit est nécessaire pour protéger l'industrie parisienne. – Soit ; mais alors n'en détruisez pas l'effet par votre chemin de fer.

Car si vous persistez à vouloir que le produit belge revienne, comme celui de Paris, à 40 fr., il vous faudra porter le droit à 15 fr. pour avoir :

20 fr. prix de Bruxelles.

15 — droit protecteur.

5 — port par le chemin de fer.

40 fr. total à prix égalisés.

Alors je demande quelle est, sous ce rapport, l'utilité du chemin de fer.

Franchement, n'y a-t-il pas quelque chose d'humiliant pour le dix-neuvième siècle d'apprêter aux âges futurs le spectacle de pareilles puérilités pratiquées avec un sérieux imperturbable ? Être dupe d'autrui n'est pas déjà très plaisant ; mais employer le vaste appareil représentatif à se duper soi-même, à se duper doublement, et dans une affaire de numération, voilà qui est bien propre à rabattre un peu l'orgueil du *siècle des lumières*.

X. – RÉCIPROCITÉ.

Nous venons de voir que tout ce qui, dans le trajet, rend le transport onéreux, agit dans le sens de la protection, ou, si on l'aime mieux, que la protection agit dans le sens de tout ce qui rend le transport onéreux.

Il est donc vrai de dire qu'un tarif est un marais, une ornière, une lacune, une pente raide, en un mot, un obstacle dont l'effet se résout à augmenter la différence du prix de consommation au prix de production. Il est de même incontestable qu'un marais, une fondrière, sont de véritables tarifs protecteurs.

Il y a des gens (en petit nombre, il est vrai, mais il y en a) qui commencent à comprendre que les obstacles, pour être artificiels, n'en sont pas moins des obstacles, et que notre bien-être n'a plus à gagner à la liberté qu'à la protection, précisément par la même raison qui fait qu'un canal lui est plus favorable qu'un « chemin sablonneux, montant et malaisé. »

Mais, disent-ils, il faut que cette liberté soit réciproque. Si nous abaissions nos barrières devant l'Espagne, sans que l'Espagne les abaissât devant nous, évidemment, nous serions dupes. Faisons donc des *traités de commerce* sur la base d'une juste réciprocité, concédons pour qu'on nous concède, faisons le *sacrifice* d'acheter pour obtenir l'avantage de vendre.

Les personnes qui raisonnent ainsi, je suis fâché de la leur dire, sont, qu'elles le sachent ou non, dans le principe de la protection ; seulement elles sont un peu plus inconséquentes que les protectionnistes purs, comme ceux-ci sont plus inconséquents que les prohibitionistes absolus.

Je le démontrerai par l'apologue suivant.

Stulta et Puera.

Il y avait, n'importe où, deux villes, *Stulta* et *Puera*. Elles construisirent à gros frais une route qui les rattachait l'une à l'autre. Quand cela fut fait, *Stulta* se dit : Voici que *Puera* m'inonde de ses produits, il faut y aviser. En conséquence, elle créa et pays un corps d'*Enrayeurs*, ainsi nommés parce que leur mission était de mettre des obstacles aux convois qui arrivaient de *Puera*. Bientôt après, *Puera* eut aussi un corps d'*Enrayeurs*.

Au bout de quelques siècles, les lumières ayant fait de grands progrès, la capacité de Puera se haussa jusqu'à lui faire découvrir que ces obstacles réciproques pourraient bien n'être que réciproquement nuisibles. Elle envoya un diplomate à *Stulta,* lequel, sauf la phraséologie officielle, parla en ce sens : « Nous avons créé une route, et maintenant nous embarrassons cette route. Cela est absurde. Mieux eût valu laisser les choses dans leur premier état.

Nous n'aurions pas eu à payer la route d'abord, et puis les embarras. Au nom de *Puera,* je viens vous proposer, non point de renoncer tout à coup à nous opposer des obstacles mutuels, ce serait agir selon un principe, et nous méprisons autant que vous les principes, mais d'atténuer quelque peu ces obstacles, en ayant soin de pondérer équitablement à cet égard nos *sacrifices* respectifs. » Ainsi parla le diplomate. *Stulta* demanda du temps pour réfléchir. Elle consulta tour à tour ses fabricants, ses agriculteurs. Enfin, au bout de quelques années, elles déclara que les négociations étaient rompues.

A cette nouvelle, les habitants de *Puera* tinrent conseil. Un vieillard (on a toujours soupçonné qu'il avait été secrètement acheté par *Stulta*) se leva et dit : « Les obstacles créés par *Stulta* nuisent à vos ventes, c'est un malheur. Ceux que nous avons créés nous-même nuisent à nos achats et c'est un autre malheur. Nous ne pouvons rien sur le premier, mais le second dépend de nous. Délivrons-nous au moins de l'un, puisque nous ne pouvons nous défaire des deux. Supprimons nos *Enrayeurs* sans exiger que *Stulta* en fasse autant. Un jour sans doute elle apprendra à mieux faire ses comptes. »

Un second conseiller, homme de pratique et de faits, exempt de principe et nourri de la vieille expérience des ancêtres, répliqua : « N'écoutons pas ce rêveur, ce théoricien, ce novateur, cet utopiste; cet économiste, ce *stultomane*. Nous serions tous perdus si les embarras de la route n'étaient pas bien égalisés, équilibrés et pondérés entre *Stulta* et *Puera*. Il y aurait plus de difficulté pour *aller* que pour *venir,* et pour *exporter* que pour *importer*. Nous serions, relativement à *Stulta* dans les conditions d'infériorité où se trouvent le Havre, Nantes, Bordeaux, Lisbonne, Londres, Hambourg, la Nouvelle-Orléans, par rapport aux villes placées aux sources de la Seine, de la Loire, de la Garonne, du Tage, de la Tamise, de l'Elbe et du Mississippi ; car il y a plus de difficultés à remonter les fleuves qu'à les descendre. – (Une voix : les villes des embouchures ont prospéré plus que celles des sources). – Ce n'est pas possible. – (La même voix : Mais cela est). – Eh bien, elles ont prospéré *contre les règles.* » Un raisonnement si concluant ébranla l'assemblée. L'orateur acheva de la convaincre en parlant d'indépendance nationale, d'honneur national, de dignité nationale, de travail national, d'inondation, de produits, de tributs, de concurrence meurtrière ; bref, il emporta le maintien des obstacles ; et si vous en êtes curieux, je puis vous conduire en certain pays où vous verrez de vos yeux des cantonniers et des enrayeurs travaillant de la meilleure intelligence du monde, par décret de la même assemblée législative et aux frais des mêmes contribuables, les uns à déblayer la route et les autres à l'embarrasser.

XI. – LA MAIN DROITE ET LA MAIN GAUCHE.

(Rapport au Roi).

SIRE,

Quand on voit ces hommes du *Libre-Échange* répandre audacieusement leur doctrine, soutenir que le droit d'acheter et de vendre est impliqué dans le droit de propriété (insolence que M. Billault a relevée en vrai avocat), il est permis de concevoir de sérieuses alarmes sur le sort du travail national ; car que feront les Français de leurs bras et de leur intelligence quand ils seront libres ?

L'administration que vous avez honorée de votre confiance a dû se préoccuper d'une situation aussi grave, et chercher dans sa sagesse une *protection* qu'on puisse substituer à celle qui parait compromise. – Elle vous propose d'INTERDIRE À VOS FIDELES SUJETS L'USAGE DE LA MAIN DROITE.

Sire, ne nous faites pas l'injure de penser que nous avons adopté légèrement une mesure qui, au premier aspect, peut paraître bizarre. L'étude approfondie du *régime protecteur* nous a révélé ce syllogisme, sur lequel il repose tout entier :

Plus on travaille, plus on est riche ;

Plus on a de difficultés à vaincre, plus on travaille ;

Ergo, plus on a de difficultés à vaincre, plus on est riche.

Qu'est-ce, en effet, que la protection, sinon une application ingénieuse de ce raisonnement en forme, et si serré qu'il résisterait à la subtilité de M. Billault lui-même ?

Personnifions le pays. Considérons-le comme un être collectif aux trente millions de bouches, et, par une conséquence naturelle, aux soixante millions de bras. Le voilà qui fait une pendule, qu'il prétend troquer en Belgique contre dix quintaux de fer. – Mais nous luis disons : Fais le fer toi-même. Je ne le puis, répond-il, cela me prendrait trop de temps, je n'en ferais pas cinq quintaux pendant que je fais une pendule. – Utopiste ! répliquons-nous, c'est pour cela même que nous te défendons de faire la pendule et t'ordonnons de faire le fer. Ne vois-tu pas que nous te créons du travail ?

Sire, il n'aura pas échappé à votre sagacité que c'est absolument comme si nous disions au pays : *Travaille de la main gauche et non de la droite.*

Créer des obstacles pour fournir au travail l'occasion de se développer, tel est le principe de la restriction qui se meurt. C'est aussi le principe de la restriction qui va naître. Sire, réglementer ainsi, ce n'est pas innover, c'est persévérer.

Quant à l'efficacité de la mesure, elle est incontestable. Il est malaisé, beaucoup plus malaisé qu'on ne pense, d'exécuter de la main gauche ce qu'on avait coutume de faire de la main droite. Vous vous en convaincrez, Sire, si vous daignez condescendre à expérimenter notre système sur un acte qui vous soit familier, comme, par exemple, celui de brouiller des cartes. Nous pouvons donc nous flatter d'ouvrir au travail une carrière illimitée.

Quand les ouvriers de toute sorte seront réduits à leur main gauche, représentons-nous, Sire, le nombre immense qu'il en faudra pour faire face à l'ensemble de la consommation actuelle, en la supposant invariable, ce que nous faisons toujours quand nous comparons entre eux des systèmes de production opposés. Une demande si prodigieuse de main-d'œuvre ne peut manquer de déterminer une hausse considérable des salaires, et le paupérisme disparaîtra du pays comme par enchantement.

Sire, votre cœur paternel se réjouira de penser que les bienfaits de l'ordonnance s'étendront aussi sur cette intéressante portion de la grande famille dont le sort excite toute votre sollicitude. Quelle est la destinée des femmes en France ? Le sexe le plus audacieux et le plus endurci aux fatigues les chasse insensiblement de toutes les carrières.

Autrefois, elles avaient la ressource des bureaux de loterie. Ils ont été fermés par une philanthropie impitoyable ; et sous quel prétexte ? « Pour épargner disait-elle, le denier du pauvre. » Hélas ! le pauvre a-t-il jamais obtenu, d'une pièce de monnaie, des jouissances aussi douces et aussi innocentes que celle que renfermait pour lui l'urne mystérieuse de la Fortune ? Secret de toutes les douceurs de la vie, quand il mettait, de quinzaine en quinzaine, le prix d'une journée de travail sur un *quaterne sec,* combien d'heures délicieuses n'introduisait-il pas au sein de sa famille ! L'espérance avait toujours sa place au foyer domestique. La mansarde se peuplait d'illusions : la femme se promettait d'éclipser ses voisines par l'éclat de sa mise, le fils se voyait tambour-major, la fille se sentait entraînée vers l'autel au bras de son fiancé.

C'est quelque chose encore que de faire un beau rêve !

Oh ! la loterie, c'était la poésie du pauvre, et nous l'avons laissée échapper !

La loterie défunte , quels moyens avons-nous de pourvoir nos protégées ? Le tabac et la poste.

Le tabac à la bonne heure ; il progresse, grâce au ciel et aux habitudes distinguées que d'augustes exemples ont su, fort habilement, faire prévaloir parmi notre élégante jeunesse.

Mais la poste !... Nous n'en dirons rien, elle fera l'objet d'un rapport spécial.

Sauf donc le tabac, que reste-t-il à vos sujettes ? Rien que la broderie, le tricot et la couture, tristes ressources qu'une science barbare, la mécanique, restreint de plus en plus.

Mais sitôt que votre ordonnance aura paru, sitôt que les mains droites seront coupées ou attachées, tout va changer de face. Vingt fois, trente fois plus de brodeuses, lisseuses et repasseuses, lingères, couturières et chemisières ne suffiront pas à la consommation (honni soit qui mal y pense) du royaume ; toujours en la supposant invariable, selon notre manière de raisonner.

Il est vrai que cette supposition pourra être contestée par de froids théoriciens, car les robes seront plus chères et les chemises aussi. Autant, il en disent du fer, que la France tire de nos mines, comparé à celui qu'elle pourrait *vendanger* sur nos coteaux. Cet argument n'est donc pas plus recevable contre la *gaucherie* que contre la *protection ;* car cette cherté même est le résultat et le signe de l'excédant d'efforts et de travaux qui est justement la base sur laquelle, dans un cas comme dans l'autre, nous prétendons fonder la prospérité de la classe ouvrière.

Oui, nous nous faisons un touchant tableau de la prospérité de l'industrie couturière. Quel mouvement ! quelle activité ! quelle vie ! Chaque robe occupera cent doigts au lieu de dix. Il n'y aura plus une jeune fille oisive, et nous n'avons pas besoin, Sire, de signaler à votre perspicacité les conséquences morales de cette grande révolution. Non seulement il y aura plus de filles occupées, mais chacune d'elles gagnera davantage, car elles ne pourront suffire à la demande ; et si la concurrence se montre encore, ce ne sera plus entre les ouvrières qui font les robes, mais entre les belles dames qui les portent.

Vous le voyez, Sire, notre proposition n'est pas seulement conforme aux traditions économiques du gouvernement, elle est encore essentiellement morale et démocratique.

Pour apprécier ses effets, supposons-là réalisée, transportons nous par la pensée dans l'avenir ; imaginons le système en action depuis vingt ans. L'oisiveté est bannie du pays ; l'aisance et la concorde, le contentement et la moralité ont pénétré avec le travail dans toutes les familles ; plus de misère, plus de prostitution. La main gauche étant fort gauche à la besogne, l'ouvrage surabonde et la rémunération est satisfaisante. Tout s'est arrangé là-dessus ; les ateliers se sont peuplés en conséquence. N'est-il pas vrai, Sire, que si, tout à coup, des utopistes venaient réclamer la liberté de la main droite, ils jetteraient l'alarme dans le pays ? N'est-il pas vrai que cette prétendue réforme bouleverserait toutes les existences ? Donc notre système est bon, puisqu'on ne le pourrait détruire sans douleurs.

Et cependant, nous avons le triste pressentiment qu'un jour il se formera (tant est grande la perversité humaine !) une association pour la liberté des mains droites.

Il nous semble déjà entendre les libres-dextéristes tenir, à la salle Montesquieu, ce langage :

« Peuple, tu te crois plus riche parce qu'on t'a ôté l'usage d'une main ; tu ne vois que le surcroît de travail qui t'en reviens. Mais regarde donc aussi la cherté qui en résulte, le décroissement forcé de toutes les consommations. Cette mesure n'a pas rendu plus abondante la source des salaires, le capital. Les eaux qui coulent de ce grand réservoir sont dirigées vers d'autres canaux, leur volume n'est pas augmenté, et le résultat définitif est, pour la nation en masse, une déperdition de bien-être égale à tout ce que des millions de mains droites peuvent produire de plus qu'un égal nombre de mains gauches. Donc, liguons-nous, et, au prix

de quelques dérangements inévitables, conquérons le droit
de travailler de toutes mains. »

Heureusement, Sire, il se formera une *association pour la
défense du travail par la main gauche*, et les *Sinistristes*
n'auront pas de peine à réduire à néant toutes ces généralités
et idéalités, suppositions et abstractions, rêveries et utopies.
Ils n'auront qu'à exhumer le *Moniteur industriel* de 1846 ; ils
y trouveront, contre la *liberté des échanges*, des arguments
tout faits, qui pulvérisent si merveilleusement la *liberté de la
main droite,* qu'il leur suffira de substituer un mot à l'autre.

« La ligue parisienne pour la *liberté du commerce* ne doutait pas du concours des ouvriers. Mais les ouvriers ne sont
plus des hommes que l'on mène par le bout du nez. Ils ont
des yeux ouverts et ils savent mieux l'économie politique
que nos professeurs patentés... *La liberté du commerce*, ont-
ils répondu, nous enlèverait notre travail, et le travail, c'est
notre propriété réelle, grande, souveraine : *avec le travail,
avec beaucoup de travail, le prix des marchandises n'est
jamais inaccessibles*. Mais sans travail le pain ne coûtât-il
qu'un sou la livre, l'ouvrier est forcé de mourir de faim. Or,
vos doctrines, au lieu d'augmenter la somme actuelle du travail en France, la diminueront, c'est-à-dire que vous nous
réduirez à la misère. » (Numéro du 13 octobre 1846)

« Quand il y a trop de marchandises à vendre, leur prix
s'abaisse à la vérité ; mais comme le salaire diminue quand
la marchandise perd de sa valeur, il en résulte qu'au lieu
d'être en état d'acheter, nous ne pouvons plus rien acheter.
C'est donc quand la marchandise est à vil prix que l'ouvrier
est le plus malheureux. » (Gauthier de Rumilly, *Moniteur
industriel* du 17 novembre).

Il ne sera pas mal que les *Sinistristes* entremêlent quelques
menaces dans leurs belles théories. En voici le modèle :

« Quoi ! vouloir substituer le travail de la main droite à
celui de la main gauche et amener ainsi l'abaissement forcé,
sinon l'anéantissement du salaire, seule ressource de presque
toute la nation !

Et cela au moment où des récoltes incomplètes imposent déjà de pénibles sacrifices à l'ouvrier, l'inquiètent sur son avenir, le rendent plus accessible aux mauvais conseils et prêt à sortir de cette conduite si sage qu'il a tenue jusqu'ici ! »

Nous avons la confiance, Sire, que, grâce à des raisonnements si savants, si la lutte s'engage, la main gauche en sortira victorieuse.

Peut-être se formera-t-il aussi une association, dans le but de rechercher si la main droite et la main gauche n'ont pas tort toutes deux, et s'il n'y a point entre elles une troisième main, afin de tout concilier.

Après avoir peint les *Sinistristes*, comme séduits par la *libéralité apparente d'un principe dont l'expérience n'a pas encore vérifié l'exactitude*, et les *Dextéristes* comme se cantonnant dans les positions acquises :

« Et l'on nie, dira-t-elle, qu'il y ait un troisième parti à prendre au milieu du conflit ! et l'on ne voit pas que les ouvriers ont à se défendre à la fois et contre ceux qui ne veulent rien changer à la situation actuelle, parce qu'ils y trouvent avantage, et contre ceux qui rêvent un bouleversement économique dont ils n'ont calculé ni l'étendue ni la portée ! » (*National* du 16 octobre).

Nous ne voulons pourtant pas dissimuler à Votre Majesté, Sire, que notre projet a un côté vulnérable. On pourra nous dire : Dans vingt ans, toutes les mains gauches seront aussi habiles que le sont maintenant les mains droites, et vous ne pourrez plus compter que sur la *gaucherie* pour accroître le travail national.

A cela, nous répondons que, selon de doctes médecins, la partie gauche du corps humain a une faiblesse naturelle tout à fait rassurante pour l'avenir du travail.

Et, après tout, consentez, Sire, à signer l'ordonnance, et un grand principe aura prévalu : *Toute richesse provient de l'intensité du travail*. Il nous sera facile d'en étendre et varier les applications. Nous décréterons, par exemple, qu'il ne sera plus permis de travailler qu'avec le pied. Cela n'est pas plus impossible (puisque cela s'est vu) que d'extraire du fer des vases de la Seine. On a vu même des hommes écrire avec le dos. Vous voyez, Sire, que les moyens d'accroître le travail national ne nous manqueront pas. En désespoir de cause, il nous resterait la ressource illimités des amputations.

Enfin, Sire, si ce rapport n'était destiné à la publicité, nous appellerions votre attention sur la grande influence que tous les systèmes analogues à celui que nous vous soumettons sont de nature à donner aux hommes du pouvoir. Mais c'est une matière que nous nous réservons de traiter en conseil privé.

XIII. – Travail humain, travail national.

Briser les machines, – repousser les marchandises étrangères, – ce sont deux actes qui procèdent de la même doctrine.

On voit des hommes qui battent des mains quand une grande invention se révèle au monde, – et qui néanmoins adhèrent au régime protecteur. Ces hommes sont bien inconséquents !

Que reprochent-ils à la liberté du commerce ? De faire produire par des étrangers plus habiles ou mieux situés que nous des choses que, sans elle, nous produirions nous-mêmes. En un mot, on l'accuse de nuire au *travail national.*

De même, ne devraient-ils pas reprocher aux machines de faire accomplir par des agents naturels ce qui, sans elles, serait l'œuvre de nos bras, et, par conséquent, de nuire au *travail humain ?*

L'ouvrier étranger, mieux placé que l'ouvrier français, est, à l'égard de celui-ci, une véritable *machine économique* qui l'écrase de sa concurrence. De même, une machine qui exécute une opération à un prix moindre qu'un certain nombre de bras est, relativement à ces bras, un vrai *concurrent étranger* qui les paralyse par sa rivalité.

Si donc il est opportun de protéger le *travail national*

contre la concurrence du *travail étranger,* il ne l'est pas moins de protéger le *travail humain* contre la rivalité du *travail mécanique.*

Aussi, quiconque adhère au régime protecteur, s'il a un peu de logique dans la cervelle, ne doit pas s'arrêter à prohiber les produits étrangers : il doit proscrire encore les produits de la navette et de la charrue.

Et voilà pourquoi j'aime bien mieux la logique des hommes qui, déclamant contre l'*invasion* des marchandises exotiques, ont au moins le courage de déclamer aussi contre l'*excès de production* dû à la puissance inventive de l'esprit humain.

Tel est M. de Saint-Chamans. « Un des arguments les plus forts, dit-il, contre la liberté du commerce et le trop grand emploi des machines, c'est que beaucoup d'ouvrier sont privés d'ouvrage ou par la concurrence étrangère qui fait tomber les manufactures, ou par les instruments qui prennent la place des hommes dans les ateliers. » (*Du système d'impôts,* p. 438.)

M. de Saint-Chamans a parfaitement vu l'analogie, disons mieux, l'identité qui existe entre les *importations* et les *machines ;* voilà pourquoi il proscrit les unes et les autres ; et vraiment il y a plaisir à avoir affaire à des argumentateurs intrépides, qui, même dans l'erreur, poussent un raisonnement jusqu'au bout.

Mais voyez la difficulté qui les attend !

S'il est vrai, *a priori,* que le domaine de l'*invention* et celui du *travail* ne puissent s'étendre qu'aux dépens l'un de l'autre, c'est dans les pays où il y a le plus de *machines,* dans le Lancastre, par exemple, qu'on doit rencontrer le moins d'*ouvriers.* Et si, au contraire, on constate *en fait* que la mécanique et la main d'œuvre cœxistent à un plus haut degré chez les peuples riches que chez les sauvages, il faut en conclure nécessairement que ces deux puissances ne s'excluent pas.

Je ne puis pas m'expliquer qu'un être pensant puisse goûter quelque repos en présence de ce dilemme :

Ou les inventions de l'homme ne nuisent pas à ses travaux comme les faits généraux l'attestent, puisqu'il y a plus des unes et des autres chez les Anglais et les Français que parmi les Hurons et les Chérokées, et, en ce cas, j'ai fait fausse route, quoique je ne sache ni où ni quand je me suis égaré. Je commettrais un crime de lèse-humanité si j'introduisait mon erreur dans la législation de mon pays.

Ou bien les découvertes de l'esprit limitent le travail des bras, comme les faits particuliers semblent l'indiquer, puisque je vous tous les jours une machine se substituer à vingt, à cent travailleurs, et alors je suis forcé de constater une flagrante, éternelle, incurable antithèse entre la puissance intellectuelle et la puissance physique de l'homme ; entre son progrès et son bien être, et je ne puis m'empêcher de dire que l'auteur de l'homme devait lui donner de la raison ou des bras, de la force morale ou de la force brutale, mais qu'il s'est joué de lui en lui conférant à la fois des facultés qui s'entre-détruisent.

La difficulté est pressante. Or, savez-vous comment on en sort ? Par ce singulier apophtegme :

En économie politique il n'y a pas de principe absolu.

En langage intelligible et vulgaire, cela veut dire :

« Je ne sais où est le vrai et le faux ; j'ignore ce qui constitue le bien ou le mal général. Je ne m'en mets pas en peine. L'effet immédiat de chaque mesure sur mon bien-être personnel, telle est la seule loi que je consente à reconnaître. »

Il n'y a pas de principes ! mais c'est comme si vous disiez : il n'y a pas de faits ; car les principes ne sont que des formules qui résument tout un ordre de faits bien constatés.

Les machines, les importations ont certainement des effets. Ces effets sont bons ou mauvais. On peut, à cet égard, différer d'avis. Mais, quel que soit celui que l'on adopte, il se formule par un de ces deux *principes* : Les machines sont un bien ; – ou – Les machines sont un mal. Les importations sont favorables, – ou – Les importations sont nuisibles. – Mais dire : *Il n'y a pas de principes*, c'est certainement le

dernier degré d'abaissement où l'esprit humain puisse descendre, et j'avoue que je rougis pour mon pays quand
j'entends articuler une si monstrueuse hérésie en face des
chambres françaises, avec leur assentiment, c'est-à-dire en
face et avec l'assentiment de l'élite de nos concitoyens ; et
cela pour se justifier de nous imposer des lois en parfaite
ignorance de cause.

Mais enfin, me dira-t-on, détruisez le *sophisme.* Prouvez
que les machines ne nuisent pas au *travail humain,* ni les
importations au *travail national.*

Dans un ouvrage de la nature de celui-ci, de telles démonstrations ne sauraient être très complètes. J'ai plus pour but de
poser les difficultés que de les résoudre, et d'exciter la
réflexion que de la satisfaire. Il n'y a jamais pour l'esprit de
conviction bien acquise que celle qu'il doit à son propre travail. J'essayerai néanmoins de le mettre sur la voie.

Ce qui trompe les adversaires des importations et des
machines, c'est qu'ils les jugent par leurs effets immédiats
et transitoires, au lieu d'aller jusqu'aux conséquences générales et définitives.

L'effet prochain d'une machine ingénieuse est de rendre
superflue, pour un résultat donné, une certaine quantité de
main-d'œuvre. Mais là ne s'arrête point son action. Par cela
même que ce résultat donné est obtenu avec moins d'efforts,
il est livré au public à un moindre prix ; et la somme des
épargnes ainsi réalisée par tous les acheteurs, leur sert à se
procurer d'autres satisfactions, c'est-à-dire à encourager la
main-d'œuvre en général, précisément de la quantité soustraite à la main-d'œuvre spéciale de l'industrie récemment
perfectionnée. – En sorte que le niveau du travail n'a pas
baissé, quoique celui des satisfactions se soit élevé.

Rendons cet ensemble d'effets sensible par un exemple. Je
suppose qu'il se consomme en France dix millions de chapeaux à 15 francs ; cela offre à l'industrie chapelière un aliment de 150 millions. Une machine est inventée qui permet
de donner les chapeaux à 10 francs. L'aliment pour cette

industrie est réduit à 100 millions, en admettant que la consommation n'augmente pas. Mais les autres 50 millions ne sont point pour cela soustraits au travail humain. Économisés par les acheteurs de chapeaux, ils leur serviront à satisfaire d'autres besoins, et par conséquent à rémunérer d'autant l'ensemble de l'industrie. Avec ces 5 francs d'épargne, Jean achètera une paire de souliers, Jacques un livre, Jérôme un meuble, etc. Le travail humain, pris en masse, continuera donc d'être encouragé jusqu'à concurrence de 150 millions ; mais cette somme donnera le même nombre de chapeaux qu'auparavant, plus toutes les satisfactions correspondant aux 50 millions que la machine aura épargnés. Ces satisfactions sont le produit net que la France aura retiré de l'invention. C'est un don gratuit, un tribut que le génie de l'homme aura imposé à la nature. Nous ne disconvenons pas que, dans le cours de la transformation, une certaine masse de travail aura été *déplacée* ; mais nous ne pouvons pas accorder qu'elle aura été détruite ou même diminuée.

De même quant aux importations. Reprenons l'hypothèse.

La France fabriquait dix millions de chapeaux dont le prix de revient était de 15 francs. L'étranger envahit notre marché en nous fournissant les chapeaux à 10 francs. Je dis que le *travail national* n'en sera nullement diminué.

Car il devra produire jusqu'à concurrence de 100 millions pour payer 10 millions de chapeaux à 10 francs.

Et puis, il restera à chaque acheteur 5 francs d'économie par chapeau, ou, au total, 50 millions, qui acquitteront d'autres jouissances, c'est-à-dire d'autres travaux.

Donc la masse du travail restera ce qu'elle était, et les jouissances supplémentaires, représentées par 50 millions d'économie sur les chapeaux, formeront le profit net de l'importation ou de la liberté du commerce.

Et il ne faut pas qu'on essaye de nous effrayer par le tableau des souffrances qui, dans cette hypothèse, accompagneraient le déplacement du travail.

Car si la prohibition n'eût jamais existé, le travail se serait ui-même selon la loi de l'échange, et nul déplacement n'aurait eu lieu.

Si, au contraire, la prohibition a amené un classement artificiel et improductif du travail, c'est elle et non la liberté qui est responsable du déplacement inévitable dans la transition du mal au bien.

A moins qu'on ne prétende que, parce qu'un abus ne peut être détruit sans froisser ceux qui en profitent, il suffit qu'il existe un moment pour qu'il doive durer toujours.

XIV. – LAISSEZ FAIRE.

Laissez faire ! – Je commence par dire, pour prévenir toute équivoque ; que *laissez faire* s'applique ici aux choses honnêtes, l'État étant institué précisément pour *empêcher* les choses déshonnêtes.

Cela posé, et quant aux choses innocentes par elles-mêmes, comme le travail, l'échange, l'enseignement, l'association, la banque, etc.; il faut pourtant opter. Il faut que l'État *laisse faire* ou *empêche de faire*.

S'il *laisse faire*, nous serons libres et économiquement administrés, rien ne coûtant moins que de *laisser faire*.

S'il *empêche de faire*, malheur à notre liberté et à notre bourse. A notre liberté, puisqu'*empêcher* c'est lier les bras : à notre bourse, car pour *empêcher*, il faut des agents, et pour avoir des agents, il faut de l'argent.

A cela les socialistes disent : Laissez faire ! mais c'est une horreur ! – Et pourquoi, s'il vous plaît ? – Parce que ; quand on les laisse faire, les hommes font mal et agissent contre leurs intérêts. Il est bon que l'État les dirige.

Voilà qui est plaisant. Quoi ! vous avez une telle foi dans la sagacité humaine que vous voulez le *suffrage universel* et le gouvernement *de tous par tous* ; et puis, ces mêmes hommes que vous jugez aptes à gouverner les autres, vous les proclamez inaptes à se gouverner eux-mêmes. !

XV. – PRENDRE CINQ ET RENDRE QUATRE
CE N'EST PAS DONNER.

Là, soyons de bon compte, qu'est-ce que l'État ? N'est-ce pas la collection de tous les fonctionnaires publics ? Il y a donc dans le monde deux espèces d'hommes, savoir : les fonctionnaires de toute sorte qui forment l'État, et les travailleurs de tout genre qui composent la société. Cela posé, sont-ce les fonctionnaires qui font vivre les travailleurs, ou les travailleurs qui font vivre les fonctionnaires ? En d'autres termes, l'État fait-il vivre la société, ou la société fait-elle vivre l'État ?

Je ne suis pas un savant, mais un pauvre diable qui s'appelle Jacques Bonhomme, qui n'est et n'a jamais pu être que travailleur.

Or, en qualité de travailleur, payant l'impôt sur mon pain, sur mon vin, sur ma viande, sur mon sel, sur ma fenêtre, sur ma porte, sur le fer et l'acier de mes outils, sur mon tabac, etc., etc., j'attache une grande importance à cette question et je la répète :

Les fonctionnaires font-ils vivre les travailleurs, ou les travailleurs font-ils vivre les fonctionnaires ?

Vous me demanderez pourquoi j'attache de l'importance à cette question, le voici :

Depuis quelques temps, je remarque une disposition énorme chez tout le monde à demander à l'État des moyens d'existence.

Les agriculteurs lui disent : Donnez-nous des primes, de l'instruction, de meilleures charrues, de plus belles races de bestiaux, etc.

Les manufacturiers : Faites-nous gagner un peu plus sur nos draps, sur nos toiles, sur nos fers.

Les ouvriers : Donnez-nous de l'ouvrage, des salaires et des instruments de travail.

Je trouve ces demandes bien naturelles, et je voudrais bien que l'État pût donner tout ce qu'on exige de lui.

Mais, pour le donner, où le prend-il ? Hélas ! Il prend un peu plus sur mon pain, un peu plus sur mon vin, un peu plus sur ma viande, un peu plus sur mon sel, un peu plus sur mon tabac, etc., etc.

En sorte que ce qu'il me donne, il me le prend et ne peut pas ne pas me le prendre. Ne vaudrait-il pas mieux qu'il me donnât moins et me prît moins ?

Car enfin, il ne me donne jamais tout ce qu'il me prend. Même pour prendre et donner, il a besoin d'agents qui gardent une partie de ce qui est pris.

Ne suis-je pas une grande dupe de faire avec l'État le marché suivant ? J'ai besoin d'ouvrage. Pour m'en faire avoir tu retiendras cinq francs sur mon pain, cinq francs sur mon vin, cinq francs sur mon sel et cinq francs sur mon tabac. Cela fera vingt francs. Tu en garderas six pour vivre et tu me feras une demande d'ouvrage pour quatorze. Évidemment je serai un peu plus pauvre qu'avant ; j'en appellerait à toi pour rétablir mes affaires, et voici ce que tu feras. Tu récidiveras. Tu prélèveras autres cinq francs sur mon pain, autres cinq francs sur mon vin, autres cinq francs sur mon sel et autres cinq francs sur mon tabac ; ce qui fera autres vingt francs. Sur quoi, tu mettras autres six francs dans ta poche et me feras gagner autres quatorze francs. Cela fait, je serai encore d'un degré plus misérable. J'aurai de nouveau recours à toi, etc.

> Si maladia
> Opiniatria
> Non vult se guarire,
> Quid illi facere ?
> – Purgare, saignare, clysterisare,
> Repurgare, resaignare, reclysterisare.

Jacques Bonhomme ! Jacques Bonhomme ! J'ai peine à croire que tu aies été assez fou pour te soumettre à ce régime, parce qu'il a plu à quelques écrivailleurs de le baptiser : *Organisation* et *Fraternité*.

PROPRIÉTÉ ET LOI [1].

La confiance de mes concitoyens m'a revêtu du titre de *législateur*.

Ce titre, je l'aurais certes décliné, si je l'avais compris comme faisait Rousseau.

« Celui qui ose entreprendre d'instituer un peuple, dit-il, doit se sentir en état de changer, pour ainsi dire, la nature humaine, de transformer chaque individu qui, par lui-même, est un tout parfait et solitaire, en partie d'un plus grand tout dont cet individu reçoive en quelque sorte sa vie et son être ; d'altérer la constitution physique de l'homme pour la renforcer, etc., etc... S'il est vrai qu'un grand prince est un homme rare, que sera-ce d'un grand législateur ? Le premier n'a qu'à suivre le modèle que l'autre doit proposer. Celui-ci est le mécanicien qui invente la machine, celui-là n'est que l'ouvrier qui la monte et la fait marcher. »

Rousseau, étant convaincu que l'état social était d'invention humaine, devait placer très haut la loi et le législateur. Entre le législateur et le reste des hommes, il voyait la distance ou plutôt l'abîme qui sépare le mécanicien de la matière inerte dont la machine est composée.

---

1. Article inséré au n° du 15 mai 1848 du *Journal des Économistes*. (Note de l'éditeur. 1854.)

Selon lui, la loi devait transformer les personnes, créer ou ne créer pas la propriété. Selon moi, la société, les personnes et les propriétés existent antérieurement aux lois, et, pour me renfermer dans un sujet spécial, je dirai : Ce n'est pas parce qu'il y a des lois qu'il y a des propriétés, mais parce qu'il y a des propriétés qu'il y a des lois.

L'opposition de ces deux systèmes est radicale. Les conséquences qui en dérivent vont s'éloignant sans cesse ; qu'il me soit donc permis de bien préciser la question.

J'avertis d'abord que je prends le mot *propriété* dans le sens général, et non au sens restreint de *propriété foncière*. Je regrette, et probablement tous les économistes regrettent avec moi, que ce mot réveille involontairement en nous l'idée de la possession du sol. J'entends par *propriété* le droit qu'a le travailleur sur la valeur qu'il a créée par son travail.

Cela posé, je me demande si ce droit est de création légale, ou s'il n'est pas au contraire antérieur et supérieur à la loi ? S'il a fallu que la loi vint donner naissance au droit de propriété, ou si, au contraire, la propriété était un fait et un droit préexistants qui ont donné naissance à la loi ? Dans le premier cas, le législateur a pour mission d'organiser, modifier, supprimer même la propriété, s'il le trouve bon ; dans le second, ses attributions se bornent a la garantir, à la faire respecter.

Dans le préambule d'un projet de constitution publié par un des plus grands penseurs des temps modernes, M. Lamennais, je lis ces mots :

« Le peuple français déclare qu'il reconnaît des droits et des devoirs antérieurs et supérieurs à toutes les lois positives et indépendants d'elles.

Ces droits et ces devoirs, directement émanés de Dieu, se résument dans le triple dogme qu'expriment ces mots sacrés : Égalité, Liberté, Fraternité. »

Je me demande si le droit de Propriété n'est pas un de ceux qui, bien loin de dériver de la loi positive, précèdent la loi et sont sa raison d'être ?

Ce n'est pas, comme on pourrait le croire, une question subtile et oiseuse. Elle est immense, elle est fondamentale. Sa solution intéresse au plus haut degré la société, et l'on en sera convaincu, j'espère, quand j'aurai comparé, dans leur origine et par leurs effets, les deux systèmes en présence.

Les économistes pensent que la *Propriété* est un fait providentiel comme la *Personne*. Le Code ne donne pas l'existence à l'une plus qu'à l'autre. La Propriété est une conséquence nécessaire de la constitution de l'homme.

Dans la force du mot, l'homme *naît propriétaire*, parce qu'il naît avec des besoins dont la satisfaction est indispensable à la vie, avec des organes et des facultés dont l'exercice est indispensable à la satisfaction de ces besoins. Les facultés ne sont que le prolongement de la personne ; la propriété n'est que le prolongement des facultés. Séparer l'homme de ses facultés, c'est le faire mourir ; séparer l'homme du produit de ses facultés, c'est encore le faire mourir.

Il y a des publicistes qui se préoccupent beaucoup de savoir comment Dieu aurait dû faire l'homme : pour nous, nous étudions l'homme tel que Dieu l'a fait ; nous constatons qu'il ne peut vivre sans pourvoir à ses besoins ; qu'il ne peut pourvoir à ses besoins sans travail, et qu'il ne peut travailler s'il n'est pas SÛR d'appliquer à ses besoins le fruit de son travail.

Voilà pourquoi nous pensons que la Propriété est d'institution divine, et que c'est sa *sûreté* ou sa *sécurité* qui est l'objet de la loi humaine.

Il est si vrai que la *Propriété* est antérieure à la loi, qu'elle est reconnue même parmi les sauvages qui n'ont pas de lois, ou du moins de lois écrites. Quand un sauvage a consacré son travail à se construire une hutte, personne ne lui en dispute la possession ou la Propriété. Sans doute un autre sauvage plus vigoureux peut l'en chasser, mais ce n'est pas sans indigner et alarmer la tribu tout entière. C'est même cet abus de la force qui donne naissance à l'association, à la convention, à la *loi*, qui met la force publique au service de la Propriété. Donc la Loi naît de la Propriété, bien loin que la Propriété naisse de la Loi.

On peut dire que le principe de la propriété est reconnu jusque parmi les animaux. L'hirondelle soigne paisiblement sa jeune famille dans le nid qu'elle a construit par ses efforts.

La plante même vit et se développe par assimilation, par *appropriation*. Elle s'*approprie* les substances, les gaz, les sels qui sont à sa portée. Il suffirait d'interrompre ce phénomène pour la faire dessécher et périr.

De même l'homme vit et se développe par *appropriation*. L'appropriation est un phénomène naturel, providentiel, essentiel à la vie, et la *propriété* n'est que l'appropriation devenue un droit par le travail. Quand le travail a rendu *assimilables, appropriables* des substances qui ne l'étaient pas, je ne vois vraiment pas comment on pourrait prétendre que, de droit, le phénomène de l'appropriation doit s'accomplir au profit d'un autre individu que celui qui a exécuté le travail.

C'est en raison de ces faits primordiaux, conséquences nécessaires de la constitution même de l'homme, que la Loi intervient. Comme l'aspiration vers la vie et le développement peut porter l'homme fort à dépouiller l'homme faible, et à violer ainsi le droit du travail, il a été convenu que la force de tous serait consacrée à prévenir et réprimer la violence. La mission de la Loi est donc de faire respecter la Propriété. Ce n'est pas la Propriété qui est conventionnelle, mais la Loi.

Recherchons maintenant l'origine du système opposé. Toutes nos constitutions passées proclament que la *Propriété* est sacrée, ce qui semble assigner pour but à l'association commune le libre développement, soit des indi-

vidualités, soit des associations particulières, par le travail.
Ceci implique que la Propriété est un droit antérieur à la Loi,
puisque la Loi n'aurait pour objet que de garantir la
Propriété.

Mais je me demande si cette déclaration n'a pas été intro-
duite dans nos chartes pour ainsi dire instinctivement, à titre
de phraséologie, de lettre morte, et si surtout elle est au fond
de toutes les convictions sociales ?

Or, s'il est vrai, comme on l'a dit, que la littérature soit
l'expression de la société, il est permis de concevoir des
doutes à cet égard ; car jamais, certes, les publicistes, après
avoir respectueusement salué le principe de la propriété,
n'ont autant invoqué l'intervention de la loi, non pour faire
respecter la Propriété, mais pour modifier, altérer, transformer, équilibrer, pondérer, et organiser la propriété, le crédit
et le travail.

Or, ceci suppose qu'on attribue à la Loi, et par suite au
Législateur, une puissance absolue sur les personnes et les
propriétés.

Nous pouvons en être affligés, nous ne devons pas en être
surpris.

Ou puisons-nous nos idées sur ces matières et jusqu'à la
notion du *Droit* ? Dans les livres latins, dans le Droit
romain.

Je n'ai pas fait mon Droit, mais il me suffit de savoir que
c'est là la source de nos théories, pour affirmer qu'elles sont
fausses. Les Romains devaient considérer la Propriété
comme un fait purement conventionnel, comme un produit,
comme une création artificielle de la Loi écrite. Évidemment, ils ne pouvaient, ainsi que le fait l'économie politique,
remonter jusqu'à la constitution même de l'homme, et apercevoir le rapport et l'enchaînement nécessaire qui existent
entre ces phénomènes : besoins, facultés, travail, propriété.
C'eût été un contresens et un suicide. Comment eux, qui
vivaient de rapine, dont toutes les propriétés étaient le fruit
de la spoliation, qui avaient fondé leurs moyens d'existence

sur le labeur des esclaves, comment auraient-ils pu, sans ébranler les fondements de leur société, introduire dans la législation cette pensée que le vrai titre de la propriété, c'est le travail qui l'a produite ? Non, ils ne pouvaient ni le dire, ni le penser. Ils devaient avoir recours à cette définition empirique de la propriété, *jus utendi et abutendi*, définition qui n'a de relation qu'avec les effets, et non avec les causes, non avec les origines ; car les origines, ils étaient bien forcés de les tenir dans l'ombre.

Il est triste de penser que la science du Droit, chez nous, au dix-neuvième siècle, en est encore aux idées que la présence de l'Esclavage avait dû susciter dans l'antiquité ; mais cela s'explique. L'enseignement du Droit est monopolisé en France, et le monopole exclut le progrès.

Il est vrai que les juristes ne font pas toute l'opinion publique ; mais il faut dire que l'éducation universitaire et cléricale prépare merveilleusement la jeunesse française à recevoir, sur ces matières, les fausses notions des juristes, puisque, comme pour mieux s'en assurer, elle nous plonge tous, pendant les dix plus belles années de notre vie, dans cette atmosphère de guerre et d'esclavage qui enveloppait et pénétrait la société romaine.

Ne soyons donc pas surpris de voir se reproduire, dans le dix-huitième siècle, cette idée romaine que la propriété est un fait conventionnel et d'institution légale ; que, bien loin que la Loi soit un corollaire de la Propriété, c'est la Propriété qui est un corollaire de la Loi. On sait que, selon Rousseau, non seulement la propriété, mais la société toute entière était le résultat d'un contrat, d'une invention née dans la tête du Législateur.

« L'ordre social est un droit sacré qui sert de base à tous les autres. Cependant ce droit *ne vient point de la nature*. Il est donc fondé sur les *conventions*. »

Ainsi le droit qui sert de base à tous les autres est purement *conventionnel.* Donc la *propriété,* qui est un droit postérieur, est *conventionnelle* aussi. *Elle ne vient pas de la nature.*

Robespierre était imbu des idées de Rousseau. Dans ce que dit l'élève sur la propriété, on reconnaîtra les théories et jusqu'aux formes oratoires du maître.

« Citoyens, je vous proposerai d'abord quelques articles nécessaires pour compléter votre théorie de la *propriété*. Que ce mot n'alarme personne. Âmes de boue, qui n'estimez que l'or, je ne veux pas toucher à vos trésors, quelque impure qu'en soit la source... Pour moi, j'aimerais mieux être né dans la cabane de Fabricius que dans le palais de Lucullus, etc., etc. »

Je ferai observer ici que, lorsqu'on analyse la notion de propriété, il est irrationnel et dangereux de faire de ce mot le synonyme d'opulence, et surtout d'opulence mal acquise. La chaumière de Fabricius est une propriété aussi bien que le palais de Lucullus. Mais qu'il me soit permis d'appeler l'attention du lecteur sur la phrase suivante, qui renferme tout le système :

« En définissant la liberté, ce premier besoin de l'homme, le plus sacré des droits *qu'il tient de la nature*, nous avons dit, avec raison, qu'elle avait pour limite le droit d'autrui. Pourquoi n'avez-vous pas appliqué ce principe à la propriété, *qui est une institution sociale*, comme si les lois éternelles de la nature étaient moins inviolables que les *conventions* des hommes ? »

Après ces préambules, Robespierre établit les principes en ces termes :

« Art. 1er. La propriété est le droit qu'a chaque citoyen de jouir et de disposer de la portion de biens qui lui est garantie par la loi.

Art. 2. Le droit de propriété est borné, comme tous les autres, par l'obligation de respecter les droits d'autrui. »

Ainsi Robespierre met en opposition la *Liberté* et la *Propriété*. Ce sont deux droits d'origine différente : l'un vient de la nature, l'autre est d'institution sociale. Le premier est *naturel,* le second *conventionnel*.

La limite uniforme que Robespierre pose à ces deux droits

aurait dû, ce semble, l'induire à penser qu'ils ont la même source. Soit qu'il s'agisse de liberté ou de propriété, respecter le droit d'autrui, ce n'est pas détruire ou altérer le droit, c'est le reconnaître et le confirmer. C'est précisément parce que la propriété est un droit antérieur à la loi, aussi bien que la liberté, que l'un et l'autre n'existent qu'à la condition de respecter le droit d'autrui, et la loi a pour mission de faire respecter cette limite, ce qui est reconnaître et maintenir le principe même.

Quoi qu'il en soit, il est certain que Robespierre, à l'exemple de Rousseau, considérait la propriété comme une institution sociale, comme une convention. Il ne la rattachait nullement à son véritable titre, qui est le travail. C'est le droit, disait-il, de disposer de la portion de biens *garantie par la loi.*

Je n'ai pas besoin de rappeler ici qu'à travers Rousseau et Robespierre la notion romaine sur la propriété s'est transmise à toutes nos écoles dites socialistes. On sait que le premier volume de Louis Blanc, sur la Révolution, est un dithyrambe au philosophe de Genève et au chef de la Convention

Ainsi, cette idée que le droit de propriété est d'institution sociale, qu'il est une invention du législateur, une création de la loi, en d'autres termes, qu'il est inconnu à l'homme dans l'*état de nature,* cette idée, dis-je, s'est transmise des Romains jusqu'à nous, à travers l'enseignement du droit, les études classiques, les publicistes du dix-huitième siècle, les révolutionnaires de 93, et les modernes organisateurs.

Passons maintenant aux conséquences des deux systèmes que je viens de mettre en opposition, et commençons par le système juriste.

La première est d'ouvrir un champ sans limite à l'imagination des utopistes.

Cela est évident. Une fois qu'on pose en principe que la Propriété tient son existence de la Loi, il y a autant de modes possibles d'organisation du travail qu'il y a de lois possibles dans la tête des rêveurs. Une fois qu'on pose en principe que le législateur est chargé d'arranger, combiner et pétrir à son gré les personnes et les propriétés, il n'y a pas de bornes aux modes imaginables selon lesquels les personnes et les propriétés pourront être arrangées, combinées et pétries. En ce moment, il y a certainement en circulation, à Paris, plus de cinq cents projets sur l'organisation du travail, sans compter un nombre égal de projets sur l'organisation du crédit. Sans doute ces plans sont contradictoires entre eux, mais tous ont cela de commun qu'ils reposent sur cette pensée : La loi crée le droit de propriété ; le législateur dispose en maître absolu des travailleurs et des fruits du travail.

Parmi ces projets, ceux qui ont les plus attiré l'attention publique sont ceux de Fourier, de Saint-Simon, d'Owen, de Cabet, de Louis Blanc. Mais ce serait folie de croire qu'il n'y a que ces cinq modes possibles d'organisation. Le nombre en est illimité. Chaque matin peut en faire éclore un nouveau, plus séduisant que celui de la veille, et je laisse à penser ce qu'il adviendrait de l'humanité si, alors qu'une de ces inventions lui serait imposée, il s'en révélait tout à coup une autre plus spécieuse. Elle serait réduite à l'alternative ou de changer tous les matins son mode d'existence, ou de persévérer à tout jamais dans une voie reconnue fausse, par cela seul qu'elle y serait une fois entrée.

Une seconde conséquence est d'exciter chez tous les rêveurs la soif du pouvoir. J'imagine une organisation du travail. Exposer mon système et attendre que les hommes l'adoptent s'il est bon, ce serait supposer que le principe d'action est en eux. Mais dans le système que j'examine, le principe d'action réside dans le Législateur. « Le législateur, comme dit Rousseau, doit se sentir de force à transformer la nature humaine. » Donc, ce à quoi je dois aspirer, c'est à devenir législateur afin d'imposer l'ordre social de mon invention. Il est clair encore que les systèmes qui ont pour base cette idée que le droit de propriété est d'institution sociale, aboutissent tous ou au privilège le plus concentre, ou au communisme le plus intégral, selon les mauvaises ou les bonnes intentions de l'inventeur. S'il a des desseins sinistres, il se servira de la loi pour enrichir quelques-uns aux dépens de tous. S'il obéit à des sentiments philanthropiques, il voudra égaliser le bien-être, et, pour cela, il pensera à stipuler en faveur de chacun une participation légale et uniforme aux produits créés. Reste à savoir si, dans cette donnée, la création des produits est possible.

A cet égard, le Luxembourg nous a présenté récemment un spectacle fort extraordinaire. N'a-t-on pas entendu, en plein dix-neuvième siècle, quelques jours après la révolution de Février, faite au nom de la liberté, un homme plus qu'un ministre, un membre du gouvernement provisoire, un fonctionnaire revêtu d'une autorité révolutionnaire et illimitée, demander froidement si, dans la répartition des salaires, il était bon d'avoir égard à la force, au talent, à l'activité, à l'habileté de l'ouvrier, c'est-à-dire à la richesse produite ; ou bien si, ne tenant aucun compte de ces vertus personnelles, ni de leur effet utile, il ne vaudrait pas mieux donner à tous désormais une rémunération uniforme ? Question qui revient à celle-ci : un mètre de drap porté sur le marché par un paresseux se vendra-t-il pour le même prix que deux mètres offerts par un homme laborieux ? Et, chose, qui passe toute croyance, cet homme a proclamé qu'il préférait l'uniformité des profits, quel que fût le travail offert en vente, et il a décidé ainsi, dans sa sagesse, que, quoique *deux* soient *deux* par nature, ils ne seraient plus qu'*un* de par la *loi*.

Voilà où l'on arrive quand on part de ce point que la loi est plus forte que la nature.

L'auditoire, à ce qu'il paraît, a compris que la constitution même de l'homme se révoltait contre un tel arbitraire ; que jamais on ne ferait qu'un mètre de drap donnât droit à la même rémunération que deux mètres. Que s'il en était ainsi, la concurrence qu'on veut anéantir serait remplacée par une autre concurrence mille fois plus funeste ; que chacun ferait à qui travaillerait moins, à qui déploierait la moindre activité, puisque aussi bien, de par la loi, la récompense serait toujours garantie et égale pour tous.

Mais le citoyen Blanc avait prévu l'objection, et, pour prévenir ce doux *farniente*, hélas ! si naturel à l'homme, quand le travail n'est pas rémunéré, il a imaginé de faire dresser dans chaque commune un *poteau* ou seraient inscrits les noms des paresseux. Mais il n'a pas dit s'il y aurait des inquisiteurs pour découvrir le péché de paresse, des tribunaux pour le juger, et des gendarmes pour exécuter la sentence. Il est à remarquer que les utopistes ne se préoccupent jamais de l'immense machine gouvernementale, qui peut seule mettre en mouvement leur mécanique légale.

Comme les délégués du Luxembourg se montraient quelque peu incrédules, est apparu le citoyen Vidal, secrétaire du citoyen Blanc, qui a achevé la pensée du maître. A l'exemple de Rousseau, le citoyen Vidal ne se propose rien moins que de changer la nature de l'homme et les lois de la Providence.

Il a plu à la Providence de placer dans l'individu les *besoins* et leurs conséquences, les *facultés* et leurs conséquences, créant ainsi l'*intérêt personnel*, autrement dit, l'instinct de la conservation et l'amour du développement comme le grand ressort de l'humanité. M. Vidal va changer tout cela. Il a regardé l'œuvre de Dieu, et il a vu qu'elle n'était pas bonne. En conséquence, partant de ce principe que la loi et le législateur peuvent tout, il va supprimer, par décret, l'*intérêt personnel*. Il y substitue le *point d'honneur*. Ce n'est plus pour vivre, faire vivre et élever leur famille que les hommes travailleront, mais pour obéir au *point d'honneur*, pour éviter le fatal *poteau,* comme si ce nouveau mobile n'était pas encore de l'*intérêt personnel* d'une autre espèce.

M. Vidal cite sans cesse ce que le point d'honneur fait faire aux armées. Mais, hélas ! il faut tout dire, et si l'on veut enrégimenter les travailleurs, qu'on nous dise donc si le Code militaire, avec ses trente cas de peine de mort, deviendra le Code des ouvriers ?

Un effet plus frappant encore du principe funeste que je m'efforce ici de combattre, c'est l'incertitude qu'il tient toujours suspendue, comme l'épée de Damoclès, sur le travail, le capital, le commerce et l'industrie ; et ceci est si grave que j'ose réclamer toute l'attention du lecteur.

Dans un pays, comme aux États-Unis, où l'on place le droit de Propriété au-dessus de la Loi, où la force publique n'a pour mission que de faire respecter ce droit naturel, chacun peut en toute confiance consacrer à la production son capital et ses bras. Il n'a pas à craindre que ses plans et ses combinaisons soient d'un instant à l'autre bouleversés par la puissance législative.

Mais quand, au contraire, posant en principe que ce n'est pas le travail, mais la Loi qui est le fondement de la Propriété, on admet tous les faiseurs d'utopies à imposer leurs combinaisons, d'une manière générale et par l'autorité des décrets, qui ne voit qu'on tourne contre le progrès industriel tout ce que la nature a mis de prévoyance et de prudence dans le cœur de l'homme ?

Quel est en ce moment le hardi spéculateur qui oserait monter une usine ou se livrer à une entreprise ? Hier on décrète qu'il ne sera permis de travailler que pendant un nombre d'heure déterminé. Aujourd'hui on décrète que le salaire de tel genre de travail sera fixe ; qui peut prévoir le décret de demain, celui d'après-demain, ceux des jours suivants ? Une fois que le législateur se place à cette distance incommensurable des autres hommes ; qu'il croit, en toute conscience, pouvoir disposer de leur temps, de leur travail, de leurs transactions, toutes choses qui sont des *Propriétés*, quel homme, sur la surface du pays, a la moindre connaissance de la position forcée où la Loi le placera demain, lui et sa profession ? Et, dans de telles conditions, qui peut et veut rien entreprendre ?

Je ne nie certes pas que, parmi les innombrables systèmes que ce faux principe fait éclore, un grand nombre, le plus grand nombre même ne partent d'intentions bienveillantes et généreuses. Mais ce qui est redoutable, c'est le principe lui-même. Le but manifeste de chaque combinaison particulière est d'égaliser le bien-être. Mais l'effet plus manifeste encore du principe sur lequel ces combinaisons sont fondées, c'est d'égaliser la misère ; je ne dis pas assez ; c'est de faire descendre aux rangs des misérables les familles aisées, et de décimer par la maladie et l'inanition les familles pauvres.

J'avoue que je suis effrayé pour l'avenir de mon pays, quand je songe à la gravité des difficultés financières que ce dangereux principe vient aggraver encore.

Au 24 février, nous avons trouvé un budget qui dépasse les proportions auxquelles la France peut raisonnablement atteindre ; et, en outre, selon le ministre actuel des finances, pour près d'un milliard de dettes immédiatement exigibles.

A partir de cette situation, déjà si alarmante, les dépenses ont été toujours grandissant, et les recettes diminuant sans cesse.

Ce n'est pas tout. On a jeté au public, avec une prodigalité sans mesure, deux sortes de promesses. Selon les unes, on va le mettre en possession d'une foule innombrable d'institutions bienfaisantes, mais coûteuses. Selon les autres, on va dégrever tous les impôts. Ainsi, d'une part, on va multiplier les crèches, les salles d'asile, les écoles primaires, les écoles secondaires gratuites, les ateliers de travail, les pensions de retraite de l'industrie. On va indemniser les propriétaires d'esclaves, dédommager les esclaves eux-mêmes ; l'État va fonder des institutions de crédit ; prêter aux travailleurs des instruments de travail ; il double l'armée, réorganise la marine, etc., etc., et d'autre part, il supprime l'impôt du sel, l'octroi et toutes les contributions les plus impopulaires.

Certes, quelque idée qu'on se fasse des ressources de la France, on admettra du moins qu'il faut que ces ressources se développent pour faire face à cette double entreprise si gigantesque et, en apparence, si contradictoire.

Mais voici qu'au milieu de ce mouvement extraordinaire, et qu'on pourrait considérer comme au-dessus des forces humaines, même alors que toutes les énergies du pays seraient dirigées vers le travail productif, un cri s'élève : *Le droit de propriété est une création de la loi.* En conséquence, le législateur peut rendre à chaque instant, et selon les théories systématiques dont il est imbu, des décrets qui bouleversent toutes les combinaisons de l'industrie. Le travailleur n'est pas propriétaire d'une chose ou d'une valeur parce qu'il l'a créée par le travail, mais parce que la loi d'aujourd'hui la lui garantit. La loi de demain peut retirer cette garantie, et alors la propriété n'est plus légitime.

Je le demande, que doit-il arriver ? C'est que le capital et le travail s'épouvantent ; c'est qu'ils ne puissent plus compter sur l'avenir. Le capital, sous le coup d'une telle doctrine, se cachera, désertera, s'anéantira. Et que deviendront alors les ouvriers, ces ouvriers pour qui vous professez une affection si vive, si sincère, mais si peu éclairée ? Seront-ils mieux nourris quand la production agricole sera arrêtée ? Seront-ils mieux vêtus quand nul n'osera fonder une fabrique ? Seront-ils plus occupés quand les capitaux auront disparu ?

Et l'impôt, d'où le tirerez-vous ? Et les finances, comment se rétabliront-elles ? Comment paierez-vous l'armée ? Comment acquitterez-vous vos dettes ? Avec quel argent prêterez-vous les instruments du travail ? Avec quelles ressources soutiendrez-vous ces institutions charitables, si faciles à décréter ?

Je me hâte d'abandonner ces tristes considérations. Il me reste à examiner dans ses conséquences le principe opposé à celui qui prévaut aujourd'hui, le principe économiste, le principe qui fait remonter au travail, et non à la loi, le droit de propriété, le principe qui dit : La Propriété existe avant la Loi ; la loi n'a pour mission que de faire respecter la propriété partout où elle est, partout où elle se forme, de quelque manière que le travailleur la crée, isolement ou par association, pourvu qu'il respecte le droit d'autrui.

D'abord, comme le principe des juristes renferme virtuellement l'esclavage, celui des économistes contient la *liberté*. La propriété, le droit de jouir du fruit de son travail, le droit de travailler, de se développer, d'exercer ses facultés, comme on l'entend, sans que l'État intervienne autrement que par son action protectrice, c'est la liberté. – Et je ne puis encore comprendre pourquoi les nombreux partisans des systèmes opposés laissent subsister sur le drapeau de la République le mot *liberté*. On dit que quelques-uns d'entre eux l'ont effacé pour y substituer le mot *solidarité*. Ceux-là sont plus francs et plus conséquents. Seulement, ils auraient dû dire *communisme*, et non *solidarité* ; car la solidarité des intérêts, comme la propriété, existe en dehors de la loi.

Il implique encore l'*unité*. Nous l'avons déjà vu. Si le législateur crée le droit de propriété, il y a pour la propriété autant de manières d'être qu'il peut y avoir d'erreurs dans les têtes d'utopistes, c'est-à-dire l'infini. Si, au contraire, le droit de propriété est un fait providentiel, antérieur à toute législation humaine, et que la législation humaine a pour but de faire respecter, il n'y a place pour aucun autre système.

C'est encore la *sécurité,* et ceci est de toute évidence : qu'il soit bien reconnu, au sein d'un peuple, que chacun doit pourvoir à ses moyens d'existence, mais aussi que chacun a aux fruits de son travail un droit antérieur et supérieur à la loi ; que la loi humaine n'a été nécessaire et n'est intervenue que pour garantir à tous la liberté du travail et la propriété de ses fruits ; il est bien évident qu'un avenir de sécurité complète s'ouvre devant l'activité humaine. Elle n'a plus à craindre que la puissance législative vienne, décret sur décret, arrêter ses efforts, déranger ses combinaisons, dérouter sa prévoyance. A l'abri de cette sécurité, les capitaux se formeront rapidement. L'accroissement rapide des capitaux, de son côté, est la raison unique de l'accroissement dans la valeur du travail. Les classes ouvrières seront donc dans l'aisance ; elles-mêmes concourront à former de nouveaux capitaux. Elles seront plus en mesure de s'affranchir du salariat, de s'associer aux entreprises, d'en fonder pour leur compte, de reconquérir leur dignité.

Enfin, le principe éternel que l'État ne doit pas être producteur, mais procurer la sécurité aux producteurs, entraîne nécessairement l'économie et l'ordre dans les finances publiques ; par conséquent, seul il rend possible la bonne assiette et la juste répartition de l'impôt.

En effet, l'État, ne l'oublions jamais, n'a pas de ressources qui lui soient propres. Il n'a rien, il ne possède rien qu'il ne le prenne aux travailleurs. Lors donc qu'il s'ingère de tout, il substitue la triste et coûteuse activité de ses agents à l'activité privée. Si, comme aux États-Unis, on en venait à reconnaître que la mission de l'État est de procurer à tous une complète *sécurité*, cette mission, il pourrait la remplir avec quelques centaines de millions. Grâce à cette économie, combinée avec la prospérité industrielle, il serait enfin possible d'établir l'impôt direct, unique, frappant exclusivement la *propriété réalisée* de toute nature.

Mais, pour cela, il faut attendre que des expériences, peut-être cruelles, aient diminué quelque peu notre foi dans l'État et augmenté notre foi dans l'Humanité.

Je terminerai par quelques mots sur l'Association du *libre-échange*. On lui a beaucoup reproché ce titre. Ses adversaires se sont réjouis, ses partisans se sont affligés de ce que les uns et les autres considéraient comme une faute.

« Pourquoi semer ainsi l'alarme ? disaient ces derniers. Pourquoi inscrire sur votre drapeau un *principe* ? Pourquoi ne pas vous borner à réclamer dans le tarif des douanes ces modifications sages et prudentes que le temps a rendues nécessaires, et dont l'expérience a constaté l'opportunité ? »

Pourquoi ? parce que, à mes yeux du moins, jamais le libre-échange n'a été une question de douane et de tarif, mais une question de droit, de justice, d'ordre public, de Propriété. Parce que le privilège, sous quelque forme qu'il se manifeste, implique la négation ou le mépris de la propriété ; parce que l'intervention de l'État pour niveler les fortunes, pour grossir la part des uns aux dépens des autres, c'est du *communisme*, comme une goutte d'eau est aussi bien de l'eau que l'Océan tout entier ; parce que je prévoyais que le principe de la propriété, une fois ébranlé sous une forme, ne tarderait pas à être attaqué sous mille formes diverses ; parce que je n'avais pas quitté ma solitude pour poursuivre une modification partielle de tarifs, qui aurait impliqué mon adhésion à cette fausse notion que *la loi est antérieure à la propriété*, mais pour voler au secours du principe opposé, compromis par le régime protecteur ; parce que j'étais convaincu que les propriétaires fonciers et les capitalistes avaient eux-mêmes déposé, dans le tarif, le germe de ce *communisme* qui les effraie maintenant, puisqu'ils demandaient *à la loi* des suppléments de profits, au préjudice des classes ouvrières. Je voyais bien que ces classes ne tarderaient pas à réclamer aussi, en vertu de l'égalité, le bénéfice de *la loi appliquée à niveler le bien-être*, ce qui est le *communisme*.

Qu'on lise le premier acte émané de notre Association, le programme rédigé dans une séance préparatoire, le 10 mai 1846 ; on se convaincra que ce fut là notre pensée dominante.

« L'échange est un droit naturel comme la Propriété. Tout citoyen qui a créé ou acquis un produit, doit avoir l'option ou de l'appliquer immédiatement à son usage, ou de le céder à quiconque, sur la surface du globe, consent à lui donner en échange l'objet de ses désirs. Le priver de cette faculté, quand il n'en fait aucun usage contraire à l'ordre public et aux bonnes mœurs, et uniquement pour satisfaire la convenance d'un autre citoyen, c'est légitimer une spoliation, c'est blesser la loi de justice.

« C'est encore violer les conditions de l'ordre ; car quel ordre peut exister au sein d'une société où chaque industrie, aidée en cela par la loi et la force publique, cherche ses succès dans l'oppression de toutes les autres ? »

Nous placions tellement la question au-dessus des tarifs que nous ajoutions :

« Les soussignés ne contestent pas à la société le droit d'établir, sur les marchandises qui passent la frontière, des taxes destinées aux dépenses communes, pourvu qu'elles soient déterminées par les besoins du Trésor.

Mais sitôt que la taxe, perdant son caractère fiscal, a pour but de repousser le produit étranger, au détriment du fisc lui-même, afin d'exhausser artificiellement le prix du produit national similaire, et de rançonner ainsi la communauté au profit d'une classe, dès ce moment la Protection, ou plutôt la Spoliation se manifeste, et c'est là le principe que l'Association aspire à ruiner dans les esprits et à effacer complètement de nos lois. »

Certes, si nous n'avions poursuivi qu'une modification immédiate des tarifs, si nous avions été, comme on l'a prétendu, les agents de quelques intérêts commerciaux, nous nous serions bien gardés d'inscrire sur notre drapeau un mot qui implique un principe. Croit-on que je n'aie pas pressenti les obstacles que nous susciterait cette déclaration de guerre à l'injustice ? Ne savais-je pas très bien qu'en louvoyant, en cachant le but, en voilant la moitié de notre pensée, nous arriverions plus tôt à telle ou telle conquête partielle ? Mais en quoi ces triomphes, d'ailleurs éphémères, eussent-ils dégagé et sauvegardé le grand principe de la Propriété, que nous aurions nous-mêmes tenu dans l'ombre et mis hors de cause ?

Je le répète, nous demandions l'abolition du régime protecteur, non comme une bonne mesure gouvernementale, mais comme une justice, comme la réalisation de la liberté, comme la conséquence rigoureuse d'un droit supérieur à la loi. Ce que nous voulions au fond, nous ne devions pas le dissimuler dans la forme.

Le temps approche où l'on reconnaîtra que nous avons eu raison de ne pas consentir à mettre, dans le titre de notre Association, un leurre, un piège, une surprise, une équivoque, mais la franche expression d'un principe éternel d'ordre et de justice, car il n'y a de puissance que dans les principes ; eux seuls sont le flambeau des intelligences, le point de ralliement des convictions égarées.

Dans ces derniers temps, un tressaillement universel a parcouru, comme un frisson d'effroi, la France toute entière. Au seul mot de *communisme*, toutes les existences se sont alarmées. En voyant se produire au grand jour et presque officiellement les systèmes les plus étranges, en voyant se succéder des décrets subversifs, qui peuvent être suivis de décrets plus subversifs encore, chacun s'est demandé dans quelle voie nous marchions. Les capitaux se sont effrayés, le crédit a fui, le travail a été suspendu, la scie et le marteau se sont arrêtés au milieu de leur œuvre, comme si un funeste et universel courant électrique eût paralysé tout à coup les intelligences et les bras. Et pourquoi ? Parce que le principe de la propriété, déjà compromis essentiellement par le régime protecteur, a éprouvé de nouvelles secousses, conséquences de la première ; parce que l'intervention de la Loi en matière d'industrie, et *comme moyen de pondérer les valeurs et d'équilibrer les richesses*, intervention dont le régime protecteur a été la première manifestation, menacé de se manifester sous mille formes connues ou inconnues. Oui, je le dis hautement, ce sont les propriétaires fonciers, ceux que l'on considère comme les propriétaires par excellence, qui ont ébranlé le principe de la propriété, puisqu'ils en ont appelé *à la loi* pour donner à leurs terres et à leurs produits une valeur factice. Ce sont les capitalistes qui ont suggéré l'idée du nivellement des fortunes *par la loi*. Le *protectionnisme* a été l'avant-coureur du *communisme* ; je dis plus, il a été sa première manifestation. Car, que demandent aujourd'hui les classes souffrantes ? Elles ne demandent pas autre chose que ce qu'ont demandé et obtenu les capitalistes et les propriétaires fonciers. Elles demandent l'*intervention de la loi* pour équilibrer, pondérer, égaliser la richesse. Ce qu'ils ont fait par la douane, elles veulent le faire par d'autres institutions ; mais le principe est toujours le même, *prendre législativement aux uns pour donner aux autres* ; et certes, puisque c'est vous, propriétaires et capitalistes, qui avez fait admettre ce funeste principe, ne vous récriez donc pas si de plus malheureux que vous en réclament le bénéfice. Ils y ont au moins un titre que vous n'aviez pas.

Mais on ouvre les yeux enfin, on voit vers quel abîme nous pousse cette première atteinte portée aux conditions essentielles de toute sécurité sociale. N'est-ce pas une terrible leçon, une preuve sensible de cet enchaînement de causes et d'effets, par lequel apparaît à la longue la justice des rétributions providentielles, que de voir aujourd'hui les riches s'épouvanter devant l'envahissement d'une fausse doctrine, dont ils ont eux-mêmes posé les bases iniques, et dont ils croyaient faire paisiblement tourner les conséquences à leur seul profit ? Oui, prohibitionnistes vous avez été les promoteurs du communisme. Oui, propriétaires, vous avez détruit dans les esprits la vraie notion de la Propriété. Cette notion, c'est l'Économie politique qui la donne, et vous avez proscrit l'Économie politique, parce que, au nom du droit de propriété, elle combattait vos injustes privilèges. - Et quand elles ont saisi le pouvoir, quelle a été aussi la première pensée de ces écoles modernes qui vous effraient ? C'est de supprimer l'Économie politique, car la science économique, c'est une protestation perpétuelle contre ce *nivellement légal* que vous avez recherché et que d'autres recherchent aujourd'hui à votre exemple. Vous avez demandé à la Loi autre chose et plus qu'il ne faut demander à la Loi, autre chose et plus que la Loi ne peut donner. Vous lui avez demandé, non la sécurité (c'eût été votre droit), mais la *plus-value* de ce qui vous appartient, ce qui ne pouvait vous être accordé sans porter atteinte aux droits d'autrui. Et maintenant, la folie de vos prétentions est devenue la folie universelle. – Et si vous voulez conjurer l'orage qui menace de vous engloutir, il ne vous reste qu'une ressource.

Reconnaissez votre erreur ; renoncez à vos privilèges ; faites rentrer la Loi dans ses attributions ; renfermez le Législateur dans son rôle. Vous nous avez délaissés, vous nous avez attaqués, parce que vous ne nous compreniez pas sans doute. A l'aspect de l'abîme que vous avez ouvert de vos propres mains, hâtez-vous de vous rallier à nous, dans notre propagande en faveur du droit de propriété, en donnant, je le répète, à ce mot sa signification la plus large, en y comprenant et les facultés de l'homme et tout ce qu'elles parviennent à produire, qu'il s'agisse de travail ou d'échange !

La doctrine que nous défendons excite une certaine défiance, à raison de son extrême simplicité ; elle se borne à demander à la loi SÉCURITÉ pour tous. On a de la peine à croire que le mécanisme gouvernemental puisse être réduit à ces proportions. De plus, comme cette doctrine renferme la *Loi* dans les limites de la *Justice universelle*, on lui reproche d'exclure la Fraternité. L'Économie politique n'accepte pas l'accusation. Ce sera l'objet d'un prochain article.

LA LOI[1].

La loi pervertie ! La loi – et à sa suite toutes les forces collectives de la nation, – la Loi, dis-je, non seulement détournée de son but, mais appliquée à poursuivre un but directement contraire ! La Loi devenue l'instrument de toutes les cupidités, au lieu d'en être le frein ! La Loi accomplissant elle-même l'iniquité qu'elle avait pour mission de punir ! Certes, c'est là un fait grave, s'il existe, et sur lequel il doit m'être permis d'appeler l'attention de mes concitoyens.

Nous tenons de Dieu le don qui pour nous les renferme tous, la Vie, – la vie physique, intellectuelle et morale.

Mais la vie ne se soutient pas d'elle-même. Celui qui nous l'a donnée nous a laissé le soin de l'entretenir, de la développer, de la perfectionner.

Pour cela, il nous a pourvus d'un ensemble de Facultés merveilleuses ; il nous a plongés dans un milieu d'éléments divers. C'est par l'application de nos facultés à ces éléments que se réalise le phénomène de l'*Assimilation*, de l'*Appropriation*, par lequel la vie parcourt le cercle qui lui a été assigné.

Existence, Facultés, Assimilation – en d'autres termes, Personnalité, Liberté, Propriété, – voilà l'homme.

---

[1] Ce fut en juin 1850 que l'auteur, pendant quelques jours passés dans sa famille à Mugron, écrivit ce pamphlet. (Note de l'éditeur - 1854)

C'est de ces trois choses qu'on peut dire, en dehors de toute subtilité démagogique, qu'elles sont antérieures et supérieures à toute législation humaine.

Ce n'est pas parce que les hommes ont édicté des Lois que la Personnalité, la Liberté et la Propriété existent. Au contraire, c'est parce que la Personnalité, la Liberté et la Propriété préexistent que les hommes font des Lois.

Qu'est-ce donc que la Loi ? Ainsi que je l'ai dit ailleurs, c'est l'organisation collective du Droit individuel de légitime défense.

Chacun de nous tient certainement de la nature, de Dieu, le droit de défendre sa Personne, sa Liberté, sa Propriété, puisque ce sont les trois éléments constitutifs ou conservateurs de la Vie, éléments qui se complètent l'un par l'autre et ne se peuvent comprendre l'un sans l'autre. Car que sont nos Facultés, sinon un prolongement de notre Personnalité, et qu'est-ce que la Propriété si ce n'est un prolongement de nos Facultés ?

Si chaque homme a le droit de défendre, même par la force, sa Personne, sa Liberté, sa Propriété, plusieurs hommes ont le Droit de se concerter, de s'entendre, d'organiser une Force commune pour pourvoir régulièrement à cette défense.

Le Droit collectif a donc son principe, sa raison d'être, sa légitimité dans le Droit individuel ; et la Force commune ne peut avoir rationnellement d'autre but, d'autre mission que les forces isolées auxquelles elle se substitue.

Ainsi, comme la Force d'un individu ne peut légitimement attenter à la Personne, à la Liberté, à la Propriété d'un autre individu, par la même raison la Force commune ne peut être légitimement appliquée à détruire la Personne, la Liberté, la Propriété des individus ou des classes.

Car cette perversion de la Force serait, en un cas comme dans l'autre, en contradiction avec nos prémisses. Qui osera dire que la Force nous a été donnée non pour défendre nos Droits, mais pour anéantir les Droits égaux de nos frères ?

Et si cela n'est pas vrai de chaque force individuelle, agissant isolément, comment cela serait-il vrai de la force collective, qui n'est que l'union organisée des forces isolées ?

Donc, s'il est une chose évidente, c'est celle-ci : La Loi, c'est l'organisation du Droit naturel de légitime défense ; c'est la substitution de la force collective aux forces individuelles, pour agir dans le cercle où celles-ci ont le droit d'agir, pour faire ce que celles-ci ont le droit de faire, pour garantir les Personnes, les Libertés, les Propriétés, pour maintenir chacun dans son Droit, pour faire régner entre tous la Justice.

Et s'il existait un peuple constitué sur cette base, il me semble que l'ordre y prévaudrait dans les faits comme dans les idées. Il me semble que ce peuple aurait le gouvernement le plus simple, le plus économique, le moins lourd, le moins senti, le moins responsable, le plus juste, et par conséquent le plus solide qu'on puisse imaginer, quelle que fût d'ailleurs sa forme politique.

Car, sous un tel régime, chacun comprendrait bien qu'il a toute la plénitude comme toute la responsabilité de son Existence. Pourvu que la personne fût respectée, le travail libre et les fruits du travail garantis contre toute injuste atteinte, nul n'aurait rien à démêler avec l'État. Heureux, nous n'aurions pas, il est vrai, à le remercier de nos succès ; mais malheureux, nous ne nous en prendrions pas plus à lui de nos revers que nos paysans ne lui attribuent la grêle ou la gelée. Nous ne le connaîtrions que par l'inestimable bienfait de la Sureté.

On peut affirmer encore que, grâce à la non-intervention de l'État dans des affaires privées, les Besoins et les Satisfactions se développeraient dans l'ordre naturel. On ne verrait point les familles pauvres chercher l'instruction littéraire avant d'avoir du pain. On ne verrait point la ville se peupler aux dépens des campagnes, ou les campagnes aux dépens des villes. On ne verrait pas ces grands déplacements de capitaux, de travail, de population, provoqués par des mesures législatives, déplacements qui rendent si incertaines et si précaires les sources mêmes de l'existence, et aggravent par là, dans une si grande mesure, la responsabilité des gouvernements.

Par malheur, il s'en faut que la Loi se soit renfermée dans son rôle. Même il s'en faut qu'elle ne s'en soit écartée que dans des vues neutres et discutables. Elle a fait pis : elle a agi contrairement à sa propre fin ; elle a détruit son propre but ; elle s'est appliquée à anéantir cette Justice qu'elle devait faire régner, à effacer, entre les Droits, cette limite que sa mission était de faire respecter ; elle a mis la force collective au service de ceux qui veulent exploiter, sans risque et sans scrupule, la Personne, la Liberté ou la Propriété d'autrui ; elle a converti la Spoliation en Droit, pour la protéger, et la légitime défense en crime, pour la punir.

Comment cette perversion de la Loi s'est-elle accomplie ? Quelles en ont été les conséquences ?

La Loi s'est pervertie sous l'influence de deux causes bien différentes : l'égoïsme inintelligent et la fausse philanthropie.

Parlons de la première.

Se conserver, se développer, c'est l'aspiration commune à tous les hommes, de telle sorte que si chacun jouissait du libre exercice de ses facultés et de la libre disposition de leurs produits, le progrès social serait incessant, ininterrompu, infaillible.

Mais il est une autre disposition qui leur est aussi commune. C'est de vivre et de se développer, quand ils le peuvent, aux dépens les uns des autres. Ce n'est pas là une imputation hasardée, émanée d'un esprit chagrin et pessimiste. L'histoire en rend témoignage par les guerres incessantes, les migrations de peuples, les oppressions sacerdotales, l'universalité de l'esclavage, les fraudes industrielles et les monopoles dont ses annales sont remplies.

Cette disposition funeste prend naissance dans la constitution même de l'homme, dans ce sentiment primitif, universel, invincible, qui le pousse vers le bien-être et lui fait fuir la douleur.

L'homme ne peut vivre et jouir que par une assimilation, une appropriation perpétuelle, c'est-à-dire par une perpétuelle application de ses facultés sur les choses, ou par le travail. De là la Propriété.

Mais, en fait, il peut vivre et jouir en s'assimilant, en s'appropriant le produit des facultés de son semblable. De là la Spoliation.

Or, le travail étant en lui-même une peine, et l'homme étant naturellement porté à fuir la peine, il s'ensuit, l'histoire est là pour le prouver, que partout où la spoliation est moins onéreuse que le travail, elle prévaut ; elle prévaut sans que ni religion ni morale puissent, dans ce cas, l'empêcher.

Quand donc s'arrête la spoliation ? Quand elle devient plus onéreuse, plus dangereuse que le travail.

Il est bien évident que la Loi devrait avoir pour but d'opposer le puissant obstacle de la force collective à cette funeste tendance ; qu'elle devrait prendre parti pour la propriété contre la Spoliation.

Mais la Loi est faite, le plus souvent, par un homme ou par une classe d'hommes. Et la Loi n'existant point sans sanction, sans l'appui d'une force prépondérante, il ne se peut pas qu'elle ne mette en définitive cette force aux mains de ceux qui légifèrent.

Ce phénomène inévitable, combiné avec le funeste penchant que nous avons constaté dans le cœur de l'homme, explique la perversion à peu près universelle de la Loi. On conçoit comment, au lieu d'être un frein à l'injustice, elle devient un instrument et le plus invincible instrument d'injustice. On conçoit que, selon la puissance du législateur, elle détruit, à son profit, et à divers degrés, chez le reste des hommes, la Personnalité par l'esclavage, la Liberté par l'oppression, la Propriété par la spoliation.

Il est dans la nature des hommes de réagir contre l'iniquité dont ils sont victimes. Lors donc que la Spoliation est organisée par la Loi, au profit des classes qui la font, toutes les classes spoliées tendent, par des voies pacifiques ou par des voies révolutionnaires, à entrer pour quelque chose dans la confection des Lois. Ces classes, selon le degré de lumière où elles sont parvenues, peuvent se proposer deux buts bien différents quand elles poursuivent ainsi la conquête de leurs droits politiques : ou elles veulent faire cesser la spoliation légale, ou elles aspirent à y prendre part.

Malheur, trois fois malheur aux nations où cette dernière pensée domine dans les masses, au moment où elles s'emparent à leur tour de la puissance législative !

Jusqu'à cette époque la spoliation légale s'exerçait par le petit nombre sur le grand nombre, ainsi que cela se voit chez les peuples où le droit de légiférer est concentré en quelques mains. Mais le voilà devenu universel, et l'on cherche l'équilibre dans la spoliation universelle. Au lieu d'extirper ce que la société contenait d'injustice, on la généralise. Aussitôt que les classes déshéritées ont recouvré leurs droits politiques, la première pensée qui les saisit n'est pas de se délivrer de la spoliation (cela supposerait en elles des lumières qu'elles ne peuvent avoir), mais d'organiser, contre les autres classes et à leur propre détriment, un système de représailles, – comme s'il fallait, avant que le règne de la justice arrive, qu'une cruelle rétribution vînt les frapper toutes, les unes à cause de leur iniquité, les autres à cause de leur ignorance.

Il ne pouvait donc s'introduire dans la Société un plus grand changement et un plus grand malheur que celui-là : la Loi convertie en instrument de spoliation.

Quelles sont les conséquences d'une telle perturbation. Il faudrait des volumes pour les décrire toutes. Contentons-nous d'indiquer les plus saillantes.

La première, c'est d'effacer dans les consciences la notion du juste et de l'injuste.

Aucune société ne peut exister si le respect des Lois n'y

règne à quelque degré ; mais le plus sûr, pour que les lois soient respectées, c'est qu'elles soient respectables. Quand la Loi et la Morale sont en contradiction, le citoyen se trouve dans la cruelle alternative ou de perdre la notion de Morale ou de perdre le respect de la Loi, deux malheurs aussi grands l'un que l'autre et entre lesquels il est difficile de choisir.

Il est tellement de la nature de la Loi de faire régner la Justice, que Loi et Justice, c'est tout un, dans l'esprit des masses. Nous avons tous une forte disposition à regarder ce qui est légal comme légitime, à ce point qu'il y en a beaucoup qui font découler faussement toute justice de la Loi. Il suffit donc que la Loi ordonne et consacre la Spoliation pour que la spoliation semble juste et sacrée à beaucoup de consciences. L'esclavage, la restriction, le monopole trouvent des défenseurs non seulement dans ceux qui en profitent, mais encore dans ceux qui en souffrent. Essayez de proposer quelques doutes sur la moralité de ces institutions. « Vous êtes, dira-t-on, un novateur dangereux, un utopiste, un théoricien, un contempteur des lois ; vous ébranlez la base sur laquelle repose la société. » Faites-vous un cours de morale, ou d'économie politique ? Il se trouvera des corps officiels pour faire parvenir au gouvernement ce vœu :

« Que la science soit désormais enseignée, *non plus* au seul point de vue du Libre-Échange (de la Liberté, de la Propriété, de la Justice), ainsi que cela a eu lieu jusqu'ici, mais aussi et surtout au point de vue des faits et de la législation (contraire à la Liberté, à la Propriété, à la Justice) qui régit l'industrie française. »

« Que, dans les chaires publiques salariées par le Trésor, le professeur s'abstienne rigoureusement de porter la moindre atteinte au respect dû *aux lois en vigueur* [1] etc. »

En sorte que s'il existe une loi qui sanctionne l'esclavage ou le monopole, l'oppression ou la spoliation sous une

---

(1) Conseil général des manufactures, de l'agriculture et du commerce. (Séance du 6 mai 1850.)

forme quelconque, il ne faudra pas même en parler ; car comment en parler sans ébranler le respect qu'elle inspire ? Bien plus, il faudra enseigner la morale et l'économie politique au point de vue de cette loi, c'est-à-dire sur la supposition qu'elle est juste par cela seul qu'elle est Loi.

Un autre effet de cette déplorable perversion de la Loi, c'est de donner aux passions et aux luttes politiques, et, en général, à la politique proprement dite, une prépondérance exagérée.

Je pourrais prouver cette proposition de mille manières. Je me bornerai, par voie d'exemple, à la rapprocher du sujet qui a récemment occupé tous les esprits : le suffrage universel.

Quoi qu'en pensent les adeptes de l'École de Rousseau, laquelle se dit *très avancée* et que je crois *reculée* de vingt siècles, le suffrage *universel* (en prenant ce mot dans son acception rigoureuse) n'est pas un de ces dogmes sacrés, à l'égard desquels l'examen et le doute même sont des crimes.

On peut lui opposer de graves objections.

D'abord le mot *universel* cache un grossier sophisme. Il y a en France trente-six millions d'habitants. Pour que le droit de suffrage fût *universel*, il faudrait qu'il fût reconnu à trente-six millions d'électeurs. Dans le système le plus large, on ne le reconnaît qu'à neuf millions. Trois personnes sur quatre sont donc exclues et, qui plus est, elles le sont par cette quatrième. Sur quel principe se fonde cette exclusion ? sur le principe de l'Incapacité. Suffrage universel veut dire : suffrage universel des capables. Restent ces questions de fait : quels sont les capables ? l'âge, le sexe, les condamnations judiciaires sont-ils les seuls signes auxquels on puisse reconnaître l'incapacité ?

Si l'on y regarde de près, on aperçoit bien vite le motif pour lequel le droit de suffrage repose sur la présomption de capacité, le système le plus large ne différant à cet égard du plus restreint que par l'appréciation des signes auxquels cette capacité peut se reconnaître, ce qui ne constitue pas une différence de principe, mais de degré.

Ce motif, c'est que l'électeur ne stipule pas pour lui, mais pour tout le monde.

Si, comme le prétendent les républicains de la teinte grecque et romaine, le droit de suffrage nous était échu avec la vie, il serait inique aux adultes d'empêcher les femmes et les enfants de voter. Pourquoi les empêche-t-on ? Parce qu'on les présume incapables. Et pourquoi l'Incapacité est-elle un motif d'exclusion ? Parce que l'électeur ne recueille pas seul la responsabilité de son vote ; parce que chaque vote engage et affecte la communauté tout entière ; parce que la communauté a bien le droit d'exiger quelques garanties, quant aux actes d'où dépendent son bien-être et son existence.

Je sais ce qu'on peut répondre. Je sais aussi ce qu'on pourrait répliquer. Ce n'est pas ici le lieu d'épuiser une telle controverse. Ce que je veux faire observer, c'est que cette controverse même (aussi bien que la plupart des questions politiques) qui agite, passionne et bouleverse les peuples, perdrait presque toute son importance, si la Loi avait toujours été ce qu'elle devrait être.

En effet, si la Loi se bornait à faire respecter toutes les Personnes, toutes les Libertés, toutes les Propriétés, si elle n'était que l'organisation du Droit individuel de légitime défense, l'obstacle, le frein, le châtiment opposé à toutes les oppressions, à toutes les spoliations, croit-on que nous nous disputerions beaucoup, entre citoyens, à propos du suffrage plus ou moins universel ? Croit-on qu'il mettrait en question le plus grand des biens, la paix publique ? Croit-on que les classes exclues n'attendraient pas paisiblement leur tour ? Croit-on que les classes admises seraient très jalouses de leur privilège ? Et n'est-il pas clair que l'intérêt étant identique et commun, les uns agiraient, sans grand inconvénient, pour les autres ?

Mais que ce principe funeste vienne à s'introduire, que, sous prétexte d'organisation, de réglementation, de protection, d'encouragement, la Loi peut *prendre aux uns pour donner aux autres*, puiser dans la richesse acquise par toutes les classes pour augmenter celle d'une classe ; tantôt celle des agriculteurs, tantôt celle des manufacturiers, des négociants, des armateurs, des artistes, des comédiens ; oh ! certes, en ce cas, il n'y a pas de classe qui ne prétende, avec raison, mettre, elle aussi, la main sur la Loi ; qui ne revendique avec fureur son droit d'élection et d'éligibilité ; qui ne bouleverse la société plutôt que de ne pas l'obtenir. Les mendiants et les vagabonds eux-mêmes vous prouveront qu'ils ont des titres incontestables. Ils vous diront : « Nous n'achetons jamais de vin, de tabac, de sel, sans payer l'impôt, et une part de cet impôt est donnée législativement en primes, en subventions à des hommes plus riches que nous. D'autres font servir la Loi à élever artificiellement le prix du pain, de la viande, du fer, du drap. Puisque chacun exploite la Loi à son profit, nous voulons l'exploiter aussi. Nous voulons en faire sortir le *Droit à l'assistance*, qui est la part de spoliation du pauvre. Pour cela, il faut que nous soyons électeurs et législateurs, afin que nous organisions en grand l'Aumône pour notre classe, comme vous avez organisé en grand la Protection pour la vôtre. Ne nous dites pas que vous nous ferez notre part, que vous nous jetterez, selon la proposition de M. Mimerel, une somme de 600 000 francs pour nous faire taire et comme un os à ronger. Nous avons d'autres prétentions et, en tout cas, nous voulons stipuler pour nous-mêmes comme les autres classes ont stipulé pour elles-mêmes ! »

Que peut-on répondre à cet argument ? Oui, tant qu'il sera admis en principe que la Loi peut être détournée de sa vraie mission, qu'elle peut violer les propriétés au lieu de les garantir, chaque classe voudra faire la Loi, soit pour se défendre contre la spoliation, soit pour l'organiser aussi à son profit. La question politique sera toujours préjudicielle, dominante, absorbante ; en un mot, on se battra à la porte du Palais législatif. La lutte ne sera pas moins acharnée au-dedans. Pour en être convaincu, il est à peine nécessaire de regarder ce qui se passe dans les Chambres en France et en Angleterre ; il suffit de savoir comment la question est posée.

Est-il besoin de prouver que cette odieuse perversion de la Loi est une cause perpétuelle de haine, de discorde, pouvant aller jusqu'à la désorganisation sociale ? Jetez les yeux sur les États-Unis. C'est le pays du monde où la Loi reste le plus dans son rôle, qui est de garantir à chacun sa liberté et sa propriété. Aussi c'est le pays du monde où l'ordre social paraît reposer sur les bases les plus stables. Cependant, aux États-Unis même, il est deux questions, et il n'en est que deux, qui, depuis l'origine, ont mis plusieurs fois l'ordre politique en péril. Et quelles sont ces deux questions ? Celle de l'Esclavage et celle des Tarifs, c'est-à-dire précisément les deux seules questions où, contrairement à l'esprit général de cette république, la Loi a pris le caractère spoliateur. L'Esclavage est une violation, sanctionnée par la loi, des droits de la Personne. La Protection est une violation, perpétrée par la loi, du droit de Propriété ; et certes, il est bien remarquable qu'au milieu de tant d'autres débats, ce double *fléau légal*, triste héritage de l'ancien monde, soit le seul qui puisse amener et amènera peut-être la rupture de l'Union. C'est qu'en effet on ne saurait imaginer, au sein d'une société, un fait plus considérable que celui-ci : *La Loi devenue un instrument d'injustice.* Et si ce fait engendre des conséquences si formidables aux États-Unis, où il n'est qu'une exception, que doit-ce être dans notre Europe, où il est un Principe, un Système ?

M. de Montalembert, s'appropriant la pensée d'une proclamation fameuse de M. Carlier, disait : Il faut faire la guerre au Socialisme. – Et par Socialisme, il faut croire que, selon la définition de M. Charles Dupin, il désignait la Spoliation.

Mais de quelle Spoliation voulait-il parler ? Car il y en a de deux sortes. Il y a la *spoliation extra-légale* et la *spoliation légale.*

Quant à la spoliation extra-légale, celle qu'on appelle vol, escroquerie, celle qui est définie, prévue et punie par le Code pénal, en vérité, je ne pense pas qu'on la puisse décorer du nom de Socialisme. Ce n'est pas celle qui menace systématiquement la société dans ses bases. D'ailleurs, la guerre contre ce genre de spoliation n'a pas attendu le signal de M. de Montalembert ou de M. Carlier. Elle se poursuit depuis le commencement du monde ; la France y avait pourvu, dès longtemps avant la révolution de février, dès longtemps avant l'apparition du Socialisme, par tout un appareil de magistrature, de police, de gendarmerie, de prisons, de bagnes et d'échafauds. C'est la Loi elle-même qui conduit cette guerre, et ce qui serait, selon moi, à désirer, c'est que la Loi gardât toujours cette attitude à l'égard de la Spoliation.

Mais il n'en est pas ainsi. La Loi prend quelquefois parti pour elle. Quelquefois elle l'accomplit de ses propres mains, afin d'en épargner au bénéficiaire la honte, le danger et le scrupule. Quelquefois elle met tout cet appareil de magistrature, police, gendarmerie et prison au service du spoliateur, et traite en criminel le spolié qui se défend. En un mot, il y a la *spoliation légale*, et c'est de celle-là sans doute que parle M. de Montalembert.

Cette spoliation peut n'être, dans la législation d'un peuple, qu'une tache exceptionnelle et, dans ce cas, ce qu'il y a de mieux à faire, sans tant de déclamations et de jérémiades, c'est de l'y effacer le plus tôt possible, malgré les clameurs des intéressés. Comment la reconnaître ? C'est bien simple. Il faut examiner si la Loi prend aux uns ce qui leur appartient pour donner aux autres ce qui ne leur appartient pas. Il faut examiner si la Loi accomplit, au profit d'un citoyen et au détriment des autres, un acte que ce citoyen ne pourrait accomplir lui-même sans crime. Hâtez-vous d'abroger cette Loi ; elle n'est pas seulement une iniquité, elle est une source féconde d'iniquités ; car elle appelle les représailles, et si vous n'y prenez garde, le fait exceptionnel s'étendra, se multipliera et deviendra systématique. Sans doute, le bénéficiaire jettera les hauts cris ; il invoquera les *droits acquis*. Il dira que l'État doit Protection et Encouragement à son industrie ; il alléguera qu'il est bon que l'État l'enrichisse, parce qu'étant plus riche il dépense davantage, et répand ainsi une pluie de salaires sur les pauvres ouvriers. Gardez-vous d'écouter ce sophiste, car c'est justement par la systématisation de ces arguments que se systématisera la *spoliation légale*.

C'est ce qui est arrivé. La chimère du jour est d'enrichir toutes les classes aux dépens les unes des autres ; c'est de généraliser la Spoliation sous prétexte de l'*organiser*. Or, la spoliation légale peut s'exercer d'une multitude infinie de manières ; de là une multitude infinie de plans d'organisation : tarifs, protection, primes, subventions, encouragements, impôt progressif, instruction gratuite, Droit au travail, Droit au profit, Droit au salaire, Droit à l'assistance, Droit aux instruments de travail, gratuité du crédit, etc. Et c'est l'ensemble de tous ces plans, en ce qu'ils ont de commun, la spoliation légale, qui prend le nom de Socialisme.

Or le Socialisme, ainsi défini, formant un corps de doctrine, quelle guerre voulez-vous lui faire, si ce n'est une guerre de doctrine ? Vous trouvez cette doctrine fausse, absurde, abominable. Réfutez-la. Cela vous sera d'autant plus aisé qu'elle est plus fausse, plus absurde, plus abominable. Surtout, si vous voulez être fort, commencez par extirper de votre législation tout ce qui a pu s'y glisser de Socialisme, – et l'œuvre n'est pas petite.

On a reproché à M. de Montalembert de vouloir tourner contre le Socialisme la force brutale. C'est un reproche dont il doit être exonéré, car il a dit formellement : il faut faire au Socialisme la guerre qui est compatible avec la loi, l'honneur et la justice.

Mais comment M. de Montalembert ne s'aperçoit-il pas qu'il se place dans un cercle vicieux ? Vous voulez opposer au Socialisme la Loi ? Mais précisément le Socialisme invoque la Loi. Il n'aspire pas à la spoliation extra-légale, mais à la spoliation légale. C'est de la Loi même, à l'instar des monopoleurs de toute sorte, qu'il prétend se faire un instrument ; et une fois qu'il aura la Loi pour lui, comment voulez-vous tourner la Loi contre lui ? Comment voulez-vous le placer sous le coup de vos tribunaux, de vos gendarmes, de vos prisons ?

Aussi que faites-vous ? Vous voulez l'empêcher de mettre la main à la confection des Lois. Vous voulez le tenir en dehors du Palais législatif. Vous n'y réussirez pas, j'ose vous le prédire, tandis qu'au-dedans on légiférera sur le principe de la Spoliation légale. C'est trop inique, c'est trop absurde.

Il faut absolument que cette question de Spoliation légale se vide, et il n'y a que trois solutions.

Que le petit nombre spolie le grand nombre.

Que tout le monde spolie tout le monde.

Que personne ne spolie personne.

Spoliation partielle, Spoliation universelle, absence de Spoliation, il faut choisir. La Loi ne peut poursuivre qu'un de ces trois résultats.

Spoliation *partielle,* – c'est le système qui a prévalu tant que l'électorat a été *partiel*, système auquel on revient pour éviter l'invasion du Socialisme.

Spoliation *universelle,* – c'est le système dont nous avons été menacés quand l'électorat est devenu *universel*, la masse ayant conçu l'idée de légiférer sur le principe des législateurs qui l'ont précédée.

Absence de Spoliation, – c'est le principe de justice, de paix, d'ordre, de stabilité, de conciliation, de bon sens que je proclamerai de toute la force, hélas ! bien insuffisante, de mes poumons, jusqu'à mon dernier souffle.

Et, sincèrement, peut-on demander autre chose à la Loi ? La Loi, ayant pour sanction nécessaire la Force, peut-elle être raisonnablement employée à autre chose qu'à maintenir chacun dans son Droit ? Je défie qu'on la fasse sortir de ce cercle, sans la tourner, et, par conséquent, sans tourner la

Force contre le Droit. Et comme c'est là la plus funeste, la plus illogique perturbation sociale qui se puisse imaginer, il faut bien reconnaître que la véritable solution, tant cherchée, du problème social est renfermée dans ces simples mots : LA LOI, C'EST LA JUSTICE ORGANISÉE.

Or, remarquons-le bien : organiser la Justice par la Loi, c'est-à-dire par la Force, exclut l'idée d'organiser par la Loi ou par la Force une manifestation quelconque de l'activité humaine : Travail, Charité, Agriculture, Commerce, Industrie, Instruction, Beaux-Arts, Religion ; car il n'est pas possible qu'une de ces organisations secondaires n'anéantisse l'organisation essentielle. Comment imaginer, en effet, la Force entreprenant sur la Liberté des citoyens, sans porter atteinte à la Justice, sans agir contre son propre but ?

Ici je me heurte au plus populaire des préjugés de notre époque On ne veut pas seulement que la Loi soit juste ; on veut encore qu'elle soit philanthropique. On ne se contente pas qu'elle garantisse à chaque citoyen le libre et inoffensif exercice de ses facultés, appliquées à son développement physique, intellectuel et moral ; on exige d'elle qu'elle répande directement sur la nation le bien-être, l'instruction et la moralité. C'est le côté séduisant du Socialisme.

Mais, je le répète, ces deux missions de la Loi se contredisent. Il faut opter. Le citoyen ne peut en même temps être libre et ne l'être pas. M. de Lamartine m'écrivait un jour : « Votre doctrine n'est que la moitié de mon programme ; vous en êtes resté à la Liberté, j'en suis à la Fraternité. » Je lui répondis : « La seconde moitié de votre programme détruira la première. » Et, en effet, il m'est tout à fait impossible de séparer le mot *fraternité* du mot *volontaire*. Il m'est tout à fait impossible de concevoir la Fraternité *légalement* forcée, sans que la Liberté soit *légalement* détruite, et la Justice *légalement* foulée aux pieds.

La Spoliation légale a deux racines : l'une, nous venons de le voir, est dans l'Égoïsme humain ; l'autre est dans la fausse Philanthropie.

Avant d'aller plus loin, je crois devoir m'expliquer sur le mot Spoliation.

Je ne le prends pas, ainsi qu'on le fait trop souvent, dans une acception vague, indéterminée, approximative, métaphorique : je m'en sers au sens tout à fait scientifique, et comme exprimant l'idée opposée à celle de la Propriété. Quand une portion de richesses passe de celui qui l'a acquise, sans son consentement et sans compensation, à celui qui ne l'a pas créée, que ce soit par force ou par ruse, je dis qu'il y a atteinte à la Propriété, qu'il y a Spoliation. Je dis que c'est là justement ce que la Loi devrait réprimer partout et toujours. Que si la Loi accomplit elle-même l'acte qu'elle devrait réprimer, je dis qu'il n'y a pas moins Spoliation, et même, socialement parlant, avec circonstance aggravante. Seulement, en ce cas, ce n'est pas celui qui profite de la Spoliation qui en est responsable, c'est la Loi, c'est le législateur, c'est la société, et c'est ce qui en fait le danger politique.

Il est fâcheux que ce mot ait quelque chose de blessant. J'en ai vainement cherché un autre, car en aucun temps, et moins aujourd'hui que jamais, je ne voudrais jeter au milieu de nos discordes une parole irritante. Aussi, qu'on le croie ou non, je déclare que je n'entends accuser les intentions ni la moralité de qui que ce soit. J'attaque une idée que je crois fausse, un système qui me semble injuste, et cela tellement en dehors des intentions, que chacun de nous en profite sans le vouloir et en souffre sans le savoir. Il faut écrire sous l'influence de l'esprit de parti ou de la peur pour révoquer en doute la sincérité du Protectionnisme, du Socialisme et même du Communisme, qui ne sont qu'une seule et même plante, à trois périodes diverses de sa croissance. Tout ce qu'on pourrait dire, c'est que la Spoliation est plus visible, par sa partialité, dans le Protectionnisme [1], par son universalité, dans le Communisme ; d'où il suit que des trois sys-

---

(1) Si la protection n'était accordée, en France, qu'à une seule classe, par exemple, aux maîtres de forges, elle serait si absurdement spoliatrice qu'elle ne

tèmes le Socialisme est encore le plus vague, le plus indécis, et par conséquent le plus sincère.

Quoi qu'il en soit, convenir que la spoliation légale a une de ses racines dans la fausse philanthropie, c'est mettre évidemment les intentions hors de cause.

Ceci entendu, examinons ce que vaut, d'où vient et où aboutit cette aspiration populaire qui prétend réaliser le Bien général par la Spoliation générale.

Les socialistes nous disent : puisque la Loi organise la justice, pourquoi n'organiserait-elle pas le travail, l'enseignement, la religion ?

Pourquoi ? Parce qu'elle ne saurait organiser le travail, l'enseignement, la religion, sans désorganiser la Justice.

Remarquez donc que la Loi, c'est la Force, et que, par conséquent, le domaine de la Loi ne saurait dépasser légitimement le légitime domaine de la Force.

Quand la loi et la Force retiennent un homme dans la Justice, elles ne lui imposent rien qu'une pure négation. Elles ne lui imposent que l'abstention de nuire. Elles n'attentent ni à sa Personnalité, ni à sa Liberté, ni à sa Propriété. Seulement elles sauvegardent la Personnalité, la Liberté et la Propriété d'autrui. Elles se tiennent sur la défensive ; elles défendent le Droit égal de tous. Elles remplissent une mission dont l'innocuité est évidente, l'utilité palpable, et la légitimité incontestée.

Cela est si vrai qu'ainsi qu'un de mes amis me le faisait remarquer dire que *le but de la Loi est de faire régner la Justice*, c'est se servir d'une expression qui n'est pas rigoureusement exacte. Il faudrait dire : *Le but de la Loi est d'empêcher l'Injustice de régner*. En effet, ce n'est pas la Justice qui a une existence propre, c'est l'Injustice. L'une résulte de l'absence de l'autre.

pourrait se maintenir. Aussi nous voyons toutes les industries protégées se liguer, faire cause commune et même se recruter de manière à paraître embrasser l'ensemble du travail national. Elles sentent instinctivement que la Spoliation se dissimule en se généralisant.

Mais quand la Loi, – par l'intermédiaire de son agent nécessaire, la Force, – impose un mode de travail, une méthode ou une matière d'enseignement, une foi ou un culte, ce n'est plus négativement, c'est positivement qu'elle agit sur les hommes. Elle substitue la volonté du législateur à leur propre volonté, l'initiative du législateur à leur propre initiative. Ils n'ont plus à se consulter, à comparer, à prévoir ; la Loi fait tout cela pour eux. L'intelligence leur devient un meuble inutile ; ils cessent d'être hommes ; ils perdent leur Personnalité, leur Liberté, leur Propriété.

Essayez d'imaginer une forme de travail imposée par la Force, qui ne soit une atteinte à la Liberté ; une transmission de richesse imposée par la Force, qui ne soit une atteinte à la Propriété. Si vous n'y parvenez pas, convenez donc que la Loi ne peut organiser le travail et l'industrie sans organiser l'Injustice.

Lorsque, du fond de son cabinet, un publiciste promène ses regards sur la société, il est frappé du spectacle d'inégalité qui s'offre à lui. Il gémit sur les souffrances qui sont le lot d'un si grand nombre de nos frères, souffrances dont l'aspect est rendu plus attristant encore par le contraste du luxe et de l'opulence.

Il devrait peut-être se demander si un tel état social n'a pas pour cause d'anciennes Spoliations, exercées par voie de conquête, et des Spoliations nouvelles, exercées par l'intermédiaire des Lois. Il devrait se demander si, l'aspiration de tous les hommes vers le bien-être et le perfectionnement étant donnée, le règne de la justice ne suffit pas pour réaliser la plus grande activité de Progrès et la plus grande somme d'Égalité, compatibles avec cette responsabilité individuelle que Dieu a ménagée comme juste rétribution des vertus et des vices.

Il n'y songe seulement pas. Sa pensée se porte vers des combinaisons, des arrangements, des organisations légales ou factices. Il cherche le remède dans la perpétuité et l'exagération de ce qui a produit le mal.

Car, en dehors de la Justice, qui, comme nous l'avons vu, n'est qu'une véritable négation, est-il aucun de ces arrangements légaux qui ne renferme le principe de la Spoliation ?

Vous dites : « Voilà des hommes qui manquent de richesses, » – et vous vous adressez à la Loi. Mais la Loi n'est pas une mamelle qui se remplisse d'elle-même, ou dont les veines lactifères aillent puiser ailleurs que dans la société. Il n'entre rien au trésor public, en faveur d'un citoyen ou d'une classe, que ce que les autres citoyens et les autres classes ont été *forcés* d'y mettre. Si chacun n'y puise que l'équivalent de ce qu'il y a versé, votre Loi, il est vrai, n'est pas spoliatrice, mais elle ne fait rien pour ces hommes qui *manquent de richesses*, elle ne fait rien pour l'égalité. Elle ne peut être un instrument d'égalisation qu'autant qu'elle prend aux uns pour donner aux autres, et alors elle est un instrument de Spoliation. Examinez à ce point de vue la Protection des tarifs, les primes d'encouragement, le Droit au profit, le Droit au travail, le Droit à l'assistance, le Droit à l'instruction, l'impôt progressif, la gratuité du crédit, l'atelier social, toujours vous trouverez au fond la Spoliation légale, l'injustice organisée.

Vous dites : « Voilà des hommes qui manquent de lumières, » – et vous vous adressez à la Loi. Mais la Loi n'est pas un flambeau répandant au loin une clarté qui lui soit propre. Elle plane sur une société où il y a des hommes qui savent et d'autres qui ne savent pas ; des citoyens qui ont besoin d'apprendre et d'autres qui sont disposés à enseigner. Elle ne peut faire que de deux choses l'une : ou laisser s'opérer librement ce genre de transactions, laisser se satisfaire librement cette nature de besoins ; ou bien forcer à cet égard les volontés et prendre aux uns de quoi payer des professeurs chargés d'instruire gratuitement les autres. Mais elle ne peut pas faire qu'il n'y ait, au second cas, atteinte à la Liberté et à la Propriété, Spoliation légale.

Vous dites : « Voilà des hommes qui manquent de moralité ou de religion, » – et vous vous adressez à la Loi. Mais la Loi c'est la Force, et ai-je besoin de dire combien c'est une entreprise violente et folle que de faire intervenir la force en ces matières ?

Au bout de ses systèmes et de ses efforts, il semble que le Socialisme, quelque complaisance qu'il ait pour lui-même, ne puisse s'empêcher d'apercevoir le monstre de la Spoliation légale. Mais que fait-il ? Il le déguise habilement à tous les yeux, même aux siens, sous les noms séducteurs de Fraternité, Solidarité, Organisation, Association. Et parce que nous ne demandons pas tant à la Loi, parce que nous n'exigeons d'elle que Justice, il suppose que nous repoussons la fraternité, la solidarité, l'organisation, l'association, et nous jette à la face l'épithète d'*individualistes.*

Qu'il sache donc que ce que nous repoussons, ce n'est pas l'organisation naturelle, mais l'organisation forcée.

Ce n'est pas l'association libre, mais les formes d'association qu'il prétend nous imposer.

Ce n'est pas la fraternité spontanée, mais la fraternité légale.

Ce n'est pas la solidarité providentielle, mais la solidarité artificielle, qui n'est qu'un déplacement injuste de Responsabilité.

Le Socialisme, comme la vieille politique d'où il émane, confond le Gouvernement et la Société. C'est pourquoi, chaque fois que nous ne voulons pas qu'une chose soit faite par le Gouvernement, il en conclut que nous ne voulons pas que cette chose soit faite du tout. Nous repoussons l'instruction par l'État ; donc nous ne voulons pas d'instruction. Nous repoussons une religion d'État ; donc nous ne voulons pas de religion. Nous repoussons l'égalisation par l'État ; donc nous ne voulons pas d'égalité, etc. C'est comme s'il nous accusait de ne vouloir pas que les hommes mangent, parce que nous repoussons la culture du blé par l'État.

Comment a pu prévaloir, dans le monde politique, l'idée bizarre de faire découler de la Loi ce qui n'y est pas : le Bien, en mode positif, la Richesse, la Science, la Religion ?

Les publicistes modernes, particulièrement ceux de l'école socialiste, fondent leurs théories diverses sur une hypothèse commune, et assurément la plus étrange, la plus orgueilleuse qui puisse tomber dans un cerveau humain.

Ils divisent l'humanité en deux parts. L'universalité des hommes, moins un, forme la première ; le publiciste, à lui tout seul, forme la seconde et, de beaucoup, la plus importante.

En effet, ils commencent par supposer que les hommes ne portent en eux-mêmes ni un principe d'action, ni un moyen de discernement ; qu'ils sont dépourvus d'initiative ; qu'ils sont de la matière inerte, des molécules passives, des atomes sans spontanéité, tout au plus une végétation indifférente à son propre mode d'existence, susceptible de recevoir, d'une volonté et d'une main extérieures, un nombre infini de formes plus ou moins symétriques, artistiques, perfectionnées.

Ensuite chacun d'eux suppose sans façon qu'il est lui-même, sous les noms d'Organisateur, de Révélateur, de Législateur, d'Instituteur, de Fondateur, cette volonté et cette main, ce mobile universel, cette puissance créatrice dont la sublime mission est de réunir en société ces matériaux épars, qui sont des hommes.

Partant de cette donnée, comme chaque jardinier, selon son caprice, taille ses arbres en pyramides, en parasols, en cubes, en cônes, en vases, en espaliers, en quenouilles, en éventails, chaque socialiste, suivant sa chimère, taille la pauvre humanité en groupes, en séries, en centres, en sous-centres, en alvéoles, en ateliers sociaux, harmoniques, contrastés, etc., etc.

Et de même que le jardinier, pour opérer la taille des arbres, a besoin de haches, de scies, de serpettes et de ciseaux, le publiciste, pour arranger sa société, a besoin de forces qu'il ne peut trouver que dans les Lois ; loi de douane, loi d'impôt, loi d'assistance, loi d'instruction.

Il est si vrai que les socialistes considèrent l'humanité

comme matière à combinaisons sociales, que si, par hasard, ils ne sont pas bien sûrs du succès de ces combinaisons, ils réclament du moins une parcelle d'humanité comme *matière à expériences :* on sait combien est populaire parmi eux l'idée *d'expérimenter tous les systèmes*, et on a vu un de leurs chefs venir sérieusement demander à l'assemblée constituante une commune avec tous ses habitants, pour faire son essai.

C'est ainsi que tout inventeur fait sa machine en petit avant de la faire en grand. C'est ainsi que le chimiste sacrifie quelques réactifs, que l'agriculteur sacrifie quelques semences et un coin de son champ pour faire l'épreuve d'une idée.

Mais quelle distance incommensurable entre le jardinier et ses arbres, entre l'inventeur et sa machine, entre le chimiste et ses réactifs, entre l'agriculteur et ses semences !... Le socialiste croit de bonne foi que la même distance le sépare de l'humanité.

Il ne faut pas s'étonner que les publicistes du dix-neuvième siècle considèrent la société comme une création artificielle sortie du génie du Législateur.

Cette idée, fruit de l'éducation classique, a dominé tous les penseurs, tous les grands écrivains de notre pays.

Tous ont vu entre l'humanité et le législateur les mêmes rapports qui existent entre l'argile et le potier.

Bien plus, s'ils ont consenti à reconnaître, dans le cœur de l'homme, un principe d'action et, dans son intelligence, un principe de discernement, ils ont pensé que Dieu lui avait fait, en cela, un don funeste, et que l'humanité, sous l'influence de ces deux moteurs, tendait fatalement vers sa dégradation. Ils ont posé en fait qu'abandonnée à ses penchants l'humanité ne s'occuperait de religion que pour aboutir à l'athéisme, d'enseignement que pour arriver à l'ignorance, de travail et d'échanges que pour s'éteindre dans la misère.

Heureusement, selon ces mêmes écrivains, il y a quelques

hommes, nommés Gouvernants, Législateurs, qui ont reçu du ciel, non seulement pour eux-mêmes, mais pour tous les autres, des tendances opposées.

Pendant que l'humanité penche vers le Mal, eux inclinent au Bien ; pendant que l'humanité marche vers les ténèbres, eux aspirent à la lumière ; pendant que l'humanité est entraînée vers le vice, eux sont attirés par la vertu. Et, cela posé, ils réclament la Force, afin qu'elle les mette à même de substituer leurs propres tendances aux tendances du genre humain.

Il suffit d'ouvrir, à peu près au hasard, un livre de philosophie, de politique ou d'histoire pour voir combien est fortement enracinée dans notre pays cette idée, fille des études classiques et mère du Socialisme, que l'humanité est une matière inerte recevant du pouvoir la vie, l'organisation, la moralité et la richesse ; ou bien, ce qui est encore pis, que d'elle-même l'humanité tend vers sa dégradation et n'est arrêtée sur cette pente que par la main mystérieuse du Législateur. Partout le Conventionalisme classique nous montre, derrière la société passive, une puissance occulte qui, sous les noms de Loi, Législateur, ou sous cette expression plus commode et plus vague de ON, meut l'humanité, l'anime, l'enrichit et la moralise.

BOSSUET. « Une des choses qu'ON (qui ?) imprimait le plus fortement dans l'esprit des Égyptiens, c'était l'amour de la patrie... *Il n'était pas permis* d'être inutile à l'État ; la Loi assignait à chacun son emploi, qui se perpétuait de père en fils. On ne pouvait ni en avoir deux ni changer de profession... Mais il y avait une occupation qui devait être commune, c'était l'étude des lois et de la sagesse. L'ignorance de la religion et de la police du pays n'était excusée en aucun état. Au reste, chaque profession avait son canton qui lui était assigné (par qui ?)... Parmi de bonnes lois, ce qu'il y avait de meilleur, c'est que tout le monde était nourri (par qui ?) dans l'esprit de les observer... Leurs mercures ont rempli l'Égypte d'inventions merveilleuses, et ne lui avaient presque rien laissé ignorer de ce qui pouvait rendre la vie commode et tranquille. »

Ainsi, les hommes, selon Bossuet, ne tirent rien d'eux-mêmes : patriotisme, richesses, activité, sagesse, inventions, labourage, sciences, tout leur venait par l'opération des Lois ou des Rois. Il ne s'agissait pour eux que de *se laisser faire*. C'est à ce point que Diodore ayant accusé les Égyptiens de rejeter la lutte et la musique, Bossuet l'en reprend. Comment cela est-il possible, dit-il, puisque ces arts avaient été inventés par Trismégiste ?

De même chez les Perses :

« Un des premiers soins *du prince* était de faire fleurir l'agriculture... Comme il y avait des charges établies pour la conduite des armées, il y en avait aussi pour veiller aux travaux rustiques... Le respect qu'on inspirait aux Perses pour l'autorité royale allait jusqu'à l'excès. »

Les Grecs, quoique pleins d'esprit, n'en étaient pas moins étrangers à leurs propres destinées, jusque-là que, d'eux-mêmes, ils ne se seraient pas élevés, comme les chiens et les chevaux, à la hauteur des jeux les plus simples. Classiquement, c'est une chose convenue que tout vient du dehors aux peuples.

« Les Grecs, naturellement pleins d'esprit et de courage, *avaient été cultivés* de bonne heure par des Rois et des colonies venues d'Égypte. C'est de là qu'ils avaient appris les exercices du corps, *la course à pied,* à cheval et sur des chariots... Ce que les Égyptiens leur avaient appris de meilleur était à se rendre dociles, à se laisser former par des lois pour le bien public. »

FÉNELON. Nourri dans l'étude et l'admiration de l'antiquité, témoin de la puissance de Louis XIV, Fénelon ne pouvait guère échapper à cette idée que l'humanité est passive, et que ses malheurs comme ses prospérités, ses vertus comme ses vices lui viennent d'une action extérieure, exercée sur elle par la Loi ou celui qui la fait. Aussi, dans son utopique Salente, met-il les hommes, avec leurs intérêts, leurs facultés, leurs désirs et leurs biens, à la discrétion abso-

lue du Législateur. En quelque matière que ce soit, ce ne
sont jamais eux qui jugent pour eux-mêmes, c'est le Prince.
La nation n'est qu'une matière informe, dont le Prince est
l'âme. C'est en lui que résident la pensée, la prévoyance, le
principe de toute organisation, de tout progrès et, par conséquent, la Responsabilité.

Pour prouver cette assertion, il me faudrait transcrire ici
tout le Xme livre de Télémaque. J'y renvoie le lecteur, et me
contente de citer quelques passages pris au hasard dans ce
célèbre poème, auquel, sous tout autre rapport, je suis le premier à rendre justice.

Avec cette crédulité surprenante qui caractérise les classiques, Fénelon admet, malgré l'autorité du raisonnement et
des faits, la félicité générale des Égyptiens, et il l'attribue,
non à leur propre sagesse, mais à celle de leurs Rois.

« Nous ne pouvions jeter les yeux sur les deux rivages sans apercevoir des villes opulentes, des maisons de campagne agréablement
situées, des terres qui se couvrent tous les ans d'une moisson dorée,
sans se reposer jamais ; des prairies pleines de troupeaux ; des laboureurs accablés sous le poids des fruits que la terre épanchait de son
sein ; des bergers qui faisaient répéter les doux sons de leurs flûtes et
de leurs chalumeaux à tous les échos d'alentour. *Heureux*, disait
Mentor, *le peuple qui est conduit par un sage Roi*.

Ensuite Mentor me faisait remarquer la joie et l'abondance répan-
dues dans toute la campagne d'Égypte, où l'on comptait jusqu'à vingt-
deux mille villes ; la justice exercée en faveur du pauvre contre le
riche ; la bonne éducation des enfants qu'on accoutumait à l'obéis-
sance, au travail, à la sobriété, à l'amour des arts et des lettres ; l'exactitude pour toutes les cérémonies de la religion, le désintéressement, le
désir de l'honneur, la fidélité pour les hommes et la crainte pour les
dieux, que chaque père inspirait à ses enfants. Il ne se lassait point
d'admirer ce bel ordre. *Heureux*, me disait-il, *le peuple qu'un sage Roi
conduit ainsi.* »

Fénelon fait, sur la Crète, une idylle encore plus sédui-
sante. Puis il ajoute, par la bouche de Mentor :

« Tout ce que vous verrez dans cette île merveilleuse est le fruit des lois de Minos. L'éducation qu'il faisait donner aux enfants rend le corps sain et robuste. ON les accoutume d'abord à une vie simple, frugale et laborieuse ; ON suppose que toute volupté amollit le corps et l'esprit ; ON ne leur propose jamais d'autre plaisir que celui d'être invincibles par la vertu et d'acquérir beaucoup de gloire... Ici ON punit trois vices qui sont impunis chez les autres peuples, l'ingratitude, la dissimulation et l'avarice. Pour le faste et la mollesse, ON n'a jamais besoin de les réprimer, car ils sont inconnus en Crète... ON n'y souffre ni meubles précieux, ni habits magnifiques, ni festins délicieux, ni palais dorés. »

C'est ainsi que Mentor prépare son élève à triturer et manipuler, dans les vues les plus philanthropiques sans doute, le peuple d'Ithaque, et, pour plus de sûreté, il lui en donne l'exemple à Salente.

Voilà comment nous recevons nos premières notions politiques. On nous enseigne à traiter les hommes à peu près comme Olivier de Serres enseigne aux agriculteurs à traiter et mélanger les terres.

MONTESQUIEU. « Pour maintenir l'esprit de commerce, il faut que toutes les lois le favorisent ; que ces mêmes lois, par leurs dispositions, divisant les fortunes à mesure que le commerce les grossit, mettent chaque citoyen pauvre dans une assez grande aisance pour pouvoir travailler comme les autres, et chaque citoyen riche dans une telle médiocrité qu'il ait besoin de travailler pour conserver ou pour acquérir... »

Ainsi les Lois disposent de toutes les fortunes.

« Quoique dans la démocratie l'égalité réelle soit l'âme de l'État, cependant elle est si difficile à établir qu'une exactitude extrême à cet égard ne conviendrait pas toujours. Il suffit que l'ON établisse un cens qui réduise ou fixe les différences à un certain point. Après quoi c'est à des lois particulières à égaliser pour ainsi dire les inégalités, par les charges qu'elles imposent aux riches et le soulagement qu'elles accordent aux pauvres... »

C'est bien là encore l'égalisation des fortunes par la loi, par la force.

« Il y avait dans la Grèce deux sortes de républiques. Les unes étaient militaires, comme Lacédémone ; d'autres étaient commerçantes, comme Athènes. Dans les unes ON *voulait* que les citoyens fussent oisifs ; dans les autres ON *cherchait* à donner de l'amour pour le travail. »

« Je prie qu'on fasse un peu d'attention à l'étendue du génie qu'il fallut à ces législateurs pour voir qu'en choquant tous les usages reçus, en confondant toutes les vertus, ils montreraient à l'univers *leur sagesse*. Lycurgue, mêlant le larcin avec l'esprit de justice, le plus dur esclavage avec l'extrême liberté, les sentiments les plus atroces avec la plus grande modération, donna de la stabilité à sa ville. Il sembla lui ôter toutes les ressources, les arts, le commerce, l'argent, les murailles : on y a de l'ambition sans espérance d'être mieux ; on y a les sentiments naturels, et on n'y est ni enfant, ni mari, ni père ; la pudeur même est ôtée à la chasteté. *C'est par ce chemin que Sparte est menée à la grandeur et à la gloire...* »

« Cet extraordinaire que l'on voyait dans les institutions de la Grèce, nous l'avons vu *dans la lie et la corruption des temps modernes*. Un législateur honnête homme a formé un peuple où la probité parait aussi naturelle que la bravoure chez les Spartiates. M. Penn est un véritable Lycurgue, et quoique le premier ait eu la paix pour objet comme l'autre a eu la guerre, ils se ressemblent dans la voie singulière où ils ont mis *leur* peuple, dans l'ascendant qu'ils ont eu sur des hommes libres, dans les préjugés qu'ils ont vaincus, dans les passions qu'ils ont soumises. »

« Le Paraguay peut nous fournir un autre exemple. On a voulu en faire un crime à la *Société*, qui regarde le plaisir de commander comme le seul bien de la vie ; mais il sera toujours beau *de gouverner les hommes en les rendant plus heureux...* »

« *Ceux qui voudront faire des institutions pareilles établiront la communauté des biens* de la République de Platon, ce respect qu'il demandait pour les dieux, cette séparation d'avec les étrangers pour la conservation des mœurs, et la cité faisant le commerce et non pas les citoyens ; ils donneront nos arts sans notre luxe, et nos besoins sans nos désirs. »

L'engouement vulgaire aura beau s'écrier : c'est du Montesquieu, donc c'est magnifique ! c'est sublime ! j'aurai le courage de mon opinion et de dire :

Quoi ! vous avez le front de trouver cela beau !

Mais c'est affreux ! abominable ! et ces extraits, que je pourrais multiplier, montrent que, dans les idées de Montesquieu, les personnes, les libertés, les propriétés, l'humanité entière ne sont que des matériaux propres à exercer la sagacité du Législateur.

ROUSSEAU. Bien que ce publiciste, suprême autorité des démocrates, fasse reposer l'édifice social sur *la volonté générale*, personne n'a admis, aussi complètement que lui, l'hypothèse de l'entière passivité du genre humain en présence du Législateur.

« S'il est vrai qu'un grand prince est un homme rare, que sera-ce d'un grand législateur ? Le premier n'a qu'à suivre le modèle que l'autre doit proposer. *Celui-ci est le mécanicien qui invente la machine*, celui-là n'est que l'ouvrier qui la monte et la fait marcher. »

Et que sont les hommes en tout ceci ? La machine qu'on monte et qui marche, ou plutôt la matière brute dont la machine est faite !

Ainsi entre le Législateur et le Prince, entre le Prince et les sujets, il y a les mêmes rapports qu'entre l'agronome et l'agriculteur, l'agriculteur et la glèbe. A quelle hauteur au-dessus de l'humanité est donc placé le publiciste, qui régente les Législateurs eux-mêmes et leur enseigne leur métier en ces termes impératifs :

« Voulez-vous donner de la consistance à l'État ? rapprochez les degrés extrêmes autant qu'il est possible. Ne souffrez ni des gens opulents ni des gueux.

Le sol est-il ingrat ou stérile, ou le pays trop serré pour les habitants, *tournez-vous* du côté de l'industrie et des arts, dont vous échangerez les productions contre les denrées qui vous manquent... Dans un bon terrain, *manquez-vous* d'habitants, donnez tous vos soins à l'agriculture, qui multiplie les hommes, et chassez les arts, qui ne feraient qu'achever de dépeupler le pays... Occupez-vous des rivages étendus et commodes, *couvrez la mer* de vaisseaux, vous aurez une existence brillante et courte. La mer ne baigne-t-elle sur vos côtes que des rochers inaccessibles, *restez barbares* et ichthyophages, vous en vivrez plus tranquilles, meilleurs peut-être, et, à coup sûr, plus heureux. En un mot, outre les maximes communes à tous, chaque peuple renferme en lui quelque cause qui les ordonne d'une manière particulière, et rend sa législation propre à lui seul. C'est ainsi qu'autrefois les Hébreux, et récemment les Arabes, ont eu pour principal objet la religion ; les Athéniens, les lettres ; Carthage et Tyr, le commerce ; Rhodes, la marine ; Sparte, la guerre, et Rome, la vertu. L'auteur de *l'Esprit des Lois* a montré par quel art *le législateur dirige l'institution vers chacun de ces objets...* Mais si le législateur, se trompant dans son objet, prend un principe différent de celui qui naît de la nature des choses, que l'un tende à la servitude et l'autre à la liberté ; l'un aux richesses, l'autre à la population ; l'un à la paix, l'autre aux conquêtes, on verra les lois s'affaiblir insensiblement, la constitution s'altérer, et l'État ne cessera d'être agité jusqu'à ce qu'il soit détruit ou changé, et que l'invincible nature ait repris son empire. »

Mais si la nature est assez invincible pour *reprendre* son empire, pourquoi Rousseau n'admet-il pas qu'elle n'avait pas besoin du Législateur pour *prendre* cet empire dès l'origine ? Pourquoi n'admet-il pas qu'obéissant à leur propre initiative les hommes se *tourneront* d'eux-mêmes vers le commerce sur des rivages étendus et commodes, sans qu'un Lycurgue, un Solon, un Rousseau s'en mêlent, au risque de *se tromper ?*

Quoi qu'il en soit, on comprend la terrible responsabilité que Rousseau fait peser sur les inventeurs, instituteurs, conducteurs, législateurs et manipulateurs de Sociétés. Aussi est-il, à leur égard, très exigeant.

« Celui qui ose entreprendre d'instituer un peuple doit se sentir en état de changer, pour ainsi dire, la nature humaine, de transformer chaque individu qui, par lui-même, est un tout parfait et solitaire, en partie d'un plus grand tout, dont cet individu reçoive, en tout ou en partie, sa vie et son être ; d'altérer la constitution de l'homme pour la renforcer, de substituer une existence partielle et morale à l'existence physique et indépendante que nous avons tous reçue de la nature. Il faut, en un mot, qu'il ôte à l'homme ses propres forces pour lui en donner qui lui soient étrangères... »

Pauvre espèce humaine, que feraient de ta dignité les adeptes de Rousseau ?

RAYNAL. « Le climat, c'est-à-dire le ciel et le sol, est la première règle du législateur. Ses ressources lui dictent ses devoirs. C'est d'abord sa position locale qu'il doit consulter. Une peuplade jetée sur les côtes maritimes aura des lois relatives à la navigation... Si la colonie est portée dans les terres, un législateur doit prévoir et leur genre et leur degré de fécondité... »

« C'est surtout dans la distribution de la propriété qu'éclatera la sagesse de la législation. En général, et dans tous les pays du monde, quand on fonde une colonie, il faut donner des terres à tous les hommes, c'est-à-dire à chacun une étendue suffisante pour l'entretien d'une famille... »

« Dans une île sauvage qu'on *peuplerait* d'enfants, ON n'aurait qu'à laisser éclore les germes de la vérité dans les développements de la raison... Mais quand ON établit un peuple déjà vieux dans un pays nouveau, l'habileté consiste *à ne lui laisser* que les opinions et les habitudes nuisibles dont on ne peut le guérir et le corriger. Veut-on empêcher qu'elles ne se transmettent, ON veillera sur la seconde génération par une éducation commune et publique des enfants. Un prince, un législateur, ne devrait jamais fonder une colonie sans y envoyer d'avance des hommes sages pour l'instruction de la jeunesse... Dans une colonie naissante, toutes les facilités sont ouvertes aux précautions du Législateur qui veut *épurer le sang et les mœurs d'un peuple.* Qu'il ait du génie et de la vertu, les terres et les hommes qu'il aura *dans ses mains* inspireront à son âme un plan de société, qu'un écrivain ne peut jamais tracer que d'une manière vague et sujette à l'instabilité des hypothèses, qui varient et se compliquent avec une infinité de circonstances trop difficiles à prévoir et à combiner... »

Ne semble-t-il pas entendre un professeur d'agriculture dire à ses élèves : « Le climat est la première règle de l'agriculteur ? Ses ressources lui dictent ses devoirs. C'est d'abord sa position locale qu'il doit consulter. Est-il sur un sol argileux, il doit se conduire de telle façon. A-t-il affaire à du sable, voici comment il doit s'y prendre. Toutes les facilités sont ouvertes à l'agriculteur qui veut nettoyer et améliorer son sol. Qu'il ait de l'habileté, les terres, les engrais qu'il aura dans ses mains lui inspireront un plan d'exploitation, qu'un professeur ne peut jamais tracer que d'une manière vague et sujette à l'instabilité des hypothèses, qui varient et se compliquent avec une infinité de circonstances trop difficiles à prévoir et à combiner. »

Mais, ô sublimes écrivains, veuillez donc vous souvenir quelquefois que cette argile, ce sable, ce fumier, dont vous disposez si arbitrairement, ce sont des Hommes, vos égaux, des êtres intelligents et libres comme vous, qui ont reçu de Dieu, comme vous, la faculté de voir, de prévoir, de penser et de juger pour eux-mêmes !

MABLY. (Il suppose les lois usées par la rouille du temps, la négligence de la sécurité, et poursuit ainsi :)

« Dans ces circonstances, il faut être convaincu que les ressorts du gouvernement se sont relâchés. *Donnez-leur* une nouvelle tension (c'est au lecteur que Mably s'adresse), et le mal sera guéri... Songez moins à punir des fautes qu'à encourager les vertus *dont vous avez besoin*. Par cette méthode vous rendrez à *votre république* la vigueur de la jeunesse. C'est pour n'avoir pas été connue des peuples libres qu'ils ont perdu la liberté ! Mais si les progrès du mal sont tels que les magistrats ordinaires ne puissent y remédier efficacement, *ayez recours* à une magistrature extraordinaire, dont le temps soit court et la puissance considérable. L'imagination des citoyens a besoin alors d'être frappée... »

Et tout dans ce goût durant vingt volumes.

Il a été une époque où, sous l'influence de tels enseignements, qui sont le fond de l'éducation classique, chacun a voulu se placer en dehors et au-dessus de l'humanité, pour l'arranger, l'organiser et l'instituer à sa guise.

CONDILLAC. « Érigez-vous, Monseigneur, en Lycurgue ou en Solon. Avant que de poursuivre la lecture de cet écrit, amusez-vous à donner des lois à quelque peuple sauvage d'Amérique ou d'Afrique. Établissez dans des demeures fixes ces hommes errants ; apprenez-leur à nourrir des troupeaux... ; travaillez à développer les qualités sociales que la nature a mises en eux... Ordonnez-leur de commencer à pratiquer les devoirs de l'humanité... Empoisonnez par des châtiments les plaisirs que promettent les passions, et vous verrez ces barbares, à chaque article de votre législation, perdre un vice et prendre une vertu. »

« Tous les peuples ont eu des lois. Mais peu d'entre eux ont été heureux. Quelle en est la cause ? C'est que les législateurs ont presque toujours ignoré que l'objet de la société est d'unir les familles par un intérêt commun. »

« L'impartialité des lois consiste en deux choses : à établir l'égalité dans la fortune et dans la dignité des citoyens... A mesure que vos lois établiront une plus grande égalité, elles deviendront plus chères à chaque citoyen... Comment l'avarice, l'ambition, la volupté, la paresse, l'oisiveté, l'envie, la haine, la jalousie agiteraient-elles des hommes égaux en fortune et en dignité, et à qui les lois ne laisseraient pas l'espérance de rompre l'égalité ? » (Suit l'idylle.)

« Ce qu'on vous a dit de la République de Sparte doit vous donner de grandes lumières sur cette question. Aucun autre État n'a jamais eu des lois plus conformes à l'ordre de la nature et de l'égalité. [1] »

Il n'est pas surprenant que les dix-septième et dix-huitième siècles aient considéré le genre humain comme une matière inerte attendant, recevant tout, forme, figure, impulsion, mouvement et vie d'un grand Prince, d'un grand Législateur, d'un grand Génie. Ces siècles étaient nourris de l'étude de l'Antiquité, et l'Antiquité nous offre en effet partout, en Égypte, en Perse, en Grèce, à Rome, le spectacle de quelques hommes manipulant à leur gré l'humanité asservie par la force ou par l'imposture. Qu'est-ce que cela prouve ? Que, parce que l'homme et la société sont perfectibles, l'erreur, l'ignorance, le despotisme, l'esclavage, la superstition doivent s'accumuler davantage au commencement des temps. Le tort des écrivains que j'ai cités n'est pas d'avoir constaté le fait, mais de l'avoir proposé, comme règle, à l'admiration et à l'imitation des races futures. Leur tort est d'avoir, avec une inconcevable absence de critique, et sur la foi d'un *conventionalisme* puéril, admis ce qui est inadmis-

---

(1) Dans le pamphlet *Baccalauréat et socialisme*, l'auteur, par une série de citations analogues, montre la filiation de la même erreur. (*Note de l'éditeur - 1854*)

sible, à savoir la grandeur, la dignité, la moralité et le bien-être de ces sociétés factices de l'ancien monde ; de n'avoir pas compris que le temps produit et propage la lumière ; qu'à mesure que la lumière se fait, la force passe du côté du Droit, et la société reprend possession d'elle-même.

Et en effet, quel est le travail politique auquel nous assistons ? Il n'est autre que l'effort instinctif de tous les peuples vers la liberté [1]. Et qu'est-ce que la Liberté, ce mot qui a la puissance de faire battre tous les cœurs et d'agiter le monde, si ce n'est l'ensemble de toutes les libertés, liberté de conscience, d'enseignement, d'association, de presse, de locomotion, de travail, d'échange ; en d'autres termes, le franc exercice, pour tous, de toutes les facultés inoffensives ; en d'autres termes encore, la destruction de tous les despotismes, même le despotisme légal, et la réduction de la Loi à sa seule attribution rationnelle, qui est de régulariser le Droit individuel de légitime défense ou de réprimer l'injustice.

Cette tendance du genre humain, il faut en convenir, est grandement contrariée, particulièrement dans notre patrie, par la funeste disposition, – fruit de l'enseignement classique, – commune à tous les publicistes, de se placer en dehors de l'humanité pour l'arranger, l'organiser et l'instituer à leur guise.

Car, pendant que la société s'agite pour réaliser la Liberté, les grands hommes qui se placent à sa tête, imbus des principes des dix-septième et dix-huitième siècles, ne songent qu'à la courber sous le philanthropique despotisme de leurs inventions sociales et à lui faire porter docilement, selon l'expression de Rousseau, le joug de la félicité publique, telle qu'ils l'ont imaginée.

---

(1) Pour qu'un peuple soit heureux, il est indispensable que les individus qui le composent aient de la prévoyance, de la prudence et de cette confiance les uns dans les autres qui naît de la sûreté.

Or, il ne peut guère acquérir ces choses que par l'expérience. Il devient prévoyant, quand il a souffert pour n'avoir pas prévu ; prudent, quand sa témérité a été souvent punie, etc.

Il résulte de là que la liberté commence toujours par être accompagnée des

On le vit bien en 1789. A peine l'Ancien Régime légal fut-il détruit, qu'on s'occupa de soumettre la société nouvelle à d'autres arrangements artificiels, toujours en partant de ce point convenu : l'omnipotence de la Loi.

SAINT-JUST. « Le Législateur commande à l'avenir. C'est à lui de *vouloir le bien*. C'est à lui de rendre les hommes ce qu'il *veut* qu'ils soient. »

ROBESPIERRE. « La fonction du gouvernement est de diriger les forces physiques et morales de la nation vers le but de son institution. »

BILLAUD-VARENNES. « *Il faut* recréer le peuple qu'on veut rendre à la liberté. Puisqu'*il faut* détruire d'anciens préjugés, changer d'antiques habitudes, perfectionner les affections dépravées, restreindre des besoins superflus, extirper des vices invétérés ; il faut donc une action forte, une impulsion véhémente... Citoyens, l'inflexible austérité de Lycurgue devint à Sparte la base inébranlable de la République ; le caractère faible et confiant de Solon replongea Athènes dans l'esclavage. Ce parallèle renferme toute la science du gouvernement. »

LEPELLETIER. « Considérant à quel point l'espèce humaine est dégradée, je me suis convaincu de la nécessité d'opérer une entière régénération et, si je puis m'exprimer ainsi, de créer un nouveau peuple. »

maux qui suivent l'usage inconsidéré qu'on en fait.
A ce spectacle, des hommes se lèvent qui demandent que la liberté soit proscrite.
« Que l'État, disent-ils, soit prévoyant et prudent pour tout le monde. »
Sur quoi, je pose ces questions :
1° Cela est-il possible ? Peut-il sortir un État expérimenté d'une nation inexpérimentée ?
2° En tout cas n'est-ce pas étouffer l'expérience dans son germe ?
Si le pouvoir impose les actes individuels, comment l'individu s'instruira-t-il par les conséquences de ses actes ? Il sera donc en tutelle à perpétuité ?
Et l'État ayant tout ordonné sera responsable de tout.
Il y a là un foyer de révolutions, et de révolutions sans issue, puisqu'elles seront faites par un peuple auquel, en interdisant l'expérience, on a interdit le progrès.
(Pensée tirée des manuscrits de l'auteur.)

On le voit, les hommes ne sont rien que de vils matériaux. Ce n'est pas à eux de *vouloir le bien ;* – ils en sont incapables, – c'est au Législateur, selon Saint-Just. Les hommes ne sont que ce qu'*il veut* qu'ils soient.

Suivant Robespierre, qui copie littéralement Rousseau, le Législateur commence par assigner le but de l'*institution de la nation*. Ensuite les gouvernements n'ont plus qu'à diriger vers ce but toutes *les forces physiques et morales*. La nation elle-même reste toujours passive en tout ceci, et Billaud-Varennes nous enseigne qu'elle ne doit avoir que les préjugés, les habitudes, les affections et les besoins que le Législateur autorise. Il va jusqu'à dire que l'inflexible austérité d'un homme est la base de la république.

On a vu que, dans le cas où le mal est si grand que les magistrats ordinaires n'y peuvent remédier, Mably conseillait la dictature pour faire fleurir la vertu. « *Ayez recours*, dit-il, à une magistrature extraordinaire, dont le temps soit court et la puissance considérable. L'imagination des citoyens a besoin d'être frappée. » Cette doctrine n'a pas été perdue. Écoutons Robespierre :

« Le principe du gouvernement républicain, c'est la vertu, et son moyen, pendant qu'il s'établit, la terreur. Nous voulons substituer, dans notre pays, la morale à l'égoïsme, la probité à l'honneur, les principes aux usages, les devoirs aux bienséances, l'empire de la raison à la tyrannie de la mode, le mépris du vice au mépris du malheur, la fierté à l'insolence, la grandeur d'âme à la vanité, l'amour de la gloire à l'amour de l'argent, les bonnes gens à la bonne compagnie, le mérite à l'intrigue, le génie au bel esprit, la vérité à l'éclat, le charme du bonheur aux ennuis de la volupté, la grandeur de l'homme à la petitesse des grands, un peuple magnanime, puissant, heureux, à un peuple aimable, frivole, misérable ; c'est-à-dire toutes les vertus et tous les miracles de la République à tous les vices et à tous les ridicules de la monarchie. »

A quelle hauteur au-dessus du reste de l'humanité se place ici Robespierre ! Et remarquez la circonstance dans laquelle il parle. Il ne se borne pas à exprimer le vœu d'une grande rénovation du cœur humain ; il ne s'attend même pas à ce qu'elle résultera d'un gouvernement régulier. Non, il veut l'opérer lui-même et par la terreur. Le discours, d'où est extrait ce puéril et laborieux amas d'antithèses, avait pour objet d'exposer *les principes de morale qui doivent diriger un gouvernement révolutionnaire.* Remarquez que, lorsque Robespierre vient demander la dictature, ce n'est pas seulement pour repousser l'étranger et combattre les factions ; c'est bien pour faire prévaloir par la terreur, et préalablement au jeu de la Constitution, ses propres principes de morale. Sa prétention ne va à rien moins que d'extirper du pays, par la terreur, *l'égoïsme, l'honneur, les usages, les bienséances, la mode, la vanité, l'amour de l'argent, la bonne compagnie, l'intrigue, le bel esprit, la volupté et la misère.* Ce n'est qu'après que lui, Robespierre, aura accompli ces *miracles* – comme il les appelle avec raison, – qu'il permettra aux lois de reprendre leur empire. – Eh ! misérables, qui vous croyez si grands, qui jugez l'humanité si petite, qui voulez tout réformer, réformez-vous vous-mêmes, cette tâche vous suffit.

Cependant, en général, messieurs les Réformateurs, Législateurs et Publicistes ne demandent pas à exercer sur l'humanité un despotisme immédiat. Non, ils sont trop modérés et trop philanthropes pour cela. Ils ne réclament que le despotisme, l'absolutisme, l'omnipotence de la Loi. Seulement ils aspirent à faire la Loi.

Pour montrer combien cette disposition étrange des esprits a été universelle, en France, de même qu'il m'aurait fallu copier tout Mably, tout Raynal, tout Rousseau, tout Fénelon, et de longs extraits de Bossuet et Montesquieu, il me faudrait aussi reproduire le procès-verbal tout entier des séances de la Convention. Je m'en garderai bien et j'y renvoie le lecteur.

On pense bien que cette idée dut sourire à Bonaparte. Il l'embrassa avec ardeur et la mit énergiquement en pratique. Se considérant comme un chimiste, il ne vit dans l'Europe qu'une matière à expériences. Mais bientôt cette matière se manifesta comme un réactif puissant. Aux trois quarts désabusé, Bonaparte, à Sainte-Hélène, parut reconnaître qu'il y a quelque initiative dans les peuples, et il se montra moins hostile à la liberté. Cela ne l'empêcha pas cependant de donner par son testament cette leçon à son fils : « Gouverner, c'est répandre la moralité, l'instruction et le bien-être. »

Est-il nécessaire maintenant de faire voir par de fastidieuses citations d'où procèdent Morelly, Babeuf, Owen, Saint-Simon, Fourier ? Je me bornerai à soumettre au lecteur quelques extraits du livre de Louis Blanc sur l'organisation du travail.

« Dans notre projet, la société reçoit l'impulsion du pouvoir » (Page 126).

En quoi consiste l'impulsion que le Pouvoir donne à la société ? A imposer le *projet* de M. L. Blanc.

D'un autre coté, la société, c'est le genre humain.

Donc, en définitive, le genre humain reçoit l'impulsion de M. L. Blanc.

Libre à lui, dira-t-on. Sans doute le genre humain est libre de suivre les *conseils* de qui que ce soit. Mais ce n'est pas ainsi que M. L. Blanc comprend la chose. Il entend que son projet soit converti en *Loi*, et par conséquent imposé de force par le pouvoir.

« Dans notre projet, l'État ne fait que donner au travail une législation *(excusez du peu)*, en vertu de laquelle le mouvement industriel peut et doit s'accomplir *en toute liberté*. Il (l'État) ne fait que placer la liberté sur une pente *(rien que cela)* qu'elle descend, une fois qu'elle y est placée, par la seule force des choses et par une suite naturelle du *mécanisme établi.* »

Mais quelle est cette pente ? – Celle indiquée par M. L. Blanc. – Ne conduit-elle pas aux abîmes ? – Non, elle conduit au bonheur. – Comment donc la société ne s'y place-t-elle pas d'elle-même ? – Parce qu'elle ne sait ce qu'elle veut et qu'elle a besoin d'*impulsion*. – Qui lui donnera cette impulsion ? – Le pouvoir. – Et qui donnera l'impulsion au pouvoir ? – L'inventeur du mécanisme, M. L. Blanc.

Nous ne sortons jamais de ce cercle : l'humanité passive et un grand homme qui la meut par l'intervention de la Loi.

Une fois sur cette pente, la société jouirait-elle au moins de quelque liberté ? – Sans doute. – Et qu'est-ce que la liberté ?

« Disons-le une fois pour toutes : la liberté consiste non pas seulement dans le Droit accordé, mais dans le Pouvoir donné à l'homme d'exercer, de développer ses facultés, sous l'empire de la justice et sous la sauvegarde de la loi. »

« Et ce n'est point là une distinction vaine : le sens en est profond, les conséquences en sont immenses. Car dès qu'on admet qu'il faut à l'homme, pour être vraiment libre, le Pouvoir d'exercer et de développer ses facultés, il en résulte que la société doit à chacun de ses membres l'instruction convenable, sans laquelle l'esprit humain ne *peut* se déployer, et les instruments de travail, sans lesquels l'activité humaine ne *peut* se donner carrière. Or, par l'intervention de qui la société donnera-t-elle à chacun de ses membres l'instruction convenable et les instruments de travail nécessaires, si ce n'est par l'intervention de l'État ? »

Ainsi la liberté, c'est le pouvoir. – En quoi consiste ce Pouvoir ? – A posséder l'instruction et les instruments de travail. – Qui *donnera* l'instruction et les instruments de travail ? – La société, *qui les doit*. – Par l'intervention de qui la société donnera-t-elle des instruments de travail à ceux qui n'en ont pas ? – Par l'*intervention de l'État*. – A qui l'État les prendra-t-il ?

C'est au lecteur de faire la réponse et de voir où tout ceci aboutit. Un des phénomènes les plus étranges de notre temps, et qui étonnera probablement beaucoup nos neveux, c'est que la doctrine qui se fonde sur cette triple hypothèse : l'inertie radicale de l'humanité ; l'omnipotence de la Loi ; l'infaillibilité du Législateur ; soit le symbole sacré du parti qui se proclame exclusivement démocratique.

Il est vrai qu'il se dit aussi *social*.

En tant que démocratique, il a une foi sans limite en l'humanité.

Comme *social*, il la met au-dessous de la boue.

S'agit-il de droits politiques, s'agit-il de faire sortir de son sein le Législateur, oh ! alors, selon lui, le peuple a la science infuse ; il est doué d'un tact admirable ; *sa volonté est toujours droite*, la *volonté générale ne peut errer*. Le suffrage ne saurait être trop *universel*. Nul ne doit à la société aucune garantie. La volonté et la capacité de bien choisir sont toujours supposées. Est-ce que le peuple peut se tromper ? Est-ce que nous ne sommes pas dans le siècle des lumières ? Quoi donc ! Le peuple sera-t-il éternellement en tutelle ? N'a-t-il pas conquis ses droits par assez d'efforts et de sacrifices ? N'a-t-il pas donné assez de preuves de son intelligence et de sa sagesse ? N'est-il pas arrivé à sa maturité ? N'est-il pas en état de juger pour lui-même ? Ne connaît-il pas ses intérêts ? Y a-t-il un homme ou une classe qui ose revendiquer le droit de se substituer au peuple, de décider et d'agir pour lui ? Non, non, le peuple veut être *libre*, et il le sera. Il veut diriger ses propres affaires, et il les dirigera.

Mais le Législateur est-il une fois dégagé des comices par l'élection, oh ! alors le langage change. La nation rentre dans la passivité, dans l'inertie, dans le néant, et le Législateur prend possession de l'omnipotence. A lui l'invention, à lui la direction, à lui l'impulsion, à lui l'organisation. L'humanité n'a plus qu'à se laisser faire ; l'heure du despotisme a sonné. Et remarquez que cela est fatal ; car ce peuple, tout à l'heure si éclairé, si moral, si parfait, n'a plus aucunes tendances, ou, s'il en a, elles l'entraînent toutes vers la dégradation. Et on lui laisserait un peu de Liberté ! Mais ne savez-vous pas que, selon M. Considérant, *la liberté conduit fatalement au monopole ?* Ne savez-vous pas que la liberté c'est la concurrence ? et que la concurrence, suivant M. L. Blanc, c'est *pour le peuple un système d'extermination, pour la bourgeoisie une cause de ruine ?* Que c'est pour cela que les peuples sont d'autant plus exterminés et ruinés qu'ils sont plus libres, témoin la Suisse, la Hollande, l'Angleterre et les États-Unis ? Ne savez-vous pas, toujours selon M. L. Blanc, *que la concurrence conduit au monopole, et que, par la même raison, le bon marché conduit à l'exagération des prix ?* Que *la concurrence tend à tarir les sources de la consommation et pousse la production à une activité dévorante ?* Que *la concurrence force la production à s'accroître et la consommation à décroître ;* – d'où il suit que les peuples libres produisent pour ne pas consommer ; – *qu'elle est tout à la fois oppression et démence,* et qu'il faut absolument que M. L. Blanc s'en mêle ?

Quelle liberté, d'ailleurs, pourrait-on laisser aux hommes ? Serait-ce la liberté de conscience ? Mais on les verra tous profiter de la permission pour se faire athées. La liberté d'enseignement ? Mais les pères se hâteront de payer des professeurs pour enseigner à leurs fils l'immoralité et l'erreur ; d'ailleurs, à en croire M. Thiers, si l'enseignement était laissé à la liberté nationale, il cesserait d'être national, et nous élèverions nos enfants dans les idées des Turcs ou des Indous, au lieu que, grâce au despotisme légal de l'université, ils ont le bonheur d'être élevés dans les nobles idées des Romains. La liberté du travail ? Mais c'est la concurrence, qui a pour effet de laisser tous les produits non consommés, d'exterminer le peuple et de ruiner la bourgeoisie. La liberté d'échanger ? Mais on sait bien, les protectionnistes l'ont démontré à satiété, qu'un homme se ruine quand il échange librement et que, pour s'enrichir, il faut échanger sans liberté. La liberté d'association ? Mais, d'après la doctrine socialiste, liberté et association s'excluent, puisque précisément on n'aspire à ravir aux hommes leur liberté que pour les forcer de s'associer.

Vous voyez donc bien que les démocrates-socialistes ne peuvent, en bonne conscience, laisser aux hommes aucune liberté, puisque, par leur nature propre, et si ces messieurs n'y mettent ordre, ils tendent, de toute part, à tous les genres de dégradation et de démoralisation.

Reste à deviner, en ce cas, sur quel fondement on réclame pour eux, avec tant d'instance, le suffrage universel.

Les prétentions des organisateurs soulèvent une autre question, que je leur ai souvent adressée, et à laquelle, que je sache, ils n'ont jamais répondu. Puisque les tendances naturelles de l'humanité sont assez mauvaises pour qu'on doive lui ôter sa liberté, comment se fait-il que les tendances des organisateurs soient bonnes ? Les Législateurs et leurs agents ne font-ils pas partie du genre humain ? Se croient-ils pétris d'un autre limon que le reste des hommes ? Ils disent que la société, abandonnée à elle-même, court fatalement aux abîmes parce que ses instincts sont pervers. Ils prétendent l'arrêter sur cette pente et lui imprimer une meilleure direction. Ils ont donc reçu du ciel une intelligence et des vertus qui les placent en dehors et au-dessus de l'humanité ; qu'ils montrent leurs titres. Ils veulent être *bergers*, ils veulent que nous soyons *troupeau*. Cet arrangement présuppose en eux une supériorité de nature, dont nous avons bien le droit de demander la preuve préalable.

Remarquez que ce que je leur conteste, ce n'est pas le droit d'inventer des combinaisons sociales, de les propager, de les conseiller, de les expérimenter sur eux-mêmes, à leurs frais et risques ; mais bien le droit de nous les imposer par l'intermédiaire de la Loi, c'est-à-dire des forces et des contributions publiques.

Je demande que les Cabétistes, les Fouriéristes, les Proudhoniens, les Universitaires, les Protectionnistes renoncent non à leurs idées spéciales, mais à cette idée qui leur est commune, de nous assujettir de force à leurs groupes et séries, à leurs ateliers sociaux, à leur banque gratuite, à leur moralité gréco-romaine, à leurs entraves commerciales. Ce que je leur demande, c'est de nous laisser la faculté de juger leurs plans et de ne pas nous y associer, directement ou indirectement, si nous trouvons qu'ils froissent nos intérêts, ou s'ils répugnent à notre conscience.

Car la prétention de faire intervenir le pouvoir et l'impôt, outre qu'elle est oppressive et spoliatrice, implique encore cette hypothèse préjudicielle : l'infaillibilité de l'organisateur et l'incompétence de l'humanité.

Et si l'humanité est incompétente à juger pour elle-même, que vient-on nous parler de suffrage universel ?

Cette contradiction dans les idées s'est malheureusement reproduite dans les faits, et pendant que le peuple français a devancé tous les autres dans la conquête de ses droits, ou plutôt de ses garanties politiques, il n'en est pas moins resté le plus gouverné, dirigé, administré, imposé, entravé et exploité de tous les peuples.

Il est aussi celui de tous où les révolutions sont le plus imminentes, et cela doit être.

Dès qu'on part de cette idée, admise par tous nos publicistes et si énergiquement exprimée par M. L. Blanc en ces mots : « La société reçoit l'impulsion du pouvoir » ; dès que les hommes se considèrent eux-mêmes comme sensibles mais passifs, incapables de s'élever par leur propre discernement et par leur propre énergie à aucune moralité, à aucun bien-être, et réduits à tout attendre de la Loi ; en un mot, quand ils admettent que leurs rapports avec l'État sont ceux du troupeau avec le berger, il est clair que la responsabilité du pouvoir est immense. Les biens et les maux, les vertus et les vices, l'égalité et l'inégalité, l'opulence et la misère, tout découle de lui. Il est chargé de tout, il entreprend tout, il fait tout ; donc il répond de tout. Si nous sommes heureux, il réclame à bon droit notre reconnaissance ; mais si nous sommes misérables, nous ne pouvons nous en prendre qu'à lui. Ne dispose-t-il pas, en principe, de nos personnes et de nos biens ? La Loi n'est-elle pas omnipotente ? En créant le monopole universitaire, il s'est fait fort de répondre aux espérances des pères de famille privés de liberté ; et si ces espérances sont déçues, à qui la faute ? En réglementant l'industrie, il s'est fait fort de la faire prospérer, sinon il eût été absurde de lui ôter sa liberté ; et si elle souffre, à qui la faute ? En se mêlant de pondérer la balance du commerce, par le jeu des tarifs, il s'est fait fort de le faire fleurir ; et si, loin de fleurir, il se meurt, à qui la faute ? En accordant aux armements maritimes sa protection en échange de leur liberté, il s'est fait fort de les rendre lucratifs ; et s'ils sont onéreux, à qui la faute ?

Ainsi, il n'y a pas une douleur dans la nation dont le gouvernement ne se soit volontairement rendu responsable. Faut-il s'étonner que chaque souffrance soit une cause de révolution ?

Et quel est le remède qu'on propose ? C'est d'élargir indéfiniment le domaine de la Loi, c'est-à-dire la responsabilité du gouvernement.

Mais si le gouvernement se charge d'élever et de régler les salaires et qu'il ne le puisse ; s'il se charge d'assister toutes les infortunes et qu'il ne le puisse ; s'il se charge d'assurer des retraites à tous les travailleurs et qu'il ne le puisse ; s'il se charge de fournir à tous les ouvriers des instruments de travail et qu'il ne le puisse ; s'il se charge d'ouvrir à tous les affamés d'emprunts un crédit gratuit et qu'il ne le puisse ; si, selon les paroles que nous avons vues avec regret échapper à la plume de M. de Lamartine, « l'État se donne la mission d'éclairer, de développer, d'agrandir, de fortifier, de spiritualiser, et de sanctifier l'âme des peuples », et qu'il échoue ; ne voit-on pas qu'au bout de chaque déception, hélas ! plus que probable, il y a une non moins inévitable révolution ?

Je reprends ma thèse et je dis : immédiatement après la science économique et à l'entrée de la science politique [1], se présente une question dominante. C'est celle-ci :

Qu'est-ce que la Loi ? que doit-elle être ? quel est son domaine ? quelles sont ses limites ? où s'arrêtent, par suite, les attributions du Législateur ?

Je n'hésite pas à répondre : *La Loi, c'est la force commune organisée pour faire obstacle à l'Injustice,* – et pour abréger, LA LOI, C'EST LA JUSTICE.

Il n'est pas vrai que le Législateur ait sur nos personnes et nos propriétés une puissance absolue, puisqu'elles préexistent et que son œuvre est de les entourer de garanties.

Il n'est pas vrai que la Loi ait pour mission de régir nos consciences, nos idées, nos volontés, notre instruction, nos sentiments, nos travaux, nos échanges, nos dons, nos jouissances.

Sa mission est d'empêcher qu'en aucune de ces matières le droit de l'un n'usurpe le droit de l'autre.

La Loi, parce qu'elle a pour sanction nécessaire la Force, ne peut avoir pour domaine légitime que le légitime domaine de la force, à savoir : la Justice.

Et comme chaque individu n'a le droit de recourir à la force que dans le cas de légitime défense, la force collective, qui n'est que la réunion des forces individuelles, ne saurait être rationnellement appliquée à une autre fin.

La Loi, c'est donc uniquement l'organisation du droit individuel préexistant de légitime défense.

La Loi, c'est la Justice.

Il est si faux qu'elle puisse opprimer les personnes ou spolier les propriétés, même dans un but philanthropique, que sa mission est de les protéger.

Et qu'on ne dise pas qu'elle peut au moins être philanthropique, pourvu qu'elle s'abstienne de toute oppression, de

---

(1) L'économie politique précède la politique ; celle-là dit si les intérêts humains sont naturellement harmoniques ou antagoniques ; ce que celle-ci devrait savoir avant de fixer les attributions du gouvernement.

toute spoliation ; cela est contradictoire. La Loi ne peut pas ne pas agir sur nos personnes ou nos biens ; si elle ne les garantit, elle les viole par cela seul qu'elle agit, par cela seul qu'elle est.

La Loi, c'est la Justice.

Voilà qui est clair, simple, parfaitement défini et délimité, accessible à toute intelligence, visible à tout œil, car la Justice est une quantité donnée, immuable, inaltérable, qui n'admet ni *plus* ni *moins*.

Sortez de là, faites la Loi religieuse, fraternitaire, égalitaire, philanthropique, industrielle, littéraire, artistique, aussitôt vous êtes dans l'infini, dans l'incertain, dans l'inconnu, dans l'utopie imposée, ou, qui pis est, dans la multitude des utopies combattant pour s'emparer de la Loi et s'imposer ; car la fraternité, la philanthropie n'ont pas comme la justice des limites fixes. Où vous arrêterez-vous ? Où s'arrêtera la Loi ? L'un, comme M. de Saint-Cricq, n'étendra sa philanthropie que sur quelques classes d'industriels, et il demandera à la Loi qu'elle *dispose des consommateurs en faveur des producteurs.* L'autre, comme M. Considérant, prendra en main la cause des travailleurs et réclamera pour eux de la Loi un MINIMUM *assuré, le vêtement, le logement, la nourriture et toutes choses nécessaires à l'entretien de la vie.* Un troisième, M. L. Blanc, dira, avec raison, que ce n'est là qu'une fraternité ébauchée et que la Loi doit donner à tous les instruments de travail et l'instruction. Un quatrième fera observer qu'un tel arrangement laisse encore place à l'inégalité et que la Loi doit faire pénétrer, dans les hameaux les plus reculés, le luxe, la littérature et les arts. Vous serez conduits ainsi jusqu'au *communisme*, ou plutôt la législation sera... ce qu'elle est déjà : – le champ de bataille de toutes les rêveries et de toutes les cupidités.

La Loi, c'est la Justice.

Dans ce cercle, on conçoit un gouvernement simple, inébranlable. Et je défie qu'on me dise d'où pourrait venir la pensée d'une révolution, d'une insurrection, d'une simple émeute contre une force publique bornée à réprimer l'injustice. Sous un tel régime, il y aurait plus de bien-être, le bien-être serait plus également réparti, et quant aux souffrances inséparables de l'humanité, nul ne songerait à en accuser le gouvernement, qui y serait aussi étranger qu'il l'est aux variations de la température. A-t-on jamais vu le peuple s'insurger contre la cour de cassation ou faire irruption dans le prétoire du juge de paix pour réclamer le minimum de salaires, le crédit gratuit, les instruments de travail, les faveurs du tarif, ou l'atelier social ? Il sait bien que ces combinaisons sont hors de la puissance du juge, et il apprendrait de même qu'elles sont hors de la puissance de la Loi.

Mais faites la Loi sur le principe fraternitaire, proclamez que c'est d'elle que découlent les biens et les maux, qu'elle est responsable de toute douleur individuelle, de toute inégalité sociale, et vous ouvrez la porte à une série sans fin de plaintes, de haines, de troubles et de révolutions.

La Loi, c'est la Justice.

Et il serait bien étrange qu'elle pût être équitablement autre chose ! Est-ce que la justice n'est pas le droit ? Est-ce que les droits ne sont pas égaux ? Comment donc la Loi interviendrait-elle pour me soumettre aux plans sociaux de MM. Mimerel, de Melun, Thiers, Louis Blanc, plutôt que pour soumettre ces messieurs à mes plans ? Croit-on que je n'aie pas reçu de la nature assez d'imagination pour inventer aussi une utopie ? Est-ce que c'est le rôle de la Loi de faire un choix entre tant de chimères et de mettre la force publique au service de l'une d'elles ?

La Loi, c'est la Justice.

Et qu'on ne dise pas, comme on le fait sans cesse, qu'ainsi conçue la Loi, athée, individualiste et sans entrailles, ferait l'humanité à son image. C'est là une déduction absurde, bien digne de cet engouement gouvernemental qui voit l'humanité dans la Loi.

Quoi donc ! De ce que nous serons libres, s'ensuit-il que nous cesserons d'agir ? De ce que nous ne recevrons pas l'impulsion de la Loi, s'ensuit-il que nous serons dénués d'impulsion ? De ce que la Loi se bornera à nous garantir le libre exercice de nos facultés, s'ensuit-il que nos facultés seront frappées d'inertie ? De ce que la Loi ne nous imposera pas des formes de religion, des modes d'association, des méthodes d'enseignement, des procédés de travail, des directions d'échange, des plans de charité, s'ensuit-il que nous nous empresserons de nous plonger dans l'athéisme, l'isolement, l'ignorance, la misère et l'égoïsme ? S'ensuit-il que nous ne saurons plus reconnaître la puissance et la bonté de Dieu, nous associer, nous entraider, aimer et secourir nos frères malheureux, étudier les secrets de la nature, aspirer aux perfectionnements de notre être ?

La Loi, c'est la Justice.

Et c'est sous la Loi de justice, sous le régime du droit, sous l'influence de la liberté, de la sécurité, de la stabilité, de la responsabilité, que chaque homme arrivera à toute sa valeur, à toute la dignité de son être, et que l'humanité accomplira avec ordre, avec calme, lentement sans doute, mais avec certitude, le progrès, qui est sa destinée.

Il me semble que j'ai pour moi la théorie ; car quelque question que je soumette au raisonnement, qu'elle soit religieuse, philosophique, politique, économique ; qu'il s'agisse de bien-être, de moralité, d'égalité, de droit, de justice, de progrès, de responsabilité, de solidarité, de propriété, de travail, d'échange, de capital, de salaires, d'impôts, de population, de crédit, de gouvernement ; à quelque point de l'horizon scientifique que je place le point de départ de mes recherches, toujours invariablement j'aboutis à ceci : la solution du problème social est dans la Liberté.

Et n'ai-je pas aussi pour moi l'expérience ? Jetez les yeux sur le globe. Quels sont les peuples les plus heureux, les plus moraux, les plus paisibles ? Ceux où la Loi intervient le moins dans l'activité privée ; où le gouvernement se fait le moins sentir ; où l'individualité a le plus de ressort et l'opinion publique le plus d'influence ; où les rouages administratifs sont les moins nombreux et les moins compliqués ; les impôts les moins lourds et les moins inégaux ; les mécontentements populaires les moins excités et les moins justifiables ; où la responsabilité des individus et des classes est la plus agissante, et où, par suite, si les mœurs ne sont pas parfaites, elles tendent invinciblement à se rectifier ; où les transactions, les conventions, les associations sont le moins entravées ; où le travail, les capitaux, la population, subissent les moindres déplacements artificiels ; où l'humanité obéit le plus à sa propre pente ; où la pensée de Dieu prévaut le plus sur les inventions des hommes ; ceux, en un mot, qui approchent le plus de cette solution : dans les limites du droit, tout par la libre et perfectible spontanéité de l'homme ; rien par la Loi ou la force que la Justice universelle.

Il faut le dire : il y a trop de grands hommes dans le monde ; il y a trop de législateurs, organisateurs, instituteurs de sociétés, conducteurs de peuples, pères des nations, etc. Trop de gens se placent au-dessus de l'humanité pour la régenter, trop de gens font métier de s'occuper d'elle.

On me dira : Vous vous en occupez bien, vous qui parlez. C'est vrai. Mais on conviendra que c'est dans un sens et à un point de vue bien différents, et si je me mêle aux réformateurs c'est uniquement pour leur faire lâcher prise.

Je m'en occupe non comme Vaucanson, de son automate, mais comme un physiologiste, de l'organisme humain : pour l'étudier et l'admirer.

Je m'en occupe, dans l'esprit qui animait un voyageur célèbre.

Il arriva au milieu d'une tribu sauvage. Un enfant venait de naître et une foule de devins, de sorciers, d'empiriques l'entouraient, armés d'anneaux, de crochets et de liens. L'un disait : cet enfant ne flairera jamais le parfum d'un calumet, si je ne lui allonge les narines. Un autre : il sera privé du sens de l'ouïe, si je ne lui fais descendre les oreilles jusqu'aux épaules. Un troisième : il ne verra pas la lumière du soleil, si je ne donne à ses yeux une direction oblique. Un quatrième : il ne se tiendra jamais debout, si je ne lui courbe les jambes. Un cinquième : il ne pensera pas, si je ne comprime son cerveau. Arrière, dit le voyageur. Dieu fait bien ce qu'il fait ; ne prétendez pas en savoir plus que lui, et puisqu'il a donné des organes à cette frêle créature, laissez ses organes se développer, se fortifier par l'exercice, le tâtonnement, l'expérience et la Liberté.

Dieu a mis aussi dans l'humanité tout ce qu'il faut pour qu'elle accomplisse ses destinées. Il y a une physiologie sociale providentielle comme il y a une physiologie humaine providentielle. Les organes sociaux sont aussi constitués de manière à se développer harmoniquement au grand air de la Liberté. Arrière donc les empiriques et les organisateurs ! Arrière leurs anneaux, leurs chaînes, leurs crochets, leurs tenailles ! arrière leurs moyens artificiels ! arrière leur atelier social, leur phalanstère, leur gouvernementalisme, leur centralisation, leurs tarifs, leurs universités, leurs religions d'État, leurs banques gratuites ou leurs banques monopolisées, leurs compressions, leurs restrictions, leur moralisation ou leur égalisation par l'impôt ! Et puisqu'on a vainement infligé au corps social tant de systèmes, qu'on finisse par où l'on aurait dû commencer, qu'on repousse les systèmes, qu'on mette enfin à l'épreuve la Liberté, – la Liberté, qui est un acte de foi en Dieu et en son œuvre.

CE QU'ON VOIT

ET

CE QU'ON NE VOIT PAS[1].

Dans la sphère économique, un acte, une habitude, une institution, une loi n'engendrent pas seulement un effet, mais une série d'effets. De ces effets, le premier seul est immédiat ; il se manifeste simultanément avec sa cause, *on le voit*. Les autres ne se déroulent que successivement, *on ne les voit pas* : heureux si on les *prévoit*.

Entre un mauvais et un bon Economiste, voici toute la différence : l'un s'en tient à l'effet *visible* ; l'autre tient compte et de l'effet qu'on *voit* et de ceux qu'il faut *prévoir*.

Mais cette différence est énorme, car il arrive presque toujours que, lorsque la conséquence immédiate est favorable, les conséquences ultérieures sont funestes, et *vice versa*.

_____

(1) Ce pamphlet, publié en juillet 1850, est le dernier que Bastiat ait écrit. Depuis plus d'un an, il était promis au public. Voici comment son apparition fut retardée. L'auteur en perdit le manuscrit lorsqu'il transporta son domicile de la rue de Choiseul à la rue d'Alger. Après de longues et inutiles recherches, il se décida à recommencer entièrement son oeuvre, et choisit pour base principale de ses démonstrations des discours récemment prononcés à l'Assemblée nationale. Cette tâche finie, il se reprocha d'avoir été trop sérieux, jeta au feu le second manuscrit et écrivit celui que nous réimprimons. (Note de l'éditeur. 1854).

expérience / prévoyance

– D'où il suit que le mauvais Économiste poursuit un petit bien actuel qui sera suivi d'un grand mal à venir, tandis que le vrai économiste poursuit un grand bien à venir, au risque d'une petit mal actuel.

Du reste, il en est ainsi en hygiène, en morale. Souvent, plus le premier fruit d'une habitude est doux, plus les autres sont amers. Témoin : la débauche, la paresse, la prodigalité. Lors donc qu'un homme, frappé de l'effet *qu'on voit*, n'a pas encore appris à discerner ceux *qu'on ne voit pas*, il s'abandonne à des habitudes funestes, non-seulement par penchant, mais par calcul.

Ceci explique l'évolution fatalement douloureuse de l'humanité. L'ignorance entoure son berceau ; donc elle se détermine dans ses actes par leurs premières conséquences, les seules, à son origine, qu'elle puisse voir. Ce n'est qu'à la longue qu'elle apprend à tenir compte des autres. Deux maîtres, bien divers, lui enseignent cette leçon : l'Expérience et la Prévoyance. L'expérience régente efficacement mais brutalement. Elle nous instruit de tous les effets d'un acte en nous les faisant ressentir, et nous ne pouvons manquer de finir par savoir que le feu brûle, à force de nous brûler. A ce rude docteur, j'en voudrais, autant que possible, substituer un plus doux : la Prévoyance. C'est pourquoi je rechercherai les conséquences de quelques phénomènes économiques, opposant à celles *qu'on voit* celles *qu'on ne voit pas*.

I. La Vitre cassée.

Avez-vous jamais été témoin de la fureur du bon bourgeois Jacques Bonhomme, quand son fils terrible est parvenu à casser un carreau de vitre ? Si vous avez assisté à ce spectacle, à coup sûr vous aurez aussi constaté que tous les assistants, fussent-ils trente, semblent s'être donné le mot pour offrir au propriétaire infortuné cette consolation uniforme : « A quelque chose malheur est bon. De tels accidents font aller l'industrie. Il faut que tout le monde vive. Que deviendraient les vitriers, si l'on ne cassait jamais de vitres ? »

Or, il y a dans cette formule de condoléance toute une théorie, qu'il est bon de surprendre *flagrante delicto*, dans ce cas très-simple, attendu que c'est exactement la même que celle qui, par malheur, régit la plupart de nos institutions économiques.

A supposer qu'il faille dépenser six francs pour réparer le dommage, si l'on veut dire que l'accident fait arriver six francs à l'industrie vitrière, qu'il encourage dans la mesure de six francs la susdite industrie, je l'accorde, je ne conteste en aucune façon, on raisonne juste. Le vitrier va venir, il fera sa besogne, touchera six francs, se frottera les mains et bénira dans son cœur l'enfant terrible. *C'est ce qu'on voit.*

Mais si, par voie de déduction, on arrive à conclure, comme on le fait trop souvent, qu'il est bon qu'on casse les vitres, que cela fait circuler l'argent, qu'il en résulte un encouragement pour l'industrie en général, je suis obligé de m'écrier : halte-là ! Votre théorie s'arrête à *ce qu'on voit*, elle ne tient pas compte de *ce qu'on ne voit pas*.

On ne voit pas que, puisque notre bourgeois a dépensé six francs à une chose, il ne pourra plus les dépenser à une autre. *On ne voit pas* que s'il n'eût pas eu de vitre à remplacer, il eût remplacé, par exemple, ses souliers éculés ou mis un livre de plus dans sa bibliothèque. Bref, il aurait fait de ses six francs un emploi quelconque qu'il ne fera pas.

Faisons donc le compte de l'industrie *en général*.

La vitre étant cassée, l'industrie vitrière est encouragée dans la mesure de six francs ; *c'est ce qu'on voit.*

Si la vitre n'eût pas été cassée, l'industrie cordonnière (ou toute autre) eût été encouragée dans la mesure de six francs ; *c'est ce qu'on ne voit pas.*

Et si l'on prenait en considération *ce qu'on ne voit pas*, parce que c'est un fait négatif, aussi bien que *ce que l'on voit*, parce que c'est un fait positif, on comprendrait qu'il n'y a aucun intérêt pour l'industrie *en général,* ou pour l'ensemble du *travail national,* à ce que des vitres se cassent ou ne se cassent pas.

Faisons maintenant le compte de Jacques Bonhomme.

Dans la première hypothèse, celle de la vitre cassée, il dépense six francs, et a, ni plus ni moins que devant, la jouissance d'une vitre.

Dans la seconde, celle où l'accident ne fût pas arrivé, il aurait dépensé six francs en chaussure et aurait eu tout à la fois la jouissance d'une paire de souliers et celle d'une vitre.

Or, comme Jacques Bonhomme fait partie de la société, il faut conclure de là que, considérée dans son ensemble, et toute balance faite de ses travaux et de ses jouissances, elle a perdu la valeur de la vitre cassée.

Par où, en généralisant, nous arrivons à cette conclusion inattendue : « la société perd la valeur des objets inutilement détruits, » – et à cet aphorisme qui fera dresser les cheveux sur la tête des protectionistes : « Casser, briser, dissiper, ce n'est pas encourager le travail national, » ou plus brièvement : « destruction n'est pas profit. »

Que direz-vous, *Moniteur industriel,* que direz-vous, adeptes de ce bon M. de Saint-Chamans, qui a calculé avec tant de précision ce que l'industrie gagnerait à l'incendie de Paris, à raison des maisons qu'il faudrait reconstruire ?

Je suis fâché de déranger ses ingénieux calculs, d'autant qu'il en a fait passer l'esprit dans notre législation. Mais je le prie de les recommencer, en faisant entrer en ligne de compte ce qu'*on ne voit pas* à côté de ce qu'*on voit.*

Il faut que le lecteur s'attache à bien constater qu'il n'y a pas seulement deux personnages, mais trois dans le petit drame que j'ai soumis à son attention. L'un, Jacques Bonhomme, représente le Consommateur, réduit par la destruction à une jouissance au lieu de deux. L'autre, sous la figure du Vitrier, nous montre le Producteur dont l'accident encourage l'industrie. Le troisième est le Cordonnier (ou tout autre industriel) dont le travail est découragé d'autant par la même cause. C'est ce troisième personnage qu'on tient toujours dans l'ombre et qui, personnifiant ce qu'on ne voit pas, est un élément nécessaire du problème. C'est lui qui bientôt nous enseignera qu'il n'est pas moins absurde de voir un profit dans une restriction, laquelle n'est après tout qu'une destruction partielle. – Aussi, allez au fond de tous les arguments qu'on fait valoir en sa faveur, vous n'y trouverez que la paraphase de ce dicton vulgaire : *« Que deviendraient les vitriers, si l'on ne cassait jamais de vitres ? »*

II. Le Licenciement.

Il en est d'un peuple comme d'un homme. Quand il veut se donner une satisfaction, c'est à lui de voir si elle vaut ce qu'elle coûte. Pour une nation, la Sécurité est le plus grand des biens. Si, pour l'acquérir, il faut mettre sur pied cent mille hommes et dépenser cent millions, je n'ai rien à dire. C'est une jouissance achetée au prix d'un sacrifice.

Qu'on ne se méprenne donc pas sur la portée de ma thèse.

Un représentant propose de licencier cent mille hommes pour soulager les contribuables de cent millions.

Si on se borne à lui répondre : « Ces cent mille hommes et ces cent millions sont indispensables à la sécurité nationale ; c'est un sacrifice ; mais, sans ce sacrifice, la France serait déchirée par les factions ou envahie par l'étranger. » – Je n'ai rien à opposer ici à cet argument, qui peut être vrai ou faux en fait, mais qui ne renferme pas théoriquement d'hérésie économique. L'hérésie commence quand on veut représenter le sacrifice lui-même comme un avantage, parce qu'il profite à quelqu'un.

Or, je suis bien trompé, ou l'auteur de la proposition ne sera pas plus tôt descendu de la tribune qu'un orateur s'y précipitera pour dire :

« Licencier cent mille hommes ! y pensez-vous ? Que vont-ils devenir ? de quoi vivront-ils ? sera-ce de travail ?

mais ne savez-vous pas que le travail manque partout ? que toutes les carrières sont encombrées ? Voulez-vous les jeter sur la place pour y augmenter la concurrence et peser sur le taux des salaires ? Au moment où il est si difficile de gagner sa pauvre vie, n'est-il pas heureux que l'État donne du pain à cent mille individus ? Considérez, de plus, que l'armée consomme du vin, des vêtements, des armes, qu'elle répand ainsi l'activité dans les fabriques, dans les villes de garnison, et qu'elle est, en définitive, la Providence de ses innombrables fournisseurs. Ne frémissez-vous pas à l'idée d'anéantir cet immense mouvement industriel ? »

Ce discours, on le voit, conclut au maintien des cent mille soldats, abstraction faite des nécessités du service, et par des considérations économiques. Ce sont ces considérations seules que j'ai à réfuter.

Cent mille hommes, coûtant aux contribuables cent millions, vivent et font vivre leurs fournisseurs autant que cent millions peuvent s'étendre : *c'est ce qu'on voit.*

Mais cent millions, sortis de la poche des contribuables, cessent de faire vivre ces contribuables et leurs fournisseurs, autant que cent millions peut s'étendre : *c'est ce qu'on ne voit pas.* Calculez, chiffrez, et dites-moi où est le profit pour la masse ?

Quant à moi, je vous dirai où est la *perte*, et, pour simplifier, au lieu de parler de cent mille hommes et de cent millions, raisonnons sur un homme et mille francs.

Nous voici dans le village de A. Les recruteurs font la tournée et y enlèvent un homme. Les percepteurs font leur tournée aussi et y enlèvent mille francs. L'homme et la somme sont transportés à Metz, l'une destinée à faire vivre l'autre, pendant un an, sans rien faire. Si vous ne regardez que Metz, oh ! vous avez cent fois raison, la mesure est très avantageuse ; mais si vos yeux se portent sur le village de A, vous jugerez autrement, car, à moins d'être aveugle, vous verrez que ce village a perdu un travailleur et les mille francs qui rémunéraient son travail, et l'activité que, par la dépense de ces mille francs, il répandait autour de lui.

Au premier coup d'œil, il semble qu'il y ait compensation. Le phénomène qui se passait au village se passe à Metz, et voilà tout. Mais voici où est la perte. Au village, un homme bêchait et labourait : c'était un travailleur ; à Metz, il fait des tête droite et des tête gauche : c'est un soldat. L'argent et la circulation sont les mêmes dans les deux cas ; mais, dans l'un, il y avait trois cents journées de travail productif ; dans l'autre, il a trois cents journées de travail improductif, toujours dans la supposition qu'une partie de l'armée n'est pas indispensable à la sécurité publique.

Maintenant, vienne le licenciement. Vous me signalez un surcroît de cent mille travailleurs, la concurrence stimulée et la pression qu'elle exerce sur le taux des salaires. C'est ce que vous voyez.

Mais voici ce que vous ne voyez pas. Vous ne voyez pas que renvoyer cent mille soldats, ce n'est pas anéantir cent millions, c'est les remettre aux contribuables. Vous ne voyez pas que jeter ainsi cent mille travailleurs sur le marché, c'est y jeter, du même coup, les cent millions destinés à payer leur travail ; que, par conséquent, la même mesure qui augmente l'*offre* des bras en augmente aussi la *demande* ; d'où il suit que votre baisse des salaires est illusoire. Vous ne voyez pas qu'avant, comme après le licenciement, il y a dans le pays cent millions correspondant à cent mille hommes ; que toute la différence consiste en ceci : avant, le pays livre les cent millions aux cent mille hommes pour ne rien faire ; après, il les leur livre pour travailler. Vous ne voyez pas, enfin, que lorsqu'un contribuable donne son argent, soit à un soldat en échange de rien, soit à un travailleur en échange de quelque chose, toutes les conséquences ultérieures de la circulation de cet argent sont les mêmes dans des deux cas ; seulement, dans le second cas, le contribuable reçoit quelque chose, dans le premier, il ne reçoit rien. – Résultat : une perte sèche pour la nation.

Le sophisme que je combats ici ne résiste pas à l'épreuve de la progression, qui est la pierre de touche des principes. Si, tout compensé, tous intérêts examinés, il y a *profit national* à augmenter l'armée, pourquoi ne pas enrôler sous les drapeaux toute la population virile du pays ?

III. L'Impôt.

Ne vous est-il jamais arrivé d'entendre dire :

« L'impôt, c'est le meilleur placement ; c'est une rosée fécondante ? Voyez combien de familles il fait vivre, et suivez, par la pensée, ses ricochets sur l'industrie : ç'est l'infini, c'est la vie ».

Pour combattre cette doctrine, je suis obligé de reproduire la réfutation précédente. L'économie politique sait bien que ses arguments ne sont pas assez divertissants pour qu'on en puisse dire : *Repetita placent*. Aussi, comme Basile, elle a arrangé le proverbe à son usage, bien convaincue que dans sa bouche, *Repetita docent*.

Les avantages que les fonctionnaires trouvent à émarger, *c'est ce qu'on voit*. Le bien qui en résulte pour leurs fournisseurs, *c'est ce qu'on voit encore*. Cela crève les yeux du corps.

Mais le désavantage que les contribuables éprouvent à se libérer, *c'est ce qu'on ne voit pas*, et le dommage qui en résulte pour leurs fournisseurs, *c'est ce qu'on ne voit pas davantage*, bien que cela dût sauter aux yeux de l'esprit.

Quand un fonctionnaire dépense à son profit *cent sous de plus*, cela implique qu'un contribuable dépense à son profit *cent sous de moins*. Mais la dépense du fonctionnaire *se voit*, parce qu'elle se fait ; tandis que celle du contribuable *ne se voit pas*, parce que, hélas ! on l'empêche de se faire.

Vous comparez la nation à une terre desséchée et l'impôt à une pluie féconde. Soit. Mais vous devriez vous demander aussi où sont les sources de cette pluie, et si ce n'est pas précisément l'impôt qui pompe l'humidité du sol et le dessèche.

Vous devriez vous demander encore s'il est possible que le sol reçoive autant de cette eau précieuse par la pluie qu'il en perd par l'évaporation ?

Ce qu'il y a de très-positif, c'est que, quand Jacques Bonhomme compte cent sous au percepteur, il ne reçoit rien en retour. Quand, ensuite, un fonctionnaire dépensant ces cent sous, les rend à Jacques Bonhomme, c'est contre une valeur égale en blé ou en travail. Le résultat définitif est pour Jacques Bonhomme une perte de cinq francs.

Il est très-vrai que souvent, le plus souvent si l'on veut, le fonctionnaire rend à Jacques Bonhomme un service équivalent. En ce cas, il n'y a pas perte de part ni d'autre, il n'y a qu'échange. Aussi, mon argumentation ne s'adresse-t-elle nullement aux fonctions utiles. Je dis ceci : si vous voulez créer une fonction, prouvez son utilité. Démontrez qu'elle vaut à Jacques Bonhomme, par les services qu'elle lui rend, l'équivalent de ce qu'elle lui coûte. Mais, abstraction faite de cette utilité intrinsèque, n'invoquez pas comme argument l'avantage qu'elle confère au fonctionnaire, à sa famille et à ses fournisseurs ; n'alléguez pas qu'elle favorise le travail.

Quand Jacques Bonhomme donne cent sous à un fonctionnaire contre un service réellement utile, c'est exactement comme quand il donne cent sous à un cordonnier contre une paire de souliers. Donnant donnant, partant quittes. Mais, quand Jacques Bonhomme livre cent sous à un fonctionnaire, pour n'en recevoir aucun service ou même pour en recevoir des vexations, c'est comme s'il les livrait à un voleur. Il ne sert de rien de dire que le fonctionnaire dépensera ces cent sous au grand profit du travail national ; autant en eût fait le voleur ; autant en ferait Jacques Bonhomme s'il n'eût rencontré sur son chemin ni le parasite extra-légal ni le parasite légal.

Habituons-nous donc à ne pas juger des choses seulement par *ce qu'on voit*, mais encore par *ce qu'on ne voit pas*.

L'an passé, j'étais du Comité des finances, car, sous la

Constituante, les membres de l'opposition n'étaient pas systématiquement exclus de toutes les Commissions ; en cela, la Constituante agissait sagement. Nous avons entendu M. Thiers dire : « J'ai passé ma vie à combattre les hommes du parti légitimiste et du parti prêtre. Depuis que le danger commun nous a rapproché, depuis que je les fréquente, que les connais, que nous nous parlons cœur à cœur, je me suis aperçu que ce ne sont pas les monstres que je m'étais figurés. »

Oui, les défiances s'exagèrent, les haines s'exaltent entre les partis qui ne se mêlent pas ; et si la majorité laissait pénétrer dans le sein des Commissions quelques membres de la minorité, peut-être reconnaîtrait-on, de part et d'autre, que les idées ne sont pas aussi éloignées et surtout les intentions aussi perverses qu'on le suppose.

Quoi qu'il en soit, l'an passé, j'étais du Comité des finances. Chaque fois qu'un de nos collègues parlait de fixer à un chiffre modéré le traitement du Président de la République, des ministres, des ambassadeurs, on lui répondait :

« Pour le bien même du service, il faut entourer certaines fonctions d'éclat et de dignité. C'est le moyen d'y appeler les hommes de mérite. D'innombrables infortunes s'adressent au Président de la République, et ce serait le placer dans une position pénible que de le forcer à toujours refuser. Une certaine représentation dans les salons ministériels et diplomatiques est un des rouages des gouvernements constitutionnels, etc., etc. »

Quoique de tels arguments puissent être controversés, ils méritent certainement un sérieux examen. Ils sont fondés sur l'intérêt public, bien ou mal apprécié ; et, quant à moi, j'en fais plus de cas que beaucoup de nos Catons, mus par un esprit étroit de lésinerie ou de jalousie.

Mais ce qui révolte ma conscience d'économiste, ce qui me fait rougir pour la renommée intellectuelle de mon pays, c'est quand on en vient (ce à quoi on ne manque jamais) à cette banalité absurde, et toujours favorablement accueillie :

« D'ailleurs, le luxe des grands fonctionnaires encourage les arts, l'industrie, le travail. Le chef de l'Etat et ses ministres ne peuvent donner des festins et des soirées sans faire circuler la vie dans toutes les veines du corps social. Réduire leurs traitements, c'est affamer l'industrie parisienne et, par contre-coup, l'industrie nationale. »

De grâce, Messieurs, respectez au moins l'arithmétique et ne venez pas dire, devant l'Assemblée nationale de France, de peur qu'à sa honte elle ne vous approuve, qu'une addition donne une somme différente, selon qu'on la fait de haut en bas ou de bas en haut.

Quoi ! je vais m'arranger avec un terrassier pour qu'il fasse une rigole dans mon champ, moyennant cent sous. Au moment de conclure, le percepteur me prend mes cent sous et les fait passer au ministre de l'intérieur ; mon marché est rompu, mais M. le ministre ajoutera un plat de plus à son dîner. Sur quoi, vous osez affirmer que cette dépense officielle est un surcroît ajouté à l'industrie nationale ! Ne comprenez-vous pas qu'il n'y a là qu'un simple *déplacement* de satisfaction et de travail ? Un ministre a sa table mieux garnie, c'est vrai ; mais un agriculteur a un champ moins bien desséché, et c'est tout aussi vrai. Un traiteur parisien a gagné cent sous, je vous l'accorde ; mais accordez-moi qu'un terrassier provincial a manqué de gagner cinq francs. Tout ce qu'on peut dire, c'est que le plat officiel et le traiteur satisfait, *c'est ce qu'on voit* ; le champ noyé et le terrassier désœuvré, *c'est ce qu'on ne voit pas*.

Bon Dieu ! que de peine à prouver, en économie politique, que deux et deux font quatre ; et, si vous y parvenez, on s'écrie : « c'est si clair, que c'en est ennuyeux. » – Puis on vote comme si vous n'aviez rien prouvé du tout.

IV. Théâtres, Beaux-arts.

L'État doit-il subventionner les arts ?

Il y a certes beaucoup à dire Pour et Contre.

En faveur du système des subventions, on peut dire que les arts élargissent, élèvent et poétisent l'âme d'une nation, qu'ils l'arrachent à des préoccupations matérielles, lui donnent le sentiment du beau, et réagissent ainsi favorablement sur ses manières, ses coutumes, ses mœurs et même sur son industrie. On peut se demander où en serait la musique en France, sans le Théâtre-Italien et le Conservatoire ; l'art dramatique, sans le Théâtre-Francais ; la peinture et la sculpture, sans nos collections et nos musées. On peut aller plus loin et se demander si, sans la centralisation et par conséquent la subvention des beaux-arts, ce goût exquis se serait développé, qui est le noble apanage du travail français et impose ses produits à l'univers entier. En présence de tels résultats, ne serait-ce pas une haute imprudence que de renoncer à cette modique cotisation de tous les citoyens qui, en définitive, réalise, au milieu de l'Europe, leur supériorité et leur gloire ?

A ces raisons et bien d'autres, dont je ne conteste pas la force, on peut en opposer de non moins puissantes. Il y a d'abord, pourrait-on dire, une question de justice distributive. Le droit du législateur va-t-il jusqu'à ébrécher le salaire de l'artisan pour constituer un supplément de profits à l'artiste ? M. Lamartine disait : Si vous supprimez la subvention d'un théâtre, où vous arrêterez-vous dans cette voie, et ne serez-vous pas logiquement entraînés à supprimer vos Facultés, vos Musées, vos Instituts, vos Bibliothèques ? On pourrait répondre : Si vous voulez subventionner tout ce qui est bon et utile, où vous arrêterez-vous dans cette voie, et ne serez-vous pas entraînés logiquement à constituer une liste civile à l'agriculture, à l'industrie, au commerce, à la bienfaisance, à l'instruction ? Ensuite, est-il certain que les subventions favorisent le progrès de l'art ? C'est une question qui est loin d'être résolue, et nous voyons de nos yeux que les théâtres qui prospèrent sont ceux qui vivent de leur propre vie. Enfin, s'élevant à des considérations plus hautes, on peut faire observer que les besoins et les désirs naissent les uns des autres et s'élèvent dans des régions de plus en plus épurées, à mesure que la richesse publique permet de les satisfaire ; que le gouvernement n'a point à se mêler de cette correspondance, puisque, dans un état donné de la fortune actuelle, il ne saurait stimuler, par l'impôt, les industries de luxe sans froisser les industries de nécessité, intervertissant ainsi le marché naturelle de la civilisation. On peut faire observer que ces déplacements artificiels des besoins, des goûts, du travail et de la population, placent les peuples dans une situation précaire et dangereuse, qui n'a plus de base solide.

Voilà quelques-unes des raisons qu'allèguent les adversaires de l'intervention de l'État, en ce qui concerne l'ordre dans lequel les citoyens croient devoir satisfaire leurs besoins et leurs désirs, et par conséquent diriger leur activité. Je suis de ceux, je l'avoue, qui pensent que le choix, l'impulsion doit venir d'en bas, non d'en haut, des citoyens, non du législateur ; et la doctrine contraire me semble conduire à l'anéantissement de la liberté et de la dignité humaine.

Mais, par une déduction aussi fausse qu'injuste, sait-on de quoi on accuse les économistes ? C'est, quand nous repoussons la subvention, de repousser la chose même qu'il s'agit de subventionner, et d'être les ennemis de tous les genres d'activité, parce que nous voulons que ces activités, d'une part soient libres, et de l'autre cherchent en elles-mêmes leur propre récompense. Ainsi, demandons-nous que l'État n'intervienne pas, par l'impôt, dans les matières religieuses ? nous sommes des athées. Demandons-nous que l'État n'intervienne pas, par l'impôt, dans l'éducation ? nous haïssons les lumières. Disons-nous que l'Etat ne doit pas donner, par l'impôt, une valeur factice au sol, à tel ordre *libre développement !*

d'industrie ? nous sommes les ennemis de la propriété et du travail. Pensons-nous que l'État ne doit pas subventionner les artistes ? nous sommes des barbares qui jugeons les arts inutiles.

Je proteste ici de toutes mes forces contre ces déductions.

Loin que nous entretenions l'absurde pensée d'anéantir la religion, l'éducation, la propriété, le travail et les arts quand nous demandons que l'État protège le libre développement de tous ces ordres d'activité humaine, sans les soudoyer aux dépens les uns des autres, nous croyons au contraire que toutes ces forces vives de la société se développeraient harmonieusement sous l'influence de la liberté, qu'aucune d'elles ne deviendrait, comme nous le voyons aujourd'hui, une source de troubles, d'abus, de tyrannie et de désordre.

Nos adversaires croient qu'une activité qui n'est ni soudoyée ni réglementée est une activité anéantie. Nous croyons le contraire. Leur foi est dans le législateur, non dans l'humanité. La nôtre est dans l'humanité, non dans le législateur.

Ainsi, M. Lamartine disait : Au nom de ce principe, il faut *abolir* les expositions publiques qui font l'honneur et la richesse de ce pays.

Je réponds à M. Lamartine : A votre point de vue, *ne pas subventionner* c'est *abolir*, parce que, partant de cette donnée que rien n'existe que par la volonté de l'État, vous en concluez que rien ne vit que ce que l'impôt fait vivre. Mais je retourne contre vous l'exemple que vous avez choisi, et je vous fait observer que la plus grande, la plus noble des expositions, celle qui est conçue dans la pensée la plus libérale, la plus universelle, et je puis même me servir du mot humanitaire, qui n'est pas ici exagéré, c'est l'exposition qui se prépare à Londres, la seule dont aucun gouvernement ne se mêle et qu'aucun impôt ne soudoie.

Revenant aux beaux-arts, on peut, je le répète, alléguer pour et contre le système des subventions des raisons puissantes. Le lecteur comprend que, d'après l'objet spécial de cet écrit, je n'ai ni à exposer ces raisons, ni à décider entre elles.

Mais M. Lamartine a mis en avant un argument que je ne puis passer sous silence, car il rentre dans le cercle très précis de cette étude économique.

Il a dit :

La question économique, en matière de théâtres, se résume en un seul mot : c'est du travail. peu importe la nature de ce travail, c'est un travail aussi fécond, aussi productif que toute autre nature de travaux dans une nation. Les théâtres, vous le savez, ne nourrissent pas moins, ne salarient pas moins, en France, de quatre vingt mille ouvriers de toute nature, peintres, maçons, décorateurs, costumiers, architectes, etc., qui sont la vie même et le mouvement de plusieurs quartiers de cette capitale, et, à ce titre, ils doivent obtenir vos sympathies !

Vos sympathies ! – traduisez : vos subventions.

Et plus loin :

Les plaisirs de Paris sont le travail et la consommation des départements, et les luxes du riche sont le salaire et le pain de deux cent mille ouvriers de toute espèce, vivant de l'industrie si multiple des théâtres sur la surface de la République, et recevant de ces plaisirs nobles, qui illustrent la France, l'aliment de leur vie et le nécessaire de leurs familles et de leurs enfants. C'est à eux que vous donnerez ces 60 000 fr. (Très-bien ! très-bien ! marques nombreuses d'approbation.)

Pour moi, je suis forcé de dire : *très-mal très-mal !* en restreignant, bien entendu, la portée de ce jugement à l'argument économique dont il est ici question.

Oui, c'est aux ouvriers des théâtres qu'iront, du moins en partie, les 60 000 fr. dont il s'agit. Quelques bribes pourront bien s'égarer en chemin. Même, si on scrutait la chose de près, peut-être découvrirait-on que le gâteau prendra une autre route ; heureux les ouvriers s'il leur reste quelques miettes ! Mais je veux bien admettre que la subvention entière ira aux peintres, décorateurs, costumiers, coiffeurs, etc. *C'est ce qu'on voit.* Mais d'où vient-elle ? Voilà le

taxes = déplacement

revers de la question, tout aussi important à examiner que la *face*. Où est la source de ces 60 000 fr. ? Et *où iraient-ils*, si un vote législatif ne les dirigeait d'abord vers la rue Rivoli et de là vers la rue Grenelle ? *C'est ce qu'on ne voit pas.*

Assurément nul n'osera soutenir que le vote législatif a fait éclore cette somme dans l'urne du scrutin ; qu'elle est une pure addition faite à la richesse nationale ; que, sans ce vote miraculeux, ces soixante mille francs eussent été à jamais invisibles et impalpables. Il faut bien admettre que tout ce qu'a pu faire la majorité, c'est de décider qu'ils seraient pris quelque part pour être envoyés quelque part, et qu'ils ne recevraient une destination que parce qu'ils seraient détournés d'une autre. La chose étant ainsi, il est clair que le contribuable qui aura été taxé à un franc, n'aura plus ce franc à sa disposition. Il est clair qu'il sera privé d'une satisfaction dans la mesure d'un franc, et que l'ouvrier, quel qu'il soit, qui la lui aurait procurée, sera privé de salaire dans la même mesure. Ne nous faisons donc pas cette puérile illusion de croire que le vote du 16 mai *ajoute* quoi que ce soit au bien-être et au travail national. Il *déplace* les jouissances, il *déplace* les salaires, voilà tout.

Dira-t-on qu'à un genre de satisfaction et à un genre de travail, il substitue des satisfactions et des travaux plus urgents, plus moraux, plus raisonnables ? Je pourrais lutter sur ce terrain. Je pourrais dire : En arrachant 60 000 fr. aux contribuables, vous diminuez les salaires des laboureurs, terrassiers, charpentiers, forgerons, et vous augmentez d'autant les salaires des chanteurs, coiffeurs, décorateurs, et costumiers. Rien ne prouve que cette dernière classe soit plus intéressante que l'autre. M. Lamartine ne l'allègue pas. Il dit lui-même que le travail des théâtres est *aussi* fécond, *aussi* productif (et non *plus*) que tout autre, ce qui pourrait encore être contesté ; car la meilleure preuve que le second n'est pas aussi fécond que le premier, c'est que celui-ci est appelé à soudoyer celui-là.

Mais cette comparaison entre la valeur et le mérite intrinsèque des diverses natures de travaux n'entre pas dans mon sujet actuel. Tout ce que j'ai à faire ici, c'est montrer que si M. Lamartine et les personnes qui ont applaudi à son argumentation ont vu, de l'œil gauche, les salaires gagnés par les fournisseurs des comédiens, ils auraient dû voir, de l'œil droit, les salaires perdus pour les fournisseurs des contribuables ; faute de quoi, ils se sont exposés au ridicule de prendre un *déplacement* pour un gain. S'ils étaient conséquents à leur doctrine, ils demanderaient des subventions à l'infini ; car ce qui est vrai d'un franc et de 60 000 fr., est vrai, dans des circonstances identiques, d'un milliard de francs.

Quand il s'agit d'impôts, messieurs, prouvez-en l'utilité par des raisons tirées du fond, mais non point par cette malencontreuse assertion : « Les dépenses publiques font vivre la classe ouvrière. » Elle a le tort de dissimuler un fait essentiel, à savoir, que les *dépenses publiques* se substituent *toujours à des dépenses privées*, et que, par conséquent, elles font bien vivre un ouvrier au lieu d'un autre, mais n'ajoutent rien au lot de la classe ouvrière prise en masse. Votre argumentation est fort de mode, mais elle est trop absurde pour que la raison n'en ait pas raison.

V. Travaux publics.

Qu'une nation, après s'être assurée qu'une grande entreprise doit profiter à la communauté, la fasse exécuter sur le produit d'une cotisation commune, rien de plus naturel. Mais la patience m'échappe, je l'avoue, quand j'entends alléguer à l'appui d'une telle résolution cette bévue économique : « C'est d'ailleurs le moyen de créer du travail pour les ouvriers. »

L'État ouvre un chemin, bâtit un palais, redresse une rue, perce un canal ; par là, il donne du travail à certains ouvriers, *c'est ce qu'on voit* ; mais il prive de travail certains autres ouvriers, *c'est ce qu'on ne voit pas.*

Voilà la route en cours d'exécution. Mille ouvriers arrivent tous les matins, se retirent tous les soirs, emportent leur salaire, cela est certain. Si la route n'eût pas été décrétée, si les fonds n'eussent pas été votés, ces braves gens n'eussent rencontré là, ni ce travail ni ce salaire ; cela est certain encore.

Mais est-ce tout ? L'opération, dans son ensemble, n'embrasse-t-elle pas autre chose ? Au moment où M. Dupin prononce les paroles sacramentelles : « L'Assemblée a adopté, » les millions descendent-ils miraculeusement sur un rayon de la lune dans les coffres de MM. Fould et Bineau ? Pour que l'évolution, comme on dit, soit complète, ne faut-il pas que l'État organise la recette aussi bien que la dépense ? qu'il mette ses percepteurs en campagne et ses contribuables à contribution ?

Étudiez donc la question dans ses deux éléments. Tout en constatant la destination que l'État donne aux millions votés, ne négligez pas de constater aussi la destination les contribuables auraient donnée – et ne peuvent plus donner – à ces mêmes millions. Alors, vous comprendrez qu'une entreprise publique est une médaille à deux revers. Sur l'une figure un ouvrier occupé, avec cette devise : *Ce qu'on voit ;* sur l'autre, un ouvrier inoccupé, avec cette devise : *Ce qu'on ne voit pas.*

Le sophisme que je combats dans cet écrit est d'autant plus dangereux, appliqué aux travaux publics, qu'il sert à justifier les entreprises et les prodigalités les plus folles. Quand un chemin de fer ou un pont ont une utilité réelle, il suffit d'invoquer cette utilité. Mais si on ne le peut, que fait-on ? On a recours à cette mystification : « Il faut procurer de l'ouvrage aux ouvriers. »

Cela dit, on ordonne de faire et défaire les terrasses du Champ de Mars. Le grand Napoléon, on le sait, croyait faire œuvre philanthropique en faisant creuser et combler des fossés. Il disait aussi : Qu'importe le résultat ? Il ne faut voir que la richesse répandue parmi les classes laborieuses.

Allons au fond des choses. L'argent nous fait illusion. Demander le concours, sous forme d'argent, de tous les citoyens à une œuvre commune, c'est en réalité leur demander un concours en nature ; car chacun d'eux se procure, par le travail, la somme à laquelle il est taxé. Or, que l'on réunisse tous les citoyens pour leur faire exécuter, par prestation, une œuvre utile à tous, cela pourrait se comprendre ; leur récompense serait dans les résultats de l'œuvre elle-même. Mais qu'après les avoir convoqués, on les assujettisse à faire des routes où nul ne passera, des palais que nul n'habitera, et cela, sous prétexte de leur procurer du travail ; voilà qui serait absurde et ils seraient, certes, fondés à objecter : De ce travail-là nous n'avons que faire ; nous aimons mieux travailler pour notre propre compte.

Le procédé qui consiste à faire concourir les citoyens en argent et non en travail ne change rien à ces résultats généraux. Seulement, par ce dernier prodédé, la perte se répartirait sur tout le monde. Par le premier, ceux que l'État occupe échappent à leur part de perte, en l'ajoutant à celle que leurs compatriotes ont déjà à subir.

Il y a un article de la Constitution qui porte :

« La société favorise et encourage le développement du travail... par l'établissement par l'État, les départements et les communes, de travaux publics propres à employer les bras inoccuppés. »

Comme mesure temporaire, dans un temps de crise, pendant un hiver rigoureux, cette intervention du contribuable peut avoir de bons effets. Elle agit dans le même sens que les assurances. Elle n'ajoute rien au travail ni au salaire, mais elle prend du travail et des salaires sur les temps ordinaires pour en doter, avec perte il est vrai, des époques difficiles.

Comme mesure permanente, générale, systématique, ce n'est autre chose qu'une mystification ruineuse, une impossibilité, une contradiction qui montre un peu de travail stimulé qu'*on voit*, et cache beaucoup de travail empêché qu'*on ne voit pas.*

public : parasite !

VI. Les Intermédiaires.

La société est l'ensemble des services que les hommes se rendent forcément ou volontairement les uns aux autres, c'est-à-dire des *services publics* et des *services privés*.

Les premiers, imposés et réglementés par la loi, qu'il n'est pas toujours aisé de changer quand il le faudrait, peuvent survivre longtemps, avec elle, à leur propre utilité, et conserver encore le nom de *services publics,* même quand ils ne sont plus des services du tout, même quand ils ne sont plus que de publiques vexations. Les seconds sont du domaine de la volonté, de la responsabilité individuelle. Chacun en rend et en reçoit ce qu'il veut, ce qu'il peut, après débat contradictoire. Ils ont toujours pour eux la présomption d'utilité réelle, exactement mesurée par leur valeur comparative.

C'est pourquoi ceux-là sont si souvent frappés d'immobilisme, tandis que ceux-ci obéissent à la loi du progrès.

Pendant que le développement exagéré des services publics, par la déperdition de forces qu'il entraîne, tend à constituer au sein de la société un funeste parasitisme, il est assez singulier que plusieurs sectes modernes, attribuant ce caractère aux services libres et privés, cherchent à transformer les professions en fonctions.

Ces sectes s'élèvent avec force contre ce qu'elles nomment les *intermédiaires.* Elles supprimeraient volontiers le capitaliste, le banquier, le spéculateur, l'entrepreneur, le marchand et le négociant, les accusant de s'interposer entre la production et la consommation pour les rançonner toutes deux, sans leur rendre aucune valeur. – Ou plutôt elles voudraient transférer à l'État l'œuvre qu'ils accomplissent, car cette œuvre ne saurait être supprimée.

Le sophisme des socialistes sur ce point consiste à montrer au public ce qu'il paye aux *intermédiaires* en échange de leurs services, et à lui cacher ce qu'il faudrait payer à l'État. C'est toujours la lutte entre ce qui frappe les yeux et ce qui ne se montre qu'à l'esprit, entre *ce qu'on voit* et *ce qu'on ne voit pas.*

SOCIALISME

→ fresh théorie !

Ce fut surtout en 1847 et à l'occasion de la disette que les écoles socialistes cherchèrent et réussirent à populariser leur funeste théorie. Elles savaient bien que la plus absurde propagande a toujours quelques chances auprès des hommes qui souffrent ; *malesuada fames.*

Donc, à l'aide des grands mots : *Exploitation de l'homme par l'homme, spéculation sur la faim, accaparement,* elles se mirent à dénigrer le commerce et à jeter un voile sur ses bienfaits.

« Pourquoi, disaient-elles, laisser aux négociants le soin de faire venir des subsistances des États-Unis et de la Crimée ? Pourquoi l'État, les départements, les communes n'organisent-ils pas un service d'approvisionnement et des magasins de réserve ? Ils vendraient au *prix de revient*, et le peuple, le pauvre peuple serait affranchi du tribut qu'il paye au commerce libre, c'est-à-dire égoïste, individualiste et anarchique. »

Le tribut que le peuple paye au commerce, *c'est ce qu'on voit*. Le tribut que le peuple payerait à l'État ou à ses agents, dans le système socialiste, *c'est ce qu'on ne voit pas*. En quoi consiste ce prétendu tribut que le peuple paye au commerce ? En ceci : que deux hommes se rendent réciproquement service, en toute liberté, sous la pression de la concurrence et à prix débattu. Quand l'estomac qui a faim est à Paris et que le blé qui peut le satisfaire est à Odessa, la souffrance ne peut cesser que le blé ne se rapproche de l'estomac. Il y a trois moyens pour que ce rapprochement s'opère : 1° Les hommes affamés peuvent aller eux-mêmes chercher le blé ; 2° ils peuvent s'en remettre à ceux qui font ce métier ; 3° ils peuvent se cotiser et charger des fonctionnaires publics de l'opération.

De ces trois moyens, quel est le plus avantageux ?

En tout temps, en tout pays, et d'autant plus qu'ils sont plus libres, plus éclairés, plus expérimentés, les hommes ayant *volontairement* choisi le second, j'avoue que cela suffit pour mettre, à mes yeux, la présomption de ce côté. Mon esprit se refuse à admettre que l'humanité en masse se trompe sur un point qui la touche de si près [1].

Examinons cependant.

Que trente-six millions de citoyens partent pour aller chercher à Odessa le blé dont ils ont besoin, cela est évidemment inexécutable. Le premier moyen ne vaut rien. Les consommateurs ne peuvent agir par eux-mêmes, force leur est d'avoir recours à des *intermédiaires,* fonctionnaires ou négociants.

Remarquons cependant que ce premier moyen serait le plus naturel. Au fond, c'est à celui qui a faim d'aller chercher son blé. C'est une *peine* qui le regarde ; c'est un service qu'il se doit à lui-même. Si un autre, à quelque titre que ce soit, lui rend ce *service* et prend cette peine pour lui, cet autre a droit à une compensation. Ce que je dis ici, c'est pour constater que les services des intermédiaires portent en eux le principe de la rémunération.

Quoi qu'il en soit, puisqu'il faut recourir à ce que les socialistes nomment un parasite, quel est, du négociant ou du fonctionnaire, le parasite le moins exigeant ?

Le commerce (je le suppose libre, sans quoi comment pourrais-je raisonner ?) le commerce, dis-je, est porté, par intérêt, à étudier les saisons, à constater jour par jour l'état des récoltes, à recevoir des informations de tous les points du globe, à prévoir les besoins, à se précautionner d'avance. Il a des navires tout prêts, des correspondants partout, et son intérêt immédiat est d'acheter au meilleur marché possible, d'économiser sur tous les détails de l'opération, et d'atteindre les plus grands résultats avec les moindres efforts. Ce ne sont pas seulement les négociants français, mais les négociants du monde entier qui s'occupent de l'approvisionnement de la France pour le jour du besoin ; et

---

(1) L'auteur a souvent invoqué la présomption de vérité qui s'attache au consentement universel manifesté par la pratique de tous les hommes. (Note de l'éditeur. 1854)

si l'intérêt les porte invinciblement à remplir leur tâche aux moindres frais, la concurrence qu'ils se font entre eux les porte non moins invinciblement à faire profiter les consommateurs de toutes les économies réalisées. Le blé arrivé, le commerce a intérêt à le vendre au plus tôt pour éteindre ses risques, réaliser ses fonds et recommencer s'il y a lieu. Dirigé par la comparaison des prix, il distribue les aliments sur toute la surface du pays, en commençant toujours par le point le plus cher, c'est-à-dire où le besoin se fait le plus sentir. Il n'est donc pas possible d'imaginer une *organisation* mieux calculée dans l'intérêt de ceux qui ont faim, et la beauté de cette organisation, inaperçue des socialistes, résulte précisément de ce qu'elle est libre. – A la vérité, le consommateur est obligé de rembourser au commerce ses frais de transports, de transbordements, de magasinage, de commission, etc. ; mais dans quel système ne faut-il pas que celui qui mange le blé rembourse les frais qu'il faut faire pour qu'il soit à sa portée ? Il y a de plus à payer la rémunération du *service rendu* ; mais, quant à sa quotité, elle est réduite au *minimum* possible par la concurrence ; et, quant à sa justice, il serait étrange que les artisans de Paris ne travaillassent pas pour les négociants de Marseille, quand les négociants de Marseille travaillent pour les artisans de Paris.

Que, selon l'invention socialiste, l'État se substitue au commerce, qu'arrivera-t-il ? Je prie qu'on me signale où sera, pour le public, l'économie. Sera-t-elle dans le prix d'achat ? Mais qu'on se figure les délégués de quarante mille communes arrivant à Odessa à un jour donné et au jour du besoin ; qu'on se figure l'effet sur les prix. Sera-t-elle dans les frais ? Mais faudra-t-il moins de navires, moins de marins, moins de transbordements, moins de magasinages, ou sera-t-on dispensé de payer toutes ces choses ? Sera-t-elle dans le profit des négociants ? Mais est-ce que vos délégués et vos fonctionnaires iront pour rien à Odessa ? Est-ce qu'ils voyageront et travailleront sur le principe de la fraternité ? Ne faudra-t-il pas qu'ils vivent ? ne faudra-t-il pas que leur

temps soit payé ? Et croyez-vous que cela ne dépassera pas
mille fois les deux ou trois pour cent que gagne le négociant,
taux auquel il est prêt à souscrire ?

Et puis, songez à la difficulté de lever tant d'impôts, de
répartir tant d'aliments. Songez aux injustices, aux abus
inséparables d'une telle entreprise. Songez à la responsabilité qui pèserait sur le gouvernement.

Les socialistes qui ont inventé ces folies, et qui, aux jours
de malheur, les soufflent dans l'esprit des masses, se décer-
nent libéralement le titre d'*homme avancés*, et ce n'est pas
sans quelque danger que l'usage, ce tyran des langues, rati-
fie le mot et le jugement qu'il implique. *Avancés !* ceci suppose que ces messieurs ont la vue plus longue que le vulgaire ; que leur seul tort est d'être trop en avant du siècle, et
que si le temps n'est pas encore venu de supprimer certains
services libres, prétendus parasites, la faute en est au public
qui est en arrière du socialisme. En mon âme et conscience,
c'est le contraire qui est vrai, et je ne sais à quel siècle barbare il faudrait remonter pour trouver, sur ce point, le niveau
des connaissances socialistes.

Les sectaires modernes opposent sans cesse l'association à
la société actuelle. Ils ne prennent pas garde que la société,
sous un régime libre, est une association véritable, bien
supérieure à toutes celles qui sortent de leur féconde imagination.

Élucidons ceci par un exemple :

Pour qu'un homme puisse, en se levant, revêtir un habit, il
faut qu'une terre ait été close, défrichée, desséchée, labou-
rée, ensemencée d'une certaine sorte de végétaux ; il faut
que des troupeaux s'en soient nourris, qu'ils aient donné
leur laine, que cette laine ait été filée, tissée, teinte et
convertie en drap ; que ce drap ait été coupé, cousu, façonné
en vêtement. Et cette série d'opérations en implique une
foule d'autres ; car elle suppose l'emploi d'instruments ara-
toires, de bergeries, d'usines, de houille, de machines, de
voitures, etc.

Si la société n'était pas une association très-réelle, celui qui veut un habit serait réduit à travailler dans l'isolement, c'est-à-dire à accomplir lui-même les actes innombrables de cette série, depuis le premier coup de pioche qui le commence jusqu'au dernier coup d'aiguille qui le termine.

Mais, grâce à la sociabilité qui est le caractère distinctif de notre espèce, ces opérations se sont distribuées entre une multitude de travailleurs, et elles subdivisent de plus en plus pour le bien commun, à mesure que, la consommation devenant plus active, un acte spécial peut alimenter une industrie nouvelle. Vient ensuite la répartition du produit, qui s'opère suivant le contingent de valeur que chacun a apporté à l'œuvre totale. Si ce n'est pas là de l'association, je demande ce que c'est.

Remarquez qu'aucun des travailleurs n'ayant tiré du néant la moindre particule de matière, ils se sont bornés à se rendre des services réciproques, à s'entr'aider dans un but commun, et que tous peuvent être considérés, les uns à l'égard des autres, comme des *intermédiaires*. Si, par exemple, dans le cours de l'opération, le transport devient assez important pour occuper une personne, le filage une seconde, le tissage une troisième, pourquoi la première serait-elle regardée comme plus parasite que les deux autres ? Ne faut-il pas que le transport se fasse ? Celui qui le fait n'y consacre-t-il pas du temps et de la peine ? n'en épargne-t-il pas à ses associés ? Ceux-ci font-ils plus ou autre chose que lui ? Ne sont-ils pas tous également soumis pour la rémunération, c'est-à-dire pour le partage du produit, à la loi du *prix débattu* ? N'est-ce pas, en toute liberté, pour le bien commun, que cette séparation de travaux s'opère et que ces arrangements sont pris ? Qu'avons-nous donc besoin qu'un socialiste, sous prétexte d'organisation, vienne despotiquement détruire nos arrangements volontaires, arrêter la division du travail, substituer les efforts isolés aux efforts associés et faire reculer la civilisation ?

L'association, telle que je la décris ici, en est-elle moins association, parce que chacun y entre et sort librement, y choisit sa place, juge et stipule pour lui-même sous sa responsabilité, et y apporte le ressort et la garantie de l'intérêt personnel ? Pour qu'elle mérite ce nom, est-il nécessaire qu'un prétendu réformateur vienne nous imposer sa formule et sa volonté et concentrer, pour ainsi dire, l'humanité en lui-même ?

Plus on examine ces *écoles avancées*, plus on reste convaincu qu'il n'y a qu'une chose au fond : l'ignorance se proclamant infaillible et réclamant le despotisme au nom de cette infaillibilité.

Que le lecteur veuille bien excuser cette digression. Elle n'est peut-être pas inutile au moment où, échappées des livres saint-simoniens, phalanstériens et icariens, les déclamations contre les Intermédiaires envahissent le journalisme et la tribune, et menacent sérieusement la liberté du travail et des transactions.

VII. Restriction.

M. Prohibant (ce n'est pas moi qui l'ai nommé, c'est M. Charles Dupin, qui depuis... mais alors...), M. Prohibant consacrait son temps et ses capitaux à convertir en fer le minerai de ses terres. Comme la nature avait été plus prodigue envers les Belges, ils donnaient le fer aux Français à meilleur marché que M. Prohibant, ce qui signifie que tous les Français, ou la France, pouvaient obtenir une quantité donnée de fer *avec moins de travail*, en l'achetant aux honnêtes Flamands. Aussi, guidés par leur intérêt, ils n'y faisaient faute, et tous les jours on voyait une multitude de cloutiers, forgerons, charrons, mécaniciens, maréchaux-ferrants et laboureurs, aller par eux-mêmes, ou par des intermédiaires, se pourvoir en Belgique. Cela déplut fort à M. Prohibant. D'abord l'idée lui vint d'arrêter cet abus par ses propres forces. C'était bien le moins, puisque lui seul en souffrait. Je prendrai ma carabine, se dit-il, je mettrai quatre pistolets à ma ceinture, je garnirai ma giberne, je ceindrai ma flamberge, et je me porterai, ainsi équipé à la frontière. Là, le premier forgeron, cloutier, maréchal, mécanicien ou serrurier qui se présente, pour faire ses affaires et non les miennes, je le tue, pour lui apprendre à vivre.

Au moment de partir, M. Prohibant fit quelques réflexions qui tempérèrent un peu son ardeur belliqueuse. Il se dit : D'abord, il n'est pas absolument impossible que les acheteurs de fer, mes compatriotes et ennemis, ne prennent mal la chose, et qu'au lieu de se laisser tuer, ils ne me tuent moi-même. Ensuite, même en faisant marcher tous mes domestiques, nous ne pourrons garder tous les passages. Enfin le procédé me coûtera fort cher, plus cher que ne vaut le résultat.

M. Prohibant allait tristement se résigner à n'être que libre comme tout le monde, quand un trait de lumière vint illuminer son cerveau. Il se rappela qu'il y a à Paris une grande fabrique de lois. Qu'est-ce qu'une loi ? se dit-il. C'est une mesure à laquelle, une fois décrétée, bonne ou mauvaise, chacun est tenu de se conformer. Pour l'exécution d'icelle, on organise une force publique, et, pour constituer ladite force publique, on puise dans la nation des hommes et de l'argent.

Si donc j'obtenais qu'il sortît de la grande fabrique parisienne une toute petite loi portant : « Le fer belge est prohibé, » j'atteindrais les résultats suivants : le gouvernement ferait remplacer les quelques valets que je voulais envoyer à la frontière par vingt mille fils de mes forgerons, serruriers, cloutiers, maréchaux, artisans, mécaniciens et laboureurs récalcitrants. Puis, pour tenir en bonne disposition de joie et de santé ces vingt mille douaniers, il leur distribuerait vingt-cinq millions de francs pris à ces mêmes forgerons, cloutiers, artisans et laboureurs. La garde en serait mieux faite ; elle ne me coûterait rien, je ne serais pas exposé à la brutalité des brocanteurs, je vendrais le fer à mon prix, et je jouirais de la douce récréation de voir notre grand peuple honteusement mystifié. Cela lui apprendrait à se proclamer sans cesse le précurseur et le promoteur de tout progrès en Europe. Oh ! le trait serait piquant et vaut la peine d'être tenté.

Donc, M. Prohibant se rendit à la fabrique de lois. – Une autre fois peut-être je raconterai l'histoire de ses sourdes menées ; aujourd'hui je ne veux parler que de ses démarches ostensibles. – Il fit valoir auprès de MM. les législateurs cette considération :

« Le fer belge se vend en France à dix francs, ce qui me force de vendre le mien au même prix. j'aimerais mieux le vendre à quinze et ne le puis, à cause de ce fer belge, que Dieu maudisse. Fabriquez une loi qui dise : – Le fer belge n'entrera plus en France. – Aussitôt j'élève mon prix de cinq francs, et voici les conséquences :

« Pour chaque quintal de fer que je livrerai au public, au lieu de recevoir dix francs, j'en toucherai quinze, je m'enrichirai plus vite, je donnerai plus d'étendue à mon exploitation, j'occuperai plus d'ouvriers. Mes ouvriers et moi ferons plus de dépense, au grand avantage de nos fournisseurs à plusieurs lieues à la ronde. Ceux-ci, ayant plus de débouchés, feront plus de commandes à l'industrie et, de proche en proche, l'activité gagnera tout le pays. Cette bienheureuse pièce de cent sous, que vous ferez tomber dans mon coffrefort, comme une pierre qu'on jette dans un lac, fera rayonner au loin un nombre infini de cercles concentriques. »

Charmés de ce discours, enchantés d'apprendre qu'il est si aisé d'augmenter législativement la fortune d'un peuple, les fabricants de lois votèrent la Restriction. Que parle-t-on de travail et d'économie ? disaient-ils. A quoi bon ces pénibles moyens d'augmenter la richesse nationale, puisqu'un Décret y suffit ?

Et en effet, la loi eut toutes les conséquences annoncées par M. Prohibant ; seulement elle en eut d'autres aussi, car, rendons-lui justice, il n'avait pas fait un raisonnement *faux*, mais un raisonnement *incomplet*. En réclamant un privilège, il en avait signalé les effets qu'*on voit,* laissant dans l'ombre ceux qu'*on ne voit pas*. Il n'avait montré que deux personnages, quand il y en a trois en scène. C'est à nous de réparer cet oubli involontaire ou prémédité.

Oui, l'écu détourné ainsi législativement vers le coffre-fort de M. Prohibant, constitue un avantage pour lui et pour ceux dont il doit encourager le travail. – Et si le décret avait fait descendre cet écu de la lune, ces bons effets ne seraient contre-balancés par aucuns mauvais effets compensateurs. Malheureusement ce n'est pas de la lune que sort la mystérieuse pièce de cent sous, mais bien de la poche d'un forgeron, cloutier, charron, maréchal, laboureur, constructeur, en un mot, de Jacques Bonhomme, qui la donne aujourd'hui, sans recevoir un milligramme de fer de plus que du temps où il le payait dix francs. Au premier coup d'œil, on doit s'apercevoir que ceci change bien la question, car, bien évidemment, le *Profit* de M. Prohibant est compensé par la *Perte* de Jacques Bonhomme, et tout ce que M. Prohibant pourra faire de cet écu pour l'encouragement du travail national, Jacques Bonhomme l'eût fait de même. La pierre n'est jetée sur un point du lac que parce qu'elle a été législativement empêchée d'être jetée sur un autre.

Donc, *ce qu'on ne voit pas* compense *ce qu'on voit,* et jusqu'ici il reste, pour résidu de l'opération, une injustice, et, chose déplorable ! une injustice perpétrée par la loi.

Ce n'est pas tout. J'ai dit qu'on laissait toujours dans l'ombre un troisième personnage. Il faut que je le fasse ici paraître, afin qu'il nous révèle *une seconde perte* de cinq francs. Alors nous aurons le résultat de l'évolution tout entière.

Jacques Bonhomme est possesseur de 15 fr., fruit de ses sueurs. Nous sommes encore au temps où il est libre. Que fait-il de ses 15 fr. ? Il achète un article de mode pour 10 fr., et c'est avec cet article de mode qu'il paye (ou que l'Intermédiaire paye pour lui) le quintal de fer belge. Il reste encore à Jacques Bonhomme 5 fr. Il ne les jette pas dans la rivière, mais (et c'est *ce qu'on ne voit pas*) il les donne à un industriel quelconque en échange d'une jouissance quelconque, par exemple à un libraire contre le *discours sur l'Histoire universelle de Bossuet*.

Ainsi, en ce qui concerne le *travail national*, il est encouragé dans la mesure de 15 fr., savoir :

10 fr. qui vont à l'article Paris ;

5 fr. qui vont à la librairie.

Et quant à Jacques Bonhomme, il obtient pour ses 15 fr., deux objets de satisfaction, savoir :

1° Un quintal de fer ;

2° Un livre.

Survient le décret.

Que devient la condition de Jacques Bonhomme ? Que devient celle du travail national ?

Jacques Bonhomme livrant ses 15 fr. jusqu'au dernier centime à M. Prohibant, contre un quintal de fer, n'a plus que la jouissance de ce quintal de fer. Il perd la jouissance d'un livre ou de tout autre objet équivalent. Il perd 5 francs. On en convient ; on ne peut pas ne pas en convenir ; on ne peut pas ne pas convenir que, lorsque la restriction hausse le prix des choses, le consommateur perd la différence.

Mais, dit-on, le travail national la gagne.

Non, il ne la gagne pas ; car, depuis le décret, il n'est encouragé que comme il l'était avant, dans la mesure de 15 fr.

Seulement, depuis le décret, les 15 fr. de Jacques Bonhomme vont à la métallurgie, tandis qu'avant le décret ils se partageaient entre l'article de modes et la librairie.

La violence qu'exerce par lui-même M. Prohibant à la frontière ou celle qu'il y fait exercer par la loi peuvent être jugées fort différemment, au point de vue moral. Il y a des gens qui pensent que la spoliation perd toute son immoralité pourvu qu'elle soit légale. Quant à moi, je ne saurais imaginer une circonstance plus aggravante. Quoi qu'il en soit, ce qui est certain, c'est que les résultats économiques sont les mêmes.

Tournez la chose comme vous voudrez, mais ayez l'œil sagace et vous verrez qu'il ne sort rien de bon de la spoliation légale et illégale. Nous ne nions pas qu'il n'en sorte pour M. Prohibant ou son industrie, ou si l'on veut pour le travail national, un profit de 5 fr. Mais nous affirmons qu'il en sort aussi deux pertes, l'une pour Jacques Bonhomme qui paye 15 fr. ce qu'il avait pour 10 ; l'autre pour le travail national qui ne reçoit plus la différence. Choisissez celle de ces deux pertes avec laquelle il vous plaise de compenser le profit que nous avouons. L'autre n'en constituera pas moins une *perte sèche*.

Moralité : Violenter n'est pas produire, c'est détruire. Oh ! si violenter c'était produire, notre France serait plus riche qu'elle n'est.

VIII. Les Machines.

« Malédiction sur les machines ! chaque année leur puissance progressive voue au Paupérisme des millions d'ouvriers, en leur enlevant le travail, avec le travail le salaire, avec le salaire le Pain ! Malédiction sur les machines ! »

Voilà le cri qui s'élève du Préjugé vulgaire et dont l'écho retentit dans les journaux.

Mais maudire les machines, c'est maudire l'esprit humain !

Ce qui me confond, c'est qu'il puisse se rencontrer un homme qui se sente à l'aise dans une telle doctrine.

Car enfin, si elle est vraie, quelle en est la conséquence rigoureuse ? C'est qu'il n'y a d'activité, de bien-être, de richesses, de bonheur possible que pour les peuples stupides, frappés d'immobilisme mental, à qui Dieu n'a pas fait le don funeste de penser, d'observer, de combiner, d'inventer, d'obtenir de plus grands résultats avec de moindres moyens.

Au contraire, les haillons, les huttes ignobles, la pauvreté, l'inanition sont l'inévitable partage de toute nation qui cherche et trouve dans le fer, le feu, le vent, l'électricité, le magnétisme, les lois de la chimie et de la mécanique en un mot dans les forces de la nature, un supplément à ses propres forces, et c'est bien le cas de dire avec Rousseau : « Tout homme qui pense est un animal dépravé. »

Ce n'est pas tout : si cette doctrine est vraie, comme tous les hommes pensent et inventent, comme tous, en fait, depuis le premier jusqu'au dernier, et à chaque minute de leur existence, cherchent à faire coopérer les forces naturelles, à faire plus avec moins, à réduire ou leur main-d'œuvre ou celle qu'ils payent, à atteindre la plus grande somme possible de satisfactions avec la moindre somme possible de travail, il faut bien en conclure que l'humanité tout entière est entraînée vers sa décadence, précisément par cette aspiration intelligente vers le progrès qui tourmente chacun de ses membres.

Dès lors il doit être constaté, par la statistique, que les habitants du Lancastre, fuyant cette patrie des machines, vont chercher du travail en Irlande, où elles sont inconnues, et, par l'histoire, que la barbarie assombrit les époques de civilisation, et que la civilisation brille dans les temps d'ignorance et de barbarie.

Évidemment, il y a, dans cet amas de contradictions, quelque chose qui choque et nous avertit que le problème cache un élément de solution qui n'a pas été suffisamment dégagé.

Voici tout le mystère : derrière *ce qu'on voit* gît *ce qu'on ne voit pas*. Je vais essayer de le mettre en lumière. Ma démonstration ne pourra être qu'une répétition de la précédente, car il s'agit d'un problème identique.

C'est un penchant naturel aux hommes, d'aller, s'ils n'en sont empêchés par la violence, vers le *bon marché*, – c'est-à-dire vers ce qui, à satisfaction égale, leur épargne du travail, – que ce bon marché leur vienne d'un habile

Producteur étranger ou d'un habile *Producteur mécanique*. L'objection théorique qu'on adresse à ce penchant est la même dans les deux cas. Dans l'un comme dans l'autre, on lui reproche le travail qu'en apparence il frappe d'inertie. Or, du travail rendu non *inerte*, mais *disponible*, c'est précisément ce qui le détermine.

Et c'est pourquoi on lui oppose aussi, dans les deux cas, le même obstacle pratique, la violence. Le législateur *prohibe* la concurrence étrangère et *interdit* la concurrence mécanique. – Car quel autre moyen peut-il exister d'arrêter un penchant naturel à tous les hommes que de leur ôter la liberté ?

Dans beaucoup de pays, il est vrai, le législateur ne frappe qu'une des deux concurrences et se borne à gémir sur l'autre. Cela ne prouve qu'une chose, c'est que, dans ce pays, le législateur est inconséquent.

Cela ne doit pas nous surprendre. Dans une fausse voie on est toujours inconséquent, sans quoi on tuerait l'humanité. Jamais on n'a vu ni on ne verra un principe faux poussé jusqu'au bout. J'ai dit ailleurs : l'inconséquence est la limite de l'absurdité. J'aurais pu ajouter : elle en est en même temps la preuve.

Venons à notre démonstration ; elle ne sera pas longue.

Jacques Bonhomme avait deux francs qu'il faisait gagner à deux ouvriers.

Mais voici qu'il imagine un arrangement de cordes et de poids qui abrège le travail de moitié.

Donc il obtient la même satisfaction, épargne un franc et congédie un ouvrier.

Il congédie un ouvrier ; *c'est ce qu'on voit*.

Et, ne voyant que cela, on dit : « Voilà comment la misère suit la civilisation, voilà comment la liberté est fatale à l'égalité. L'esprit humain a fait une conquête, et aussitôt un ouvrier est à jamais tombé dans le gouffre du paupérisme. Il se peut cependant que Jacques Bonhomme continue à faire travailler les deux ouvriers, mais il ne leur donnera plus que dix sous à chacun, car ils se feront concurrence entre eux et s'offriront au rabais. C'est ainsi que les riches deviennent toujours plus riches et les pauvres toujours plus pauvres. Il faut refaire la société. »

Belle conclusion, et digne de l'exorde !

Heureusement, exorde et conclusion, tout cela est faux, parce que, derrière la moitié du phénomène qu'*on voit,* il y a l'autre moitié qu'*on ne voit pas.*

On ne voit pas le franc épargné par Jacques Bonhomme et les effets nécessaires de cette épargne.

Puisque, par suite de son invention, Jacques Bonhomme ne dépense plus qu'un franc en main-d'œuvre, à la poursuite d'une satisfaction déterminée, il lui reste un autre franc.

Si donc il y a dans le monde un ouvrier qui offre ses bras inoccupés, il y a aussi dans le monde un capitaliste qui offre son franc inoccupé. Ces deux éléments se rencontrent et se combinent.

Et il est clair comme le jours qu'entre l'offre et la demande du travail, entre l'offre et la demande du salaire, le rapport n'est nullement changé.

L'invention et un ouvrier, payé avec le premier franc, font maintenant l'œuvre qu'accomplissaient auparavant deux ouvriers.

Le second ouvrier, payé avec le second franc, réalise une œuvre nouvelle.

Qu'y-a-t-il donc de changé dans le monde ? Il y a une satisfaction nationale de plus, en d'autres termes, l'invention est une conquête gratuite, un profit gratuit pour l'humanité.

De la forme que j'ai donnée à ma démonstration, on pourra tirer cette conséquence :

« C'est le capitaliste qui recueille tout le fruit des machines. La classe salariée, si elle n'en souffre que momentanément, n'en profite jamais, puisque, d'après vous-même, elles *déplacent* une portion du travail national sans le *diminuer,* il est vrai, mais aussi sans l'*augmenter.* »

Il n'entre pas dans le plan de cet opuscule de résoudre toutes les objections. Son seul but est de combattre un préjugé vulgaire, très-dangereux et très-répandu. Je voulais prouver qu'une machine nouvelle ne met en disponibilité un certain nombre de bras qu'en mettant aussi, et *forcément,* en disponibilité la rémunération qui les salarie. Ces bras et cette rémunération se combinent pour produire ce qu'il était impossible, de produire avant l'invention ; d'où il suit qu'*elle donne pour résultat définitif un accroissement de satisfactions, à travail égal.*

Qui recueille cet excédant de satisfactions ?

Oui, c'est d'abord le capitaliste, l'inventeur, le premier qui se sert avec succès de la machine, et c'est là la récompense de son génie et de son audace. Dans ce cas, ainsi que nous venons de le voir, il réalise sur les frais de production une économie, laquelle, de quelque manière qu'elle soit dépensée (et elle l'est toujours), occupe juste autant de bras que la machine en a fait renvoyer.

Mais bientôt la concurrence le force à baisser son prix de vente dans la mesure de cette économie elle-même.

Et alors ce n'est plus l'inventeur qui recueille le bénéfice de l'invention ; c'est l'acheteur du produit, le consommateur, le public, y compris les ouvriers, en un mot, c'est l'humanité.

Et *ce qu'on ne voit pas*, c'est que l'Épargne, ainsi procurée à tous les consommateurs, forme un fonds où le salaire puise un aliment, qui remplace celui que la machine a tari.

Ainsi, en reprenant l'exemple ci-dessus, Jacques Bonhomme obtient un produit en dépensant deux francs en salaires.

Grâce à son invention, la main-d'œuvre ne lui coûte plus qu'un franc.

Tant qu'il vend le produit au même prix, il y a un ouvrier de moins occupé à faire ce produit spécial, *c'est ce qu'on voit* ; mais il y a un ouvrier de plus occupé par le franc que Jacques Bonhomme a épargné : *c'est ce qu'on ne voit pas.*

Lorsque, par la marche naturelle des choses, Jacques Bonhomme est réduit à baisser d'un franc le prix du produit, alors il ne réalise plus une épargne ; alors il ne dispose plus d'un franc pour commander au travail national une production nouvelle. Mais, à cet égard, son acquéreur est mis à sa place, et cet acquéreur, c'est l'humanité. Quiconque achète le produit le paye un franc de moins, épargne un franc, et tient nécessairement cette épargne au service du fonds des salaires : *c'est encore ce qu'on ne voit pas.*

On a donné, de ce problème des machines, une autre solution, fondée sur les faits.

On a dit : La machine réduit les frais de production, et fait baisser le prix du produit. La baisse du produit provoque un accroissement de consommation, laquelle nécessite un accroissement de production, et, en définitive, l'intervention d'autant d'ouvriers ou plus, après l'invention, qu'il en fallait avant. On cite, à l'appui, l'imprimerie, la filature, la presse, etc.

Cette démonstration n'est pas scientifique.

Il faudrait en conclure que, si la consommation du produit spécial dont il s'agit reste stationnaire ou à peu près, la machine nuirait au travail. – Ce qui n'est pas.

Supposons que dans un pays tous les hommes portent des chapeaux. Si, par une machine, on parvient à en réduire le prix de moitié, il ne s'ensuit pas *nécessairement* qu'on en consommera le double.

Dira-t-on, dans ce cas, qu'une portion du travail national a été frappée d'inertie ? Oui, d'après la démonstration vulgaire. Non, selon la mienne ; car, alors que dans ce pays on n'achèterait pas un seul chapeau de plus, le fonds entier des salaires n'en demeurerait pas moins sauf ; ce qui irait de moins à l'industrie chapelière se retrouverait dans l'Économie réalisée par tous les consommateurs, et irait de là salarier tout le travail que la machine a rendu inutile, et provoquer un développement nouveau de toutes les industries.

Et c'est ainsi que les choses se passent. J'ai vu les journaux à 80 fr., ils sont maintenant à 48. C'est une économie de 32 fr. pour les abonnés. Il n'est pas certain ; il n'est pas, du moins, nécessaire que les 32 fr. continuent à prendre la direction de l'industrie du journaliste ; mais ce qui est certain, ce qui est nécessaire, c'est que, s'ils ne prennent cette direction, ils en prennent une autre. L'un s'en sert pour recevoir plus de journaux, l'autre pour se mieux nourrir, un troisième pour se mieux vêtir, un quatrième pour se mieux meubler.

Ainsi les industries sont solidaires. Elles forment un vaste ensemble dont toutes les parties communiquent par des canaux secrets. Ce qui est économisé sur l'une profite à toutes. Ce qui importe, c'est de bien comprendre que jamais, au grand jamais, les économies n'ont lieu aux dépens du travail et des salaires.

IX. Crédit.

De tous les temps, mais surtout dans les dernières années, on a songé à universaliser la richesse en universalisant le crédit.

Je ne crois pas exagérer en disant que, depuis la révolution de Février, les presses parisiennes ont vomi plus de dix mille brochures préconisant cette solution du *Problème social*.

Cette solution, hélas ! a pour base une pure illusion d'optique, si tant est qu'une illusion soit une base.

On commence par confondre le papier-monnaie avec le numéraire, et c'est de ces deux confusions qu'on prétend dégager une réalité.

Il faut absolument, dans cette question, oublier l'argent, la monnaie, les billets et les autres instruments au moyen desquels les produits passent de main en main, pour ne voir que les produits eux-mêmes, qui sont la véritable matière du prêt.

Car, quand un laboureur emprunte cinquante francs pour acheter une charrue, ce n'est pas en réalité cinquante francs qu'on lui prête, c'est la charrue.

Et quand un marchand emprunte vingt mille francs pour acheter une maison, ce n'est pas vingt mille francs qu'il doit, c'est la maison.

L'argent n'apparaît là que pour faciliter l'arrangement entre plusieurs parties.

Pierre peut n'être pas disposé à prêter sa charrue, et Jacques peut l'être à prêter son argent. Que fait alors Guillaume ? Il emprunte l'argent de Jacques et, avec cet argent, il achète la charrue de Pierre.

Mais, en fait, nul n'emprunte de l'argent pour l'argent lui-même. On emprunte l'argent pour arriver aux produits.

Or, dans aucun pays, il ne peut se transmettre d'une main à l'autre plus de produits qu'il n'y en a.

Quelle que soit la somme de numéraire et de papier qui circule, l'ensemble des emprunteurs ne peut recevoir plus de charrues, de maisons, d'outils, d'approvisionnements, de matières premières, que l'ensemble des prêteurs n'en peut fournir.

Car mettons-nous bien dans la tête que tout emprunteur suppose un prêteur, et que tout emprunt implique un prêt. Cela posé, quel bien peuvent faire les institutions de crédit ? c'est de faciliter, entre les emprunteurs et les prêteurs, le moyen de se trouver et de s'entendre. Mais, ce qu'elles ne peuvent faire, c'est d'augmenter instantanément la masse des objets empruntés et prêtés.

Il le faudrait cependant pour que le but des Réformateurs fût atteint, puisqu'ils n'aspirent à rien moins qu'à mettre des charrues, des maisons, des outils, des approvisionnements, des matières premières entre les mains de tous ceux qui en désirent.

Et pour cela qu'imaginent-ils ?

Donner au prêt la garantie de l'État.

Approfondissons la matière, car il y a là quelque chose qu'*on voit* et quelque chose qu'*on ne voit pas*. Tâchons de voir les deux choses.

Supposez qu'il n'y ait qu'une charrue dans le monde et que deux laboureurs y prétendent .

Pierre est possesseur de la seule charrue qui soit disponible en France. Jean et Jacques désirent l'emprunter. Jean, par sa probité, par ses propriétés, par sa bonne renommée offre des garanties. On *croit* en lui ; il a du *crédit*. Jacques n'inspire pas de confiance ou en inspire moins. Naturellement il arrive que Pierre prête sa charrue à Jean.

Mais voici que, sous l'inspiration socialiste, l'État intervient et dit à Pierre : Prêtez votre charrue à Jacques, je vous garantis le remboursement, et cette garantie vaut mieux que celle de Jean, car il n'a que lui pour répondre de lui-même, et moi, je n'ai rien, il est vrai, mais je dispose de la fortune de tous les contribuables ; c'est avec leurs deniers qu'au besoin je vous payerai le principal et l'intérêt.

En conséquence, Pierre prête sa charrue à Jacques : *c'est ce qu'on voit.*

Et les socialistes se frottent les mains, disant : Voyez comme notre plan a réussi. Grâce à l'intervention de l'État, le pauvre Jacques a une charrue. Il ne sera plus obligé à bêcher la terre ; le voilà sur la route de la fortune. C'est un bien pour lui et un profit pour la nation prise en masse.

Eh non ! messieurs, ce n'est pas un profit pour la nation, car voici ce qu'*on ne voit pas.*

On ne voit pas que la charrue n'a été à Jacques que parce qu'elle n'a pas été à Jean.

*On ne voit pa*s que, si Jacques laboure au lieu de bêcher, Jean sera réduit à bêcher au lieu de labourer.

Que, par conséquent, ce qu'on considérait comme un *accroissement* de prêt n'est qu'un *déplacement* de prêt.

En outre, *on ne voit pas* que ce déplacement implique deux profondes injustices.

Injustice envers Jean qui, après avoir mérité et conquis le *crédit* par sa probité et son activité s'en voit dépouillé.

Injustice envers les contribuables, exposés à payer une dette qui ne les regarde pas.

Dira-t-on que le gouvernement offre à Jean les mêmes facilités qu'à Jacques ? Mais puisqu'il n'y a qu'une charrue disponible, deux ne peuvent être prêtées. L'argument revient toujours à dire que, grâce à l'intervention de l'État, il se fera plus d'emprunts qu'il ne peut se faire de prêts, car la charrue représente ici la masse des capitaux disponibles.

J'ai réduit, il est vrai, l'opération à son expression la plus simple ; mais, éprouvez à la même pierre de touche les institutions gouvernementales de crédit les plus compliquées, vous vous convaincrez qu'elles ne peuvent avoir que ce résultat : *déplacer* le crédit, non l'*accroître*. Dans un pays et dans un temps donné, il n'y a qu'une certaine somme de capitaux en disponibilité et tous se placent. En garantissant des insolvables, l'État peut bien augmenter le nombre des emprunteurs, faire hausser ainsi le taux de l'intérêt (toujours au préjudice du contribuable), mais, ce qu'il ne peut faire, c'est augmenter le nombre des prêteurs et l'importance du total des prêts.

Qu'on ne m'impute point, cependant, une conclusion dont Dieu me préserve. Je dis que la Loi ne doit point favoriser artificiellement les emprunts ; mais je ne dis pas qu'elle doive artificiellement les entraver. S'il se trouve, dans notre régime hypothécaire ou ailleurs, des obstacles à la diffusion et à l'application du crédit, qu'on les fasse disparaître ; rien de mieux, rien de plus juste. Mais c'est là, avec la liberté, tout ce que doivent demander à la Loi des Réformateurs dignes de ce nom.

X. L'Algérie.

Mais voici quatre orateurs qui se disputent la tribune. Ils parlent d'abord tous à la fois, puis l'un après l'autre. Qu'ont-ils dit ? de fort belles choses assurément sur la puissance et la grandeur de la France, sur la nécessité de semer pour récolter, sur le brillant avenir de notre gigantesque colonie, sur l'avantage de déverser au loin le *trop-plein* de notre population, etc., etc. ; magnifiques pièces d'éloquence, toujours ornées de cette péroraison :

« Votez cinquante millions (plus ou moins) pour faire en Algérie des ports et des routes, pour y transporter des colons, leur bâtir des maisons, leur défricher des champs. Par là vous aurez soulagé le travailleur français, encouragé le travail africain, et fait fructifier le commerce marseillais. C'est tout profit. »

Oui, cela est vrai, si l'on ne considère lesdits cinquante millions qu'à partir du moment où l'État les dépense, si l'on regarde où ils vont, non d'où ils viennent ; si l'on tient compte seulement du bien qu'ils feront en sortant du coffre des percepteurs, et non du mal qu'on a produit, non plus que du bien qu'on a empêché, en les y faisant entrer ; oui, à ce point de vue borné, tout est profit. La maison bâtie en Barbarie, c'est *ce qu'on voit* ; le port creusé en Barbarie, c'est *ce qu'on voit* ; le travail provoqué en Barbarie, *c'est ce qu'on voit* ; quelques bras de moins en France, *c'est ce qu'on voit* ; un grand mouvement de marchandises à Marseille, *c'est toujours ce qu'on voit*.

Mais il y a autre chose *qu'on ne voit pas*. C'est que les cinquante millions dépensés par l'État ne peuvent plus l'être, comme ils l'auraient été, par le contribuable. De tout le bien attribué à la dépense publique exécutée, il faut donc déduire tout le mal de la dépense privée empêchée ; – à moins qu'on n'aille jusqu'à dire que Jacques Bonhomme n'aurait rien fait des pièces de cent sous qu'il avait bien gagnées et que l'impôt lui ravit ; assertion absurde, car s'il s'est donné la peine de les gagner, c'est qu'il espérait avoir la satisfaction de s'en servir. Il aurait fait relever la clôture de son jardin et ne le peut plus, *c'est ce qu'on ne voit pas*. Il aurait fait marner son champ et ne le peut plus, *c'est ce qu'on ne voit pas*. Il aurait ajouté un étage à sa chaumière et ne le peut plus, *c'est ce qu'on ne voit pas*. Il aurait augmenté son outillage et ne le peut plus, *c'est ce qu'on ne voit pas*. Il serait mieux nourri, mieux vêtu, il aurait mieux fait instruire ses fils, il aurait arrondi la dot de sa fille et ne le peut plus, *c'est ce qu'on ne voit pas*. Il se serait mis dans l'association des secours mutuels et ne le peut plus, *c'est ce qu'on ne voit pas*. D'une part, les jouissances qui lui sont ôtées, et les moyens d'action qu'on a détruits dans ses mains, de l'autre ; le travail du terrassier, du charpentier, du forgeron, du tailleur, du maître d'école de son village, qu'il eût encouragé et qui se trouve annéanti, *c'est toujours ce qu'on ne voit pas*.

On compte beaucoup sur la prospérité future de l'Algérie ; soit. Mais qu'on compte aussi pour quelque chose le marasme dont, en attendant, on frappe inévitablement la France. On me montre le commerce marseillais ; mais s'il se fait avec le produit de l'impôt, je montrerai toujours un commerce égal anéanti dans le reste du pays. On dit : « Voilà un colon transporté en Barbarie ; c'est un soulagement pour la population qui reste dans le pays. » Je réponds : Comment cela se peut-il, si en transportant ce colon à Alger, on y a transporté aussi deux ou trois fois le capital qui l'aurait fait vivre en France [1] ?

Le seul but que j'ai en vue, c'est de faire comprendre au lecteur que, dans toute dépense publique, derrière le bien apparent, il y a un mal plus difficile à discerner. Autant qu'il est en moi, je voudrais lui faire prendre l'habitude de voir l'un et l'autre et de tenir compte de tous deux.

Quand une dépense publique est proposée, il faut l'examiner en elle-même, abstraction faite du prétendu encouragement qui en résulte pour le travail, car cet encouragement est une chimère. Ce que fait à cet égard la dépense publique, la dépense privée l'eût fait de même. Donc l'intérêt du travail est toujours hors de cause.

---

[1] M. le ministre de la guerre a affirmé dernièrement que chaque individu transporté en Algérie a coûté à l'Etat 8,000 fr. Or, il est positif que les malheureux dont il s'agit auraient très-bien vécu en France sur un capital de 4,000 fr. Je demande en quoi l'on soulage la population française, quand on lui ôte un homme et les moyens d'existence de deux ?

Il n'entre pas dans l'objet de cet écrit d'apprécier le mérite intrinsèque des dépenses publiques appliquées à l'Algérie.

Mais je ne puis retenir une observation générale. C'est que la présomption est toujours défavorable aux dépenses collectives par voie d'impôt. Pourquoi ? La voici :

D'abord la justice en souffre toujours quelque peu. Puisque Jacques Bonhomme avait sué pour gagner sa pièce de cent sous, en vue d'une satisfaction, il est moins fâcheux que le fisc intervienne pour enlever à Jacques Bonhomme cette satisfaction et la conférer à un autre. Certes, c'est alors au fisc ou à ceux qui le font agir à donner de bonnes raisons. Nous avons vu que l'État en donne une détestable quand il dit : avec ces cent sous, je ferai travailler des ouvriers, car Jacques Bonhomme (sitôt qu'il n'aura plus la cataracte) ne manquera pas de répondre : « Morbleu ! avec ces cent sous, je les ferai bien travailleur moi-même. »

Cette raison mise de côté, les autres se présentent dans toute leur nudité, et le débat entre le fisc et le pauvre Jacques s'en trouve fort simplifié. Que l'État lui dise : Je te prends cent sous pour payer le gendarme qui te dispense de veiller à ta propre sûreté ; – pour paver la rue que tu traverses tous les jours ; – pour indemniser le magistrat qui fait respecter ta propriété et la liberté ; – pour nourrir le soldat qui défend nos frontières, Jacques Bonhomme paiera sans mot dire ou je me trompe fort. Mais si l'État lui dit : Je te prends ces cent sous pour te donner un sou de prime, dans le cas où tu auras bien cultivé ton champ ; – ou pour faire apprendre à ton fils ce que tu ne veux pas qu'il apprenne ; – ou pour que M. le ministre ajoute un cent unième plat à son dîner ; – je te les prends pour bâtir une chaumière en Algérie, sauf à te prendre cent sous de plus tous les ans pour y entretenir un colon ; et autres cent sous pour entretenir un général qui garde le soldat, etc., etc., il me semble entendre le pauvre Jacques s'écrier : « Ce régime légal ressemble fort au régime de la forêt de Bondy ! » Et comme l'État prévoit l'objection, que fait-il ? Il brouille toutes choses ; il fait apparaître justement cette raison détestable qui devrait être sans influence sur la question ; il parle de l'effet des cent sous sur le travail ; il montre le cuisinier et le fournisseur du ministre ; il montre un colon, un soldat, un général, vivant sur les cinq francs ; il montre enfin *ce qu'on voit,* et tant que Jacques Bonhomme n'aura pas appris à mettre en regard *ce qu'on ne voit pas*, Jacques Bonhomme sera dupe. C'est pourquoi je m'efforce de le lui enseigner à grands coups de répétitions.

De ce que les dépenses publiques déplacent le travail sans l'accroître, il en résulte contre elles une seconde et grave présomption. Déplacer le travail, c'est déplacer les travailleurs, c'est troubler les lois naturelles qui président à la distribution de la population sur le territoire. Quand 50 millions sont laissés au contribuable, comme le contribuable est partout, ils alimentent du travail dans les quarante mille communes de France ; ils agissent dans le sens d'un lien qui retient chacun sur sa terre natale ; ils se répartissent sur tous les travailleurs possibles et sur toutes les industries imaginables. Que si l'Etat, soutirant ces 50 millions aux citoyens, les accumule et les dépense sur un point donné, il attire sur ce point une quantité proportionnelle de travail déplacé, un nombre correspondant de travailleurs dépaysés, population flottante, déclassée, et j'ose dire dangereuse quand le fonds est épuisé ! – Mais il arrive ceci (et je rentre par là dans mon sujet) : cette activité fiévreuse, et pour ainsi dire soufflée sur un étroit espace, frappe tous les regards, *c'est ce qu'on voit ;* le peuple applaudit, s'émerveille sur la beauté et la facilité du procédé, en réclame le renouvellement et l'extension. *Ce qu'il ne voit pas*, c'est qu'une quantité égale de travail, probablement plus judicieux, a été frappée d'inertie dans tout le reste de la France.

XI. Epargne et Luxe.

Ce n'est pas seulement en matière de dépenses publiques que *ce qu'on voit* éclipse *ce qu'on ne voit pas*. En laissant dans l'ombre la moitié de l'économie politique, ce phénomène induit à une fausse morale. Il porte les nations à considérer comme antagoniques leurs intérêts moraux et leurs intérêts matériels. Quoi de plus décourageant et de plus triste ! Voyez :

Il n'y a pas de père de famille qui ne se fasse un devoir d'enseigner à ses enfants l'ordre, l'arrangement, l'esprit de conservation, l'économie, la modération dans les dépenses. Il n'y a pas de religion qui ne tonne contre le faste et le luxe. C'est fort bien ; mais, d'un autre côté, quoi de plus populaire que ces sentences :

« Thésauriser, c'est désssécher les veines du peuple. »

« Le luxe des grands fait l'aisance des petits. »

« Les prodigues se ruinent, mais ils enrichissent l'État. »

« C'est sur le superflu du riche que germe le pain du pauvre. »

Voilà, certes, entre l'idée morale et l'idée sociale, une flagrante contradiction. Que d'esprits éminents, après avoir constaté le conflit, reposent en paix ! C'est ce que je n'ai jamais pu comprendre ; car il me semble qu'on ne peut rien éprouver de plus douloureux que d'apercevoir deux tendances opposées dans l'humanité. Quoi ! elle arrive à la dégradation par l'une comme par l'autre extrémité ! économe, elle tombe dans la misère ; prodigue, elle s'abîme dans la déchéance morale !

Heureusement que les maximes vulgaires montrent sous un faux jour l'Épargne et le Luxe, ne tenant compte que de ces conséquences immédiates *qu'on voit*, et non des effets ultérieurs *qu'on ne voit pas*. Essayons de rectifier cette vue incomplète. Mondor et son frère Ariste, ayant partagé l'héritage paternel, ont chacun cinquante mille francs de rente. Mondor pratique la philanthropie à la mode. C'est ce qu'on nomme un bourreau d'argent. Il renouvelle son mobilier plusieurs fois par an, change ses équipages tous les mois ; on cite les ingénieux procédés auxquels il a recours pour en avoir plus tôt fini : bref, il fait pâlir les viveurs de Balzac et d'Alexandre Dumas.

Aussi, il faut entendre le concert d'éloges qui toujours l'environne ! « Parlez-nous de Mondor ! Vive Mondor ! C'est le bienfaiteur de l'ouvrier ; c'est la providence du peuple. A la vérité, il se vautre dans l'orgie, il éclabousse les passants ; sa dignité et la dignité humaine en souffrent quelque peu... Mais, bah, s'il ne se rend pas utile par lui-même, il se rend utile par sa fortune. Il fait circuler l'argent ; sa cour ne désemplit pas de fournisseurs qui se retirent toujours satisfaits. Ne dit-on pas que si l'or est rond, c'est pour qu'il roule ! ».

Ariste a adopté un plan de vie bien différent. S'il n'est pas un égoïste, il est au moins un *individualiste*, car il raisonne ses dépenses, ne recherche que des jouissances modérées et raisonnables, songe à l'avenir de ses enfants, et, pour lâcher le mot, il *économise*.

Et il faut entendre ce que dit de lui le vulgaire !

« A quoi est bon ce mauvais riche, ce fesse-mathieu ? Sans doute, il y a quelque chose d'imposant et de touchant dans la simplicité de sa vie ; il est d'ailleurs humain, bienfaisant, généreux, mais il *calcule*. Il ne mange pas tous ses revenus. Son hôtel n'est pas sans cesse resplendissant et tourbillonnant. Quelle reconnaissance s'acquiert-il parmi les tapissiers, les carrossiers, les maquignons et les confiseurs ? »

Ces jugements, funestes à la morale, sont fondés sur ce qu'il y a une chose qui frappe les yeux : la dépense du prodigue ; et une autre qui s'y dérobe : la dépense égale et même supérieure de l'économe.

Mais les choses ont été si admirablement arrangées par le divin inventeur de l'ordre social, qu'en ceci, comme en tout, l'Économie politique et la Morale, loin de se heurter, concordent, et que la sagesse d'Ariste est, non-seulement plus digne, mais encore plus *profitable* que la folie de Mondor.

Et quand je dis plus profitable, je n'entends pas dire seulement profitable à Ariste, ou même à la société en général, mais plus profitable aux ouvriers actuels, à l'industrie du jour.

Pour le prouver, il suffit de mettre sous l'œil de l'esprit ces conséquences cachées des actions humaines que l'œil du corps ne voit pas.

Oui, la prodigalité de Mondor a des effets visibles à tous les regards : chacun peut voir ses berlines, ses landaws, ses phaétons, les mignardes peintures de ses plafonds, ses riches tapis, l'éclat qui jaillit de son hôtel. Chacun sait que ses *purs-sangs* courent sur le turf. Les dîners qu'il donne à l'hôtel de Paris arrêtent la foule sur le boulevard, et l'on se dit : Voilà un brave homme, qui, loin de rien réserver de ses revenus, ébrèche probablement son capital. – *C'est ce qu'on voit.*

Il n'est pas aussi aisé de voir, au point de vue de l'intérêt des travailleurs, ce que deviennent les revenus d'Ariste. Suivons-les à la trace, cependant, et nous nous assurerons que tous, *jusqu'à la dernière obole*, vont faire travailler des ouvriers, aussi certainement que les revenus de Mondor. Il n'y a que cette différence : La folle dépense de Mondor est condamnée à décroître sans cesse et à rencontrer un terme nécessaire ; la sage dépense d'Ariste ira grossissant d'année en année.

Et s'il en est ainsi, certes, l'intérêt public se trouve d'accord avec la morale.

Ariste dépense, pour lui et sa maison, vingt mille francs par an. Si cela ne suffisait pas à son bonheur, il ne mériterait pas le nom de sage. – Il est touché des maux qui pèsent sur les classes pauvres ; il se croit, en conscience, tenu d'y apporter quelque soulagement et consacre dix mille francs à des actes de bienfaisance. – Parmi les négociants, les fabricants, les agriculteurs, il a des amis momentanément gênés. Il s'informe de leur situation, afin de leur venir en aide avec prudence et efficacité, et destine à cette œuvre encore dix mille francs. – Enfin, il n'oublie pas qu'il a des filles à doter, des fils auxquels il doit assurer un avenir, et, en conséquence, il s'impose d'épargner et placer tous les ans dix mille francs.

Voici donc l'emploi de ses revenus.

1° Dépenses personnelles	20 000 fr.
2° Bienfaisance	10 000
3° Services d'amitié	10 000
4° Épargne	10 000

Reprenons chacun de ces chapitres, et nous verrons qu'une seule obole n'échappe pas au travail national.

1° Dépense personnelle. Celle-ci, quant aux ouvriers et fournisseurs, a des effets absolument identiques à une dépense égale faite par Mondor. Cela est évident de soi ; n'en parlons plus.

2° Bienfaisance. Les dix mille francs consacrés à cette destination vont également alimenter l'industrie ; ils parviennent au boulanger, au boucher, au marchand d'habits et de meubles. Seulement le pain, la viande, les vêtements ne servent pas directement à Ariste, mais à ceux qu'il s'est substitués. Or, cette simple substitution d'un consommateur à un autre n'affecte en rien l'industrie générale. Qu'Ariste dépense cent sous ou qu'il prie un malheureux de les dépenser à sa place, c'est tout un.

3° Services d'amitié. L'ami à qui Ariste prête ou donne dix mille francs ne les reçoit pas pour les enfouir ; cela répugne à l'hypothèse. Il s'en sert pour payer des marchandises ou des dettes. Dans le premier cas, l'industrie est encouragée. Osera-t-on dire qu'elle ait plus à gagner à l'achat par Mondor d'un *pur-sang* de dix mille francs qu'à l'achat par Ariste ou son ami de dix mille francs d'étoffe ?

Que si cette somme sert à payer une dette, tout ce qui en résulte, c'est qu'il apparaît un troisième personnage, le créancier, qui touchera les dix mille francs, mais qui certes les emploiera à quelque chose dans son commerce, son usine ou son exploitation. C'est un intermédiaire de plus entre Ariste et les ouvriers. Les noms propres changent, la dépense reste et l'encouragement à l'industrie aussi.

4° Épargne. Restent les dix mille francs *épargnés ;* – et c'est ici qu'au point de vue de l'encouragement aux arts, à l'industrie, au travail, aux ouvriers, Mondor paraît très-supérieur à Ariste, encore que, sous le rapport moral, Ariste se montre quelque peu supérieur à Mondor.

Ce n'est jamais sans un malaise physique, qui va jusqu'à la souffrance, que je vois l'apparence de telles contradictions entre les grandes lois de la nature. Si l'humanité était réduite à opter entre deux partis, dont l'un blesse ses intérêts et l'autre sa conscience, il ne nous resterait qu'à désespérer de son avenir. Heureusement il n'en est pas ainsi. – Et, pour voir Ariste reprendre sa supériorité économique, aussi bien que sa supériorité morale, il suffit de comprendre ce consolant axiome, qui n'en est pas moins vrai, pour avoir une physionomie paradoxale : *Épargner, c'est dépenser.*

Quel est le but d'Ariste, en économisant dix mille francs ? Est-ce d'enfouir deux mille pièces de cent sous dans une cachette de son jardin ? Non certes, il entend grossir son capital et son revenu. En conséquence, cet argent qu'il n'emploie pas à acheter des terres, une maison, des rentes sur l'État, des actions industrielles, ou bien il le place chez un négociant ou un banquier. Suivez les écus dans toutes ces hypothèses, et vous vous convaincrez que, par l'intermédiaire des vendeurs ou emprunteurs, ils vont alimenter du travail tout aussi sûrement que si Ariste, à l'exemple de son frère, les eût échangés contre des meubles, des bijoux et des chevaux.

Car, lorsque Ariste achète pour 10 000 fr. de terres ou de rentes, il est déterminé par la considération qu'il n'a pas besoin de dépenser cette somme, puisque c'est ce dont vous lui faites un grief.

Mais, de même, celui qui lui vend la terre ou la rente est déterminé par cette considération qu'il a besoin de dépenser les dix mille francs d'une manière quelconque.

De telle sorte que la dépense se fait, dans tous les cas, ou par Ariste ou par ceux qui se substituent à lui.

Au point de vue de la classe ouvrière, de l'encouragement au travail, il n'y a donc, entre la conduite d'Ariste et celle de Mondor, qu'une différence ; la dépense de Mondor étant directement accomplie par lui, et autour de lui, *on la voit ;* Celle d'Ariste s'exécutant en partie par des intermédiaires et au loin, *on ne la voit pas.* Mais, au fait, et pour qui sait rattacher les effets aux causes, celle qu'on ne voit pas est aussi certaine que celle qu'on voit. Ce qui le prouve, c'est que dans les deux cas les écus *circulent*, et qu'il n'en reste pas plus dans le coffre-fort du sage que dans celui du dissipateur.

Il est donc faux de dire que l'Épargne fait un tort actuel à l'industrie. Sous ce rapport, elle est tout aussi bienfaisante que le Luxe.

Mais combien ne lui est-elle pas supérieure, si la pensée, au lieu de se renfermer dans l'heure qui fuit, embrasse une longue période.

Dix ans se sont écoulés. Que sont devenus Mondor et sa fortune, et sa grande popularité ? Tout cela est évanoui, Mondor est ruiné ; loin de répandre soixante mille francs, tous les ans, dans le corps social, il lui est peut-être à charge. En tout cas, il ne fait plus la joie de ses fournisseurs, il ne compte plus comme promoteur des arts et de l'industrie, il n'est plus bon à rien pour les ouvriers, non plus que sa race, qu'il laisse dans la détresse.

Au bout des mêmes dix ans, non-seulement Ariste continue à jeter tous ses revenus dans la circulation, mais il y jette des revenus croissants d'année en année. Il grossit le capital national, c'est-à-dire le fonds qui alimente le salaire, et comme c'est de l'importance de ce fonds que dépend la demande des bras, il contribue à accroître progressivement la rémunération de la classe ouvrière. Vient-il à mourir, il laisse des enfants qu'il a mis à même de le remplacer dans cette œuvre de progrès et de civilisation.

Sous le rapport moral, la Supériorité de l'Epargne sur le Luxe est incontestable. Il est consolant de penser qu'il en est de même, sous le rapport économique, pour quiconque, ne s'arrêtant pas aux effets immédiats des phénomènes, sait pousser ses investigations jusqu'à leurs effets définitifs.

XII. Droit au Travail, Droit au Profit.

« Frères, cotisez-vous pour me fournir de l'ouvrage à votre prix. » C'est le Droit au travail, le Socialisme élémentaire ou de premier degré.

« Frères, cotisez-vous pour me fournir de l'ouvrage à mon prix. » C'est le Droit au profit, le Socialisme raffiné ou de second degré.

L'un et l'autre vivent par ceux de leurs effets qu'*on voit*. Ils mourront par ceux de leurs effets qu'*on ne voit pas*.

Ce qu'on voit, c'est le travail et le profit excités par la cotisation sociale. *Ce qu'on ne voit pas,* ce sont les travaux et les profits auxquels donnerait lieu cette même cotisation si on la laissait aux contribuables.

En 1848, le Droit au travail se montra un moment sous deux faces. Cela suffit pour le ruiner dans l'opinion publique.

L'une de ces face s'appelait : *Atelier national.*

L'autre : *Quarante-cinq centimes.*

Des millions allaient tous les jours de la rue de Rivoli aux ateliers nationaux. C'est le beau côté de la médaille.

Mais en voici le revers. Pour que des millions sortent d'une caisse, il faut qu'ils y soient entrés. C'est pourquoi les organisateurs du Droit au travail s'adressèrent aux contribuables.

Or, les paysant disaient : Il faut que je paie 45 centimes. Donc, je me priverai d'un vêtement, je ne marnerai pas mon champ, je ne réparerai pas ma maison.

Et les ouvriers des campagnes disaient : Puisque notre bourgeois se prive d'un vêtement, il y aura moins de travail pour le tailleur ; puisqu'il ne marne pas son champ, il y aura moins de travail pour le terrassier ; puisqu'il ne fait pas réparer sa maison, il y aura moins de travail pour le charpentier et le maçon.

Il fut alors prouvé qu'on ne tire pas d'un sac deux moutures, et que le travail soldé par le gouvernement se fait aux dépens du travail payé par le contribuable. Ce fut là la mort du Droit au travail, qui apparut comme une chimère, autant que comme une injustice.

Et cependant, le droit au profit, qui n'est que l'exagération du Droit au travail, vit encore et se porte à merveille.

N'y a-t-il pas quelque chose de honteux dans le rôle que le protectioniste fait jouer à la société ?

Il lui dit :

Il faut que tu me donnes du travail, et, qui plus est, du travail lucratif. J'ai sottement choisi une industrie qui me laisse dix pour cent de perte. Si tu frappes une contribution de vingt francs sur mes compatriotes et si tu me la livres, ma perte se convertira en profit. Or, le profit est un Droit ; tu me le dois.

La société qui écoute ce sophiste, qui se charge d'impôts pour le satisfaire, qui ne s'aperçoit pas que la perte essuyée par une industrie n'en est pas moins une perte, parce qu'on force les autres à la combler, cette société, dis-je, mérite le fardeau qu'on lui inflige.

---

(1) Si toutes les conséquences d'une action retombaient sur son auteur, notre éducation serait prompte. Mais il n'en est pas ainsi. Quelquefois les bonnes conséquences visibles sont pour nous, et les mauvaises conséquences invisibles sont pour autrui, ce qui nous les rend plus invisibles encore. Il faut alors attendre que la réaction vienne de ceux qui ont à supporter les mauvaises conséquences de l'acte. C'est quelquefois fort long, et voici ce qui prolonge le règne de l'erreur.

Ainsi, on le voit par les nombreux sujets que j'ai parcourus : Ne pas savoir l'Economie politique, c'est se laisser éblouir par l'effet immédiat d'un phénomène ; le savoir, c'est embrasser dans sa pensée et dans sa prévision l'ensemble des effets [1].

Je pourrais soumettre ici une foule d'autres questions à la même épreuve. Mais je recule devant la monotonie d'une démonstration toujours uniforme, et je termine, en appliquant à l'Économie politique ce que Chateaubriand dit de l'Histoire.

« Il y a, dit-il, deux conséquences en histoire : l'une immédiate et qui est à l'instant connue, l'autre éloignée et qu'on n'aperçoit pas d'abord. Ces conséquences souvent se contredisent ; les unes viennent de notre courte sagesse, les autres de la sagesse perdurable. L'évènement providentiel apparaît après l'évènement humain. Dieu se lève derrière les hommes. Niez tant qu'il vous plaira le suprême conseil, ne consentez pas à son action, disputez sur les mots, appelez force des choses ou raison ce que le vulgaire appelle Providence ; mais regardez à la fin d'un fait accompli, et vous verrez qu'il a toujours produit le contraire de ce qu'on en attendait, quand il n'a point été établi d'abord sur la morale et la justice. »

(CHATEAUBRIAND ; *Mémoires d'outre-tombe*.)

Un homme fait un acte qui produit de bonnes conséquences égales à 10, à son profit, et de mauvaises conséquences égales à 15, réparties sur 30 de ses semblables, de manière qu'il n'en retombe sur chacun d'eux que 1/2. - Au total, il y a perte et la réaction doit nécessairement arriver. On conçoit cependant qu'elle se fasse d'autant plus attendre que le mal sera plus disséminé dans la masse et le bien plus concentré sur un point.   (Ébauche inédite de l'auteur).

SERVICES PRIVÉS,
SERVICES PUBLICS.

Les *services* s'échangent contre des *services*.

L'*équivalence* des *services* résulte de l'échange volontaire et du libre débat qui le précède.

En d'autres termes, chaque *service* jeté dans le milieu social *vaut* autant que tout autre service auquel il fait équilibre, pourvu que toutes les *offres* et toutes les *demandes* aient la *liberté* de se produire, de se comparer, de se discuter.

On aura beau épiloguer et subtiliser, il est impossible de concevoir l'idée de valeur sans y associer celle de liberté.

Quand aucune violence, aucune restriction, aucune fraude ne vient altérer l'équivalence des services, on peut dire que la *justice* règne.

Ce n'est pas à dire que l'humanité soit alors arrivée au terme de son perfectionnement ; car la liberté laisse toujours une place ouverte aux erreurs des appréciations individuelles. L'homme est dupe souvent de ses jugements et de ses passions ; il ne classe pas toujours ses désirs dans l'ordre le plus raisonnable. Nous avons vu qu'un service peut être apprécié à sa valeur sans qu'il y ait une proportion raisonnable entre sa valeur et son utilité ; il suffit pour cela que nous donnions le pas à certains désirs sur d'autres. C'est le progrès de l'intelligence, du bon sens et des mœurs qui réalise de plus en plus cette belle proportion, en mettant chaque service à sa place morale, si je puis m'exprimer ainsi. Un objet futile, un spectacle puéril, un plaisir immoral, peuvent avoir un grand prix dans un pays et être dédaignés et flétris dans un autre. L'équivalence des services est donc autre chose que la juste appréciation de leur utilité. Mais, encore sous ce rapport, c'est la liberté, le sens de la responsabilité qui corrigent et perfectionnent nos goûts, nos désirs, nos satisfactions et nos appréciations.

Dans tous les pays du monde, il y a une classe de services qui, quant à la manière dont ils sont rendus, distribués et rémunérés, accomplissent une évolution tout autre que les services privés ou libres. Ce sont les *services publics.*

Quand un besoin a un caractère d'universalité et d'uniformité suffisant pour qu'on puisse l'appeler besoin public, il peut convenir à tous les hommes qui font partie d'une même agglomération (Commune, Province, Nation) de pourvoir à la satisfaction de ce besoin par une action ou par une délégation collective. En ce cas, ils nomment des fonctionnaires chargés de rendre et de distribuer dans la communauté le service dont il s'agit, et ils pourvoient à sa rémunération par une cotisation qui est, du moins en principe, proportionnelle aux facultés de chaque associé.

Au fond, les éléments primordiaux de l'économie sociale ne sont pas nécessairement altérés par cette forme particulière de l'échange, surtout quand le consentement de toutes les parties est supposé. C'est toujours transmission d'efforts, transmission de services. Les fonctionnaires travaillent pour satisfaire les besoins des contribuables ; les contribuables travaillent pour satisfaire les besoins des fonctionnaires. La valeur relative de ces services réciproques est déterminée par un procédé que nous aurons à examiner ; mais les principes essentiels de l'échange, du moins abstraitement parlant, restent intacts.

C'est donc à tort que quelques auteurs, dont l'opinion était influencée par le spectacle de taxes écrasantes et abusives, ont considéré comme *perdue* toute valeur consacrée aux services publics [1]. Cette condamnation tranchante ne soutient pas l'examen. En tant que *perte* ou *gain*, le *service public* ne diffère en rien, scientifiquement, du *service privé*. Que je garde mon champ moi-même, que je paye l'homme qui le garde, que je paye l'État pour le faire garder, c'est toujours un sacrifice mis en regard d'un avantage. D'une manière ou de l'autre je perds l'effort, sans doute, mais je gagne la sécurité. Ce n'est pas une perte, c'est un échange.

Dira-t-on que je donne un objet matériel, et ne reçois rien qui ait corps et figure ? Ce serait retomber dans la fausse théorie de la valeur. Tant qu'on a attribué la valeur à la matière, non aux services, on a dû croire que tout service public était sans valeur ou perdu. Plus tard, quand on a flotté entre le vrai et le faux au sujet de la valeur, on a dû flotter aussi entre le vrai et le faux au sujet de l'impôt.

Si l'impôt n'est pas nécessairement une perte, encore moins est-il nécessairement une spoliation [2]. Sans doute, dans les sociétés modernes, la spoliation par l'impôt

---

1. « Du moment que cette valeur est payée par le contribuable, elle est perdue pour lui ; du moment qu'elle est consommée par le gouvernement, elle est perdue pour tout le monde et ne se reverse point dans la société. »

(J .-B. SAY, *Traité d'économie politique*, liv. III chap. IX, p. 504.)

Sans doute ; mais la société gagne en retour le service qui lui est rendu, la sécurité par exemple. Du reste, Say rétablit, quelques lignes plus bas, la vraie doctrine en ces termes :

« Lever un impôt, c'est faire tort à la société, tort qui n'est compensé par aucun avantage, *toutes les fois qu'on ne lui rend aucun service en échange*. » *(Ibidem.)*

2. « Les contributions publiques, même lorsqu'elles sont consenties par la nation, sont une violation des propriétés, puisqu'on ne peut prélever des valeurs que sur celles qu'ont produites les terres, les capitaux et l'industrie des particuliers. Aussi, *toutes les fois qu'elles excèdent la somme indispensable pour la conservation de la société,* il est permis de les considérer comme une spoliation. » *(Ibidem.)*

Ici encore la proposition incidente corrige ce que le jugement aurait de trop absolu. La doctrine que *les services s'échangent contre les services* simplifie beaucoup le problème et 1a solution.

s'exerce sur une immense échelle. Nous le verrons plus tard ; c'est une des causes les plus actives entre toutes celles qui troublent l'équivalence des services et l'harmonie des intérêts. Mais le meilleur moyen de combattre et de détruire les abus de l'impôt, c'est de se préserver de cette exagération qui le représente comme spoliateur *par essence*.

Ainsi considérés en eux-mêmes, dans leur nature propre, à l'état normal, abstraction faite de tout abus, les *services publics* sont, comme les services privés, de purs échanges.

Mais les procédés par lesquels, dans ces deux formes de l'échange, les services se comparent, se débattent, se transmettent, s'équilibrent et manifestent leur valeur, sont si différents en eux-mêmes et quant à leurs effets, que le lecteur me permettra sans doute de traiter avec quelque étendue ce difficile sujet, un des plus intéressants qui puissent s'offrir aux méditations de l'économiste et de l'homme d'État. A vrai dire, c'est ici qu'est le nœud par lequel la politique se rattache à l'économie sociale. C'est ici qu'on peut marquer l'origine et la portée de cette erreur, la plus funeste qui ait jamais infecté la science, et qui consiste à confondre la société et le gouvernement, – la *société,* ce *tout* qui embrasse à la fois les services privés et les services publics, et le *gouvernement*, cette fraction dans laquelle n'entrent que les services publics.

Quand, par malheur, en suivant l'école de Rousseau et de tous les républicains français ses adeptes, on se sert indifféremment des mots gouvernement et société, on décide implicitement, d'avance, sans examen, que l'État peut et doit absorber l'activité privée tout entière, la liberté, la responsabilité individuelles ; on décide que tous les services privés doivent être convertis en services publics ; on décide que l'ordre social est un fait contingent et conventionnel auquel la loi donne l'existence ; on décide l'omnipotence du législateur et la déchéance de l'humanité.

En fait, nous voyons les services publics ou l'action gouvernementale s'étendre ou se restreindre selon les temps, les lieux, les circonstances, depuis le communisme de Sparte ou des Missions du Paraguay, jusqu'à l'individualisme des États-Unis, en passant par la centralisation française.

La première question qui se présente à l'entrée de la Politique, en tant que science, est donc celle-ci :

Quels sont les services qui doivent rester dans le domaine de l'activité privée ? Quels sont ceux qui doivent appartenir à l'activité collective ou publique ?

Question qui revient à celle-ci :

Dans le grand cercle qui s'appelle *société*, tracer rationnellement le cercle inscrit qui s'appelle *gouvernement*.

Il est évident que cette question se rattache à l'économie politique, puisqu'elle exige l'étude comparée de deux formes très différentes de l'échange.

Une fois ce problème résolu, il en reste un autre : Quelle est la meilleure organisation des services publics ? Celui-ci appartient à la politique pure, nous ne l'aborderons pas.

Examinons les différences essentielles qui caractérisent les *services privés* et les *services publics*, étude préalable nécessaire pour fixer la ligne rationnelle qui doit les séparer.

Toute la partie de cet ouvrage qui précède ce chapitre a été consacrée à montrer l'évolution du *service privé*. Nous l'avons vu poindre dans cette proposition formelle ou tacite : *Fais ceci pour moi, je ferai cela pour toi ;* ce qui implique, soit quant à ce qu'on cède, soit quant à ce qu'on reçoit, un double consentement réciproque. Les notions de troc, échange, appréciation, valeur, ne se peuvent donc concevoir sans *liberté*, non plus que celle-ci sans *responsabilité*. En recourant à l'échange, chaque partie consulte, à ses risques et périls, ses besoins, ses goûts, ses désirs, ses facultés, ses affections, ses convenances, l'ensemble de sa situation ; et nous n'avons nié nulle part qu'à l'exercice du libre arbitre ne s'attache la possibilité de l'erreur, la possibilité d'un choix déraisonnable ou insensé. La faute n'en est pas à l'échange, mais à l'imperfection de la nature humaine ; et le remède ne saurait être ailleurs que dans la *responsabilité* elle-même (c'est-à-dire dans la liberté), puisqu'elle est la source de toute expérience. Organiser la contrainte dans l'échange, détruire le libre arbitre sous prétexte que les hommes peuvent se tromper, ce ne serait rien améliorer ; à moins que l'on ne prouve que l'agent chargé de contraindre ne participe pas à l'imperfection de notre nature, n'est sujet ni aux passions ni aux erreurs, et n'appartient pas à l'humanité. N'est-il pas évident, au contraire, que ce serait non seulement déplacer la responsabilité, mais encore l'anéantir, du moins en ce qu'elle a de plus précieux, dans son caractère rémunérateur, vengeur, expérimental, correctif et par conséquent progressif ? Nous avons vu encore que les échanges libres, ou les services librement reçus et rendus étendent sans cesse, sous l'action de la concurrence, le concours des forces gratuites proportionnellement à celui des forces onéreuses, le domaine de la communauté proportionnellement au domaine de la propriété ; et nous sommes arrivés ainsi à reconnaître, dans la liberté, la puissance qui réalise de plus en plus l'égalité en tous sens progressive, ou l'Harmonie sociale.

Quant aux procédés de l'échange libre, ils n'ont pas besoin d'être décrits, car si la contrainte a des formes infinies, la liberté n'en a qu'une. Encore une fois, la transmission libre et volontaire des services privés est définie par ces simples paroles : « Donne-moi ceci, je te donnerai cela ; – fais ceci pour moi, je ferai cela pour toi. » *Do ut des ; facio ut facias.*

Ce n'est pas ainsi que s'échangent les *services publics*. Ici, dans une mesure quelconque, la *contrainte* est inévitable, et nous devons rencontrer des formes infinies, depuis le despotisme le plus absolu, jusqu'à l'intervention la plus universelle et la plus directe de tous les citoyens.

Encore que cet idéal politique n'ait été réalisé nulle part, encore que peut-être il ne le soit jamais que d'une manière bien fictive, nous le supposerons cependant. Car que cherchons-nous ? Nous cherchons les modifications qui affectent les *services* quand ils entrent dans le domaine public ; et, au point de vue de la science, nous devons faire abstraction des violences particulières et locales, pour considérer le service public en lui-même et dans les circonstances les plus légitimes. En un mot, nous devons étudier la transformation qu'il subit par cela seul qu'il devient public, abstraction faite de la cause qui l'a rendu tel et des abus qui peuvent se mêler aux moyens d'exécution.

Le procédé consiste en ceci :

Les citoyens nomment des mandataires. Ces mandataires réunis décident, à la majorité, qu'une certaine catégorie de besoins, par exemple, le besoin d'instruction, ne sera plus satisfaite par le libre effort ou par le libre échange des citoyens, mais qu'il y sera pourvu par une classe de fonctionnaires spécialement délégués à cette œuvre. Voilà pour le service *rendu*. Quant au service *reçu,* comme l'État s'empare du temps et des facultés des nouveaux fonctionnaires au profit des citoyens, il faut aussi qu'il prenne des moyens d'existence aux citoyens au profit des fonctionnaires. Ce qui s'opère par une cotisation ou contribution générale.

En tout pays civilisé, cette contribution se paye en argent. Il est à peine nécessaire de faire remarquer que derrière cet argent il y a du travail. Au fond, on s'acquitte en nature. Au fond, les citoyens travaillent pour les fonctionnaires, et les fonctionnaires pour les citoyens, de même que dans les services libres les citoyens travaillent les uns pour les autres.

Nous plaçons ici cette observation pour prévenir un sophisme très répandu, né de l'illusion monétaire. On entend souvent dire : L'argent reçu par les fonctionnaires retombe en pluie sur les citoyens. Et l'on infère de là que cette prétendue pluie est un second bien ajouté à celui qui résulte du service. En raisonnant ainsi, on est arrivé à justifier les fonctions les plus parasites. On ne prend pas garde que, si le service fût resté dans le domaine de l'activité privée, l'argent qui, au lieu d'aller au trésor et de là aux fonctionnaires, aurait été directement aux hommes qui se seraient chargés de rendre librement le service, cet argent, dis-je, serait aussi retombé en pluie dans la masse. Ce sophisme ne résiste pas quand on porte la vue au-delà de la circulation des espèces, quand on voit qu'au fond il y a du travail échangé contre du travail, des services contre des services. Dans l'ordre public, il peut arriver que des fonctionnaires reçoivent des services sans en rendre ; alors il y a perte pour le contribuable, quelque illusion que puisse nous faire à cet égard le mouvement des écus.

Quoi qu'il en soit, reprenons notre analyse :

Voici donc un échange sous une forme nouvelle. Échange implique deux termes : *donner* et *recevoir*. Examinons donc comment est affectée la transaction, de privée devenue publique, au double point de vue des services *rendus* et *reçus*.

En premier lieu, nous constatons que toujours ou presque toujours le service public éteint, en droit ou en fait, le service privé de même nature. Quand l'État se charge d'un service, généralement il a soin de décréter que nul autre que lui ne le pourra rendre, surtout s'il a en vue de se faire du même coup un revenu. Témoins la poste, le tabac, les cartes à jouer, la poudre à canon, etc. Ne prît-il pas cette précaution, le résultat serait le même. Quelle industrie peut s'occuper de rendre au public un service que l'État rend pour rien ? On ne voit guère personne chercher des moyens d'existence dans l'enseignement libre du droit ou de la médecine, dans l'exécution de grandes routes, dans l'élève d'étalons pur-sang, dans la fondation d'écoles d'arts et métiers, dans le défrichement des terres algériennes, dans l'exhibition de Musées, etc. Et la raison en est que le public n'ira pas acheter ce que l'État lui donne pour rien. Ainsi que le disait M. de Cormenin, l'industrie des cordonniers tomberait bien vite, fût-elle déclarée inviolable par le premier article de la Constitution, si le gouvernement s'avisait de chausser gratuitement tout le monde.

A la vérité, le mot *gratuit* appliqué aux services publics renferme le plus grossier et, j'ose dire, le plus puéril des sophismes.

J'admire, pour moi, l'extrême gobe-moucherie avec laquelle le public se laisse prendre à ce mot. Ne voulez-vous pas, nous dit-on, l'instruction *gratuite,* les haras *gratuits ?*

Certes, oui, j'en veux, et je voudrais aussi l'alimentation gratuite, le logement gratuit... si c'était possible.

Mais il n'y a de vraiment gratuit que ce qui ne coûte rien à personne. Or les services publics coûtent à tout le monde ; c'est parce que tout le monde les a payés d'avance qu'ils ne coûtent plus rien à celui qui les reçoit. Celui-ci, qui a payé sa part de la cotisation générale, se gardera bien d'aller se faire rendre le service, en payant, par l'industrie privée.

Ainsi le service public se substitue au service privé. Il n'ajoute rien au travail général de la nation, ni à sa richesse. Il fait faire par des fonctionnaires ce qu'eût fait l'industrie privée. Reste à savoir encore laquelle des deux opérations entraînera le plus d'inconvénients accessoires. Le but de ce chapitre est de résoudre ces questions.

Dès que la satisfaction d'un besoin devient l'objet d'un service public, elle est soustraite en grande partie au domaine de la liberté et de la responsabilité individuelles. L'individu n'est plus libre d'en acheter ce qu'il en veut, quand il le veut, de consulter ses ressources, ses convenances, sa situation, ses appréciations morales, non plus que l'ordre successif selon lequel il lui semble raisonnable de pourvoir à ses besoins. Bon gré, mal gré, il faut qu'il retire du milieu social, non cette mesure du service qu'il juge utile, ainsi qu'il le fait pour les services privés, mais la part que le gouvernement a jugé à propos de lui préparer, quelles qu'en soient la quantité et la qualité. Peut-être n'a-t-il pas du pain à sa faim, et cependant on lui prend une partie de ce pain, qui lui serait indispensable, pour lui donner une instruction ou des spectacles dont il n'a que faire. Il cesse d'exercer un libre contrôle sur ses propres satisfactions, et, n'en ayant plus la responsabilité, naturellement il cesse d'en avoir l'intelligence. La prévoyance lui devient aussi inutile que l'expérience. Il s'appartient moins, il a perdu une partie de son libre arbitre, il est moins progressif, il est moins homme. Non seulement il ne juge plus par lui-même dans un cas donné, mais il se déshabitue de juger pour lui-même. Cette torpeur morale, qui le gagne, gagne par la même raison tous ses concitoyens ; et l'on a vu ainsi des nations entières tomber dans une funeste inertie[1].

Tant qu'une catégorie de besoins et de satisfactions correspondantes reste dans le domaine de la liberté, chacun se fait à cet égard sa propre loi et la modifie à son gré. Cela semble naturel et juste, puisqu'il n'y a pas deux hommes qui se trouvent dans des circonstances identiques, ni un homme pour lequel les circonstances ne varient d'un jour à l'autre. Alors toutes les facultés humaines, la comparaison, le jugement, la prévoyance, restent en exercice. Alors toute bonne détermination amène sa récompense comme toute erreur son châtiment ; et l'expérience, ce rude suppléant de la pré-

---

1. Les effets de cette transformation ont été rendus sensibles par un exemple que citait Monsieur le ministre de la Guerre d'Hautpoul. « Il revient à chaque soldat, disait-il, 16 centimes pour son alimentation. Le gouvernement leur prend ces 16 centimes, et se charge de les nourrir. Il en résulte que tous ont la même ration, composée de même manière, qu'elle leur convienne ou non. L'un a trop de pain et le jette. L'autre n'a pas assez de viande, etc. Nous avons fait un essai : nous laissons aux soldats la libre disposition de ces 16 centimes et nous sommes heureux de constater une amélioration sensible sur leur sort. Chacun consulte ses goûts, son tempérament, le prix des marchés. Généralement ils ont d'eux-mêmes substitué en partie la viande au pain. Ils achètent ici plus de pain, là plus de viande, ailleurs plus de légumes, ailleurs plus de poisson, leur santé s'en trouve bien ; ils sont plus contents et l'État est délivré d'une grande responsabilité. »

Le lecteur comprend qu'il n'est pas ici question de juger cette expérience au point de vue militaire. Je la cite comme propre à marquer une première différence entre le service public et le service privé, entre la réglementation et la liberté. Vaut-il mieux que l'État nous prenne les ressources au moyen desquelles nous nous alimentons et se charge de nous nourrir, ou bien qu'il nous laisse à la fois et ces ressources et le soin de pourvoir à notre subsistance ? La même question se présente à propos de chacun de nos besoins.

voyance, remplit au moins sa mission, de telle sorte que la société ne peut manquer de se perfectionner.

Mais quand le service devient public, toutes les lois individuelles disparaissent pour se fondre, se généraliser dans une loi écrite, coercitive, la même pour tous, qui ne tient nul compte des situations particulières, et frappe d'inertie les plus nobles facultés de la nature humaine.

Si l'intervention de l'État nous enlève le gouvernement de nous-mêmes, relativement aux services que nous en recevons, il nous l'ôte bien plus encore quant aux services que nous lui rendons en retour. Cette contrepartie, ce complément de l'échange est encore soustrait à la liberté, pour être uniformément réglementé par une loi décrétée d'avance, exécutée par la force, et à laquelle nul ne peut se soustraire. En un mot, comme les services que l'État nous rend nous sont imposés, ceux qu'il nous demande en payement nous sont imposés aussi, et prennent même dans toutes les langues le nom d'*impôts*.

Ici se présentent en foule les difficultés et les inconvénients théoriques ; car pratiquement l'État surmonte tous les obstacles, au moyen d'une force armée qui est le corollaire obligé de toute loi. Pour nous en tenir à la théorie, la transformation d'un service privé en service public fait naître ces graves questions :

L'État demandera-t-il en toutes circonstances à chaque citoyen un impôt *équivalent* aux services rendus ? Ce serait justice, et c'est précisément cette *équivalence* qui se dégage avec une sorte d'infaillibilité des transactions libres, du *prix débattu* qui les précède. Il ne valait donc pas la peine de faire sortir une classe de services du domaine de l'activité privée, si l'État aspirait à réaliser cette *équivalence*, qui est la justice rigoureuse. Mais il n'y songe même pas et ne peut y songer. On ne *marchande* pas avec les fonctionnaires. La loi procède d'une manière générale, et ne peut stipuler des conditions diverses pour chaque cas particulier. Tout au plus, et quand elle est conçue en esprit de justice, elle cherche une sorte d'équivalence moyenne, d'équivalence approximative entre les deux natures de services échangés. Deux principes, la proportionnalité et la progression de l'impôt, ont paru, à des titres divers, porter aux dernières limites cette approximation. Mais la plus légère réflexion suffit pour montrer que l'impôt proportionnel, pas plus que l'impôt progressif, ne peut réaliser l'équivalence rigoureuse des services échangés. Les services publics, après avoir ravi aux citoyens la liberté, au double point de vue des services reçus et rendus, ont donc encore le tort de bouleverser la valeur de ces services.

Ce n'est pas un moindre inconvénient à eux de détruire le principe de la responsabilité ou du moins de la déplacer. La responsabilité ! Mais c'est tout pour l'homme : c'est son moteur, son professeur, son rémunérateur et son vengeur. Sans elle, l'homme n'a plus de libre arbitre, il n'est plus perfectible, il n'est plus un être moral, il n'apprend rien, il n'est rien. Il tombe dans l'inertie, et ne compte plus que comme une unité dans un troupeau.

Si c'est un malheur que le sens de la responsabilité s'éteigne dans l'individu, c'en est un autre qu'elle se développe exagérément dans l'État . A l'homme, même abruti, il reste assez de lumière pour apercevoir d'où lui viennent les biens et les maux ; et quand l'État se charge de tout, il devient responsable de tout. Sous l'empire de ces arrangements artificiels, un peuple qui souffre ne peut s'en prendre qu'à son gouvernement ; et son seul remède comme sa seule politique est de le renverser. De là un inévitable enchaînement de révolutions. Je dis inévitable, car sous ce régime le peuple doit nécessairement souffrir : la raison en est que le système des services publics, outre qu'il trouble le nivellement des valeurs, ce qui est injustice, amène aussi une déperdition fatale de richesse, ce qui est ruine ; ruine et injustice, c'est souffrance et mécontentement, – quatre funestes ferments dans la société, lesquels, combinés avec le déplacement de la responsabilité, ne peuvent manquer d'amener ces convulsions politiques dont nous sommes, depuis plus d'un demi-siècle, les malheureux témoins.

Je ne voudrais pas m'écarter de mon sujet. Je ne puis cependant m'empêcher de faire remarquer que, lorsque les choses sont ainsi organisées, lorsque le gouvernement a pris des proportions gigantesques par la transformation successive des transactions libres en services publics, il est à craindre que les révolutions, qui sont, par elles-mêmes, un si grand mal, n'aient pas même l'avantage d'être un remède, sinon à force d'expériences. Le déplacement de la responsabilité a faussé l'opinion populaire. Le peuple, accoutumé à tout attendre de l'État , ne l'accuse pas de trop faire, mais de ne pas faire assez. Il le renverse et le remplace par un autre, auquel il ne dit pas : *Faites moins,* mais : *Faites plus ;* et c'est ainsi que l'abîme se creuse et se creuse encore.

Le moment vient-il enfin où les yeux s'ouvrent ? Sent-on qu'il faut en venir à diminuer les attributions et la responsabilité de l'État ? On est arrêté par d'autres difficultés. D'un côté, les *Droits acquis* se soulèvent et se coalisent ; on répugne à froisser une foule d'existences auxquelles on a donné une vie artificielle. – D'un autre côté, le public a désappris à agir par lui-même. Au moment de reconquérir cette liberté qu'il a si ardemment poursuivie, il en a peur, il la repousse. Allez donc lui offrir la liberté d'enseignement ? Il croira que toute science va s'éteindre. Allez donc lui offrir la liberté religieuse ? Il croira que l'athéisme va tout envahir. On lui a tant dit et répété que toute religion, toute sagesse, toute science, toute lumière, toute morale réside dans l'État ou en découle.

Mais ces considérations reviendront ailleurs, et je rentre dans mon sujet.

Nous nous sommes appliqués à découvrir le vrai rôle de la concurrence dans le développement des richesses. Nous avons vu qu'il consistait à faire glisser le bien sur le producteur, à faire tourner le progrès au profit de la communauté, à élargir sans cesse le domaine de la gratuité et, par suite, de l'égalité.

Mais quand les services privés deviennent publics, ils échappent à la concurrence, et cette belle harmonie est suspendue. En effet, le fonctionnaire est dénué de ce stimulant qui pousse au progrès, et comment le progrès tournerait-il à l'avantage commun quand il n'existe même pas ? Le fonctionnaire n'agit pas sous l'aiguillon de l'intérêt, mais sous l'influence de la loi. La loi lui dit : « Vous rendrez au public tel service déterminé, et vous recevrez de lui tel autre service déterminé. » Un peu plus, un peu moins de zèle ne change rien à ces deux termes fixes. Au contraire, l'intérêt privé souffle à l'oreille du travailleur libre ces paroles : « Plus tu feras pour les autres, plus les autres feront pour toi. » Ici la récompense dépend entièrement de l'effort plus ou moins intense, plus ou moins éclairé. Sans doute l'esprit de corps, le désir de l'avancement, l'attachement au devoir, peuvent être pour le fonctionnaire d'actifs stimulants. Mais jamais ils ne peuvent remplacer l'irrésistible incitation de l'intérêt personnel. L'expérience confirme à cet égard le raisonnement. Tout ce qui est tombé dans le domaine du fonctionnarisme est à peu près stationnaire ; il est douteux qu'on enseigne mieux aujourd'hui que du temps de François Ier ; et je ne pense pas que personne s'avise de comparer l'activité des bureaux ministériels à celle d'une manufacture.

A mesure donc que des services privés entrent dans la classe des services publics, ils sont frappés, au moins dans une certaine mesure, d'immobilisme et de stérilité, non au préjudice de ceux qui les rendent (leurs appointements ne varient pas), mais au détriment de la communauté tout entière.

A côté de ces inconvénients, qui sont immenses tant au point de vue moral et politique qu'au point de vue économique, inconvénients que je n'ai fait qu'esquisser, comptant sur la sagacité du lecteur, il y a quelquefois avantage à substituer l'action collective à l'action individuelle. Il y a telle nature de services dont le principal mérite est la régularité et l'uniformité. Il se peut même, qu'en quelques circonstances, cette substitution réalise une économie de ressorts et épargne, pour une satisfaction donnée, une certaine somme d'efforts à la communauté. La question à résoudre est donc celle-ci : Quels services doivent rester dans le domaine de l'activité privée ? quels services doivent appartenir à l'activité collective ou publique ? L'étude que nous venons de faire des différences essentielles qui caractérisent les deux natures de services nous facilitera la solution de ce grave problème.

Et d'abord, y a-t-il quelque principe au moyen duquel on puisse distinguer ce qui peut légitimement entrer dans le cercle de l'activité collective, et ce qui doit rester dans le cercle de l'activité privée ?

Je commence par déclarer que j'appelle ici *activité collective* cette grande organisation qui a pour règle la *loi* et pour moyen d'exécution la *force*, en d'autres termes, le *gouvernement*. Qu'on ne me dise pas que les associations libres et volontaires manifestent aussi une activité collective. Qu'on ne suppose pas que je donne aux mots *activité privée* le sens d'*action isolée*. Non. Mais je dis que l'association libre et volontaire appartient encore à l'activité privée, car c'est un des modes, et le plus puissant, de l'échange. Il n'altère pas l'équivalence des services, il n'affecte pas la libre appréciation des valeurs, il ne déplace pas les responsabilités, il n'anéantit pas le libre arbitre, il ne détruit ni la concurrence ni ses effets, en un mot, il n'a pas pour principe la *contrainte*.

Mais l'action gouvernementale se généralise par la *contrainte*. Elle invoque nécessairement le *compelle intrare*. Elle procède en vertu d'une *loi,* et il faut que tout le monde se soumette, car loi implique *sanction*. Je ne pense pas que personne conteste ces prémisses ; je les mettrais sous la sauvegarde de la plus imposante des autorités, celle du fait universel. Partout il y a des lois et des forces pour y ramener les récalcitrants.

Et c'est de là, sans doute, que vient cet axiome à l'usage de ceux qui, confondant le *gouvernement* avec la *Société,* croient que celle-ci est factice et de convention comme celui-là : « Les hommes, en se réunissant en société, ont sacrifié une partie de leur liberté pour conserver l'autre. »

Évidemment cet axiome est faux dans la région des transactions libres et volontaires. Que deux hommes, déterminés par la perspective d'un résultat plus avantageux, échangent leurs services ou associent leurs efforts au lieu de travailler isolément : où peut-on voir là un sacrifice de liberté ? Est-ce sacrifier la liberté que d'en faire un meilleur usage ?

Tout au plus pourrait-on dire : « Les hommes sacrifient une partie de leur liberté pour conserver l'autre, non point quand ils se réunissent en société, mais quand ils se soumettent à un gouvernement, puisque le mode nécessaire d'action d'un gouvernement, c'est la force. »

Or, même avec cette modification, le prétendu axiome est encore une erreur, quand le gouvernement reste dans ses attributions rationnelles.

Mais quelles sont ces attributions ?

C'est justement ce caractère spécial, d'avoir pour auxiliaire obligé la force, qui doit nous en révéler l'étendue et les limites. Je dis : *Le gouvernement n'agit que par l'intervention de la force, donc son action n'est légitime que là où l'intervention de la force est elle-même légitime.*

Or, quand la force intervient légitimement, ce n'est pas pour sacrifier la liberté, mais pour la faire respecter.

De telle sorte que cet axiome, qu'on a donné pour base à la science politique, déjà faux de la société, l'est encore du gouvernement. C'est toujours avec bonheur que je vois ces tristes discordances théoriques disparaître devant un examen approfondi.

Dans quel cas l'emploi de la force est-il légitime ? Il y en a un, et je crois qu'il n'y en a qu'un : *le cas de légitime défense*. S'il en est ainsi, la raison d'être des gouvernements est trouvée, ainsi que leur limite rationnelle [1].

Quel est le droit de l'individu ? C'est de faire avec ses semblables des transactions libres, d'où suit pour ceux-ci un droit réciproque. Quand est-ce que ce droit est violé ? Quand l'une des parties entreprend sur la liberté de l'autre. En ce cas il est faux de dire, comme on le fait souvent : « Il y a des excès, abus de liberté. » Il faut dire : « Il y a défaut, destruction de liberté. » Excès de liberté sans doute si on ne regarde que l'agresseur ; destruction de liberté si l'on regarde la victime, ou même si l'on considère, comme on le doit, l'ensemble du phénomène.

Le droit de celui dont on attaque la liberté, ou, ce qui revient au même, la propriété, les facultés, le travail, est de les défendre *même par la force ;* et c'est ce que font tous les hommes, partout et toujours quand ils le peuvent.

De là découle, pour un nombre d'hommes quelconque, le droit de se concerter, de s'associer, pour défendre, *même par la force* commune, les libertés et les propriétés individuelles.

Mais l'individu n'a pas le droit d'employer la force à une autre fin. Je ne puis légitimement *forcer* mes semblables à être laborieux, sobres, économes, généreux, savants, dévots ; mais je puis légitimement les forcer à être justes.

Par la même raison, la force collective ne peut être légitimement appliquée à développer l'amour du travail, la sobriété, l'économie, la générosité, la science, la foi religieuse ; mais elle peut l'être légitimement à faire régner la justice, à maintenir chacun dans son droit.

Car où pourrait-on chercher l'origine du droit collectif ailleurs que dans le droit individuel ?

---

1. L'auteur, dans un de ses précédents écrits, s'est proposé de résoudre la même question. Il a recherché quel était le légitime domaine de la loi. Tous les développements que contient le pamphlet intitulé *la Loi* s'appliquent à sa thèse actuelle. Nous y renvoyons le lecteur (voir supra page 128).
(Note de l'éditeur. 1855.)

C'est la déplorable manie de notre époque de vouloir donner une vie propre à de pures abstractions, d'imaginer une cité en dehors des citoyens, une humanité en dehors des hommes, un tout en dehors de ses parties, une collectivité en dehors des individualités qui la composent. J'aimerais autant que l'on me dise : « Voilà un homme, anéantissez par la pensée ses membres, ses viscères, ses organes, son corps et son âme, tous les éléments dont il est formé ; il reste toujours un homme. »

Si un droit n'existe dans aucun des individus dont, pour abréger, on nomme l'ensemble une nation, comment existerait-il dans la nation ? Comment existerait-il surtout dans cette fraction de la nation qui n'a que des droits délégués, dans le gouvernement ? Comment les individus peuvent-ils déléguer des droits qu'ils n'ont pas ?

Il faut donc regarder comme le principe fondamental de toute politique cette incontestable vérité :

Entre individus, l'intervention de la force n'est légitime que dans le cas de légitime défense. La collectivité ne saurait recourir légalement à la force que dans la même limite.

Or, il est dans l'essence même du gouvernement d'agir sur les citoyens par voie de contrainte. Donc il ne peut avoir d'autres attributions rationnelles que la légitime défense de tous les droits individuels, il ne peut être délégué que pour faire respecter les libertés et les propriétés de tous.

Remarquez que, lorsqu'un gouvernement sort de ces bornes, il entre dans une carrière sans limite, sans pouvoir échapper à cette conséquence, non seulement d'outrepasser sa mission, mais de l'anéantir, ce qui constitue la plus monstrueuse des conditions.

En effet, quand l'État a fait respecter cette ligne fixe, invariable, qui sépare les droits des citoyens, quand il a maintenu parmi eux la justice, que peut-il faire de plus sans violer lui-même cette barrière dont la garde lui est confiée, sans détruire de ses propres mains, et par la force, les libertés et les propriétés qui avaient été placées sous sa sauvegarde ? Au-delà de la justice, je défie qu'on imagine une intervention gouvernementale qui ne soit une injustice. Alléguez tant que vous voudrez des actes inspirés par la plus pure philanthropie, des encouragements à la vertu, au travail, des primes, des faveurs, des protections directes, des dons prétendus gratuits, des initiatives dites généreuses ; derrière ces belles apparences, ou, si vous voulez, derrière ces belles réalités, je vous montrerai d'autres réalités moins satisfaisantes : les droits des uns violés pour l'avantage des autres, des libertés sacrifiées, des propriétés usurpées, des facultés limitées, des spoliations consommées. Et le monde peut-il être témoin d'un spectacle plus triste, plus douloureux, que celui de la force collective occupée à perpétrer les crimes qu'elle était chargée de réprimer ?

En principe, il suffit que le gouvernement ait pour instrument nécessaire la *force* pour que nous sachions enfin quels sont les services privés qui peuvent être légitimement convertis en *services publics*. Ce sont ceux qui ont pour objet le maintien de toutes les libertés, de toutes les propriétés, de tous les droits individuels, la prévention des délits et des crimes, en un mot, tout ce qui concerne la *sécurité publique*.

Les gouvernements ont encore une autre mission.

En tous pays, il y a quelques propriétés communes, des biens dont tous les citoyens jouissent par indivis, des rivières, des forêts, des routes. Par contre, et malheureusement, il y a aussi des dettes. Il appartient au gouvernement d'administrer cette portion active et passive du domaine public.

Enfin, de ces deux attributions en découle une autre :

Celle de percevoir les contributions indispensables à la bonne exécution des *services publics*.

Ainsi :

Veiller à la sécurité publique ;

Administrer le domaine commun ;

Percevoir les contributions.

Tel est, je crois, le cercle rationnel dans lequel doivent être circonscrites ou ramenées les attributions gouvernementales.

Cette opinion, je le sais, heurte beaucoup d'idées reçues.

« Quoi ! dira-t-on, vous voulez réduire le gouvernement au rôle de juge et de gendarme ? Vous le dépouillez de toute initiative ! Vous lui interdisez de donner une vive impulsion aux lettres, aux arts, au commerce, à la navigation, à l'agriculture, aux idées morales et religieuses ; vous le dépouillez de son plus bel attribut, celui d'ouvrir au peuple la voie du progrès ! »

A ceux qui s'expriment ainsi, j'adresserai quelques questions.

Où Dieu a-t-il placé le mobile des actions humaines et l'aspiration vers le progrès ? Est-ce dans tous les hommes ? ou seulement dans ceux d'entre eux qui ont reçu ou usurpé un mandat de législateur ou un brevet de fonctionnaire ? Est-ce que chacun de nous ne porte pas dans son organisation, dans tout son être, ce moteur infatigable et illimité qu'on appelle le *désir* ? Est-ce qu'à mesure que les besoins les plus grossiers sont satisfaits, il ne se forme pas en nous des cercles concentriques et expansifs de désirs d'un ordre de plus en plus élevé ? Est-ce que l'amour des arts, des lettres, des sciences, de la vérité morale et religieuse, est-ce que la soif des solutions, qui intéressent notre existence présente ou future, descend de la collectivité à l'individualité, c'est-à-dire de l'abstraction à la réalité, et d'un pur mot aux êtres sentants et vivants ?

Si vous partez de cette supposition déjà absurde, que l'activité morale est dans l'État et la passiveté dans la nation, ne mettez-vous pas les mœurs, les doctrines, les opinions, les richesses, tout ce qui constitue la vie individuelle, à la merci des hommes qui se succèdent au pouvoir ?

Ensuite, l'État, pour remplir la tâche immense que vous voulez lui confier, a-t-il quelques ressources qui lui soient propres ? N'est-il pas obligé de prendre tout ce dont il dis-

pose, jusqu'à la dernière obole, aux citoyens eux-mêmes ?
Si c'est aux individualités qu'il demande des moyens d'exécution, ce sont donc les individualités qui ont réalisé ces
moyens. C'est donc une contradiction de prétendre que
l'individualité est passive et inerte. Et pourquoi l'individualité avait-elle créé des ressources ? Pour aboutir à des satisfactions de son choix. Que fait donc l'État quand il
s'empare de ces ressources ? Il ne donne pas l'être à des
satisfactions, il les *déplace*. Il en prive celui qui les avait
méritées pour en doter celui qui n'y avait aucun droit. Il sys-
tématise l'injustice, lui qui était chargé de le châtier.

Dira-t-on qu'en déplaçant les satisfactions, il les épure et
les moralise ? Que des richesses que l'individualité aurait
consacrées à des besoins grossiers, l'État les voue à des
besoins moraux ? Mais qui osera affirmer que c'est un avantage d'intervertir violemment *par la force,* par voie de spoliation, l'ordre naturel selon lequel les besoins et les désirs
se développent dans l'humanité? qu'il est moral de prendre
un morceau de son pain au paysan qui a faim, pour mettre à
la portée du citadin la douteuse moralité des spectacles ?

Et puis on ne déplace pas les richesses sans déplacer le
travail et la population. C'est donc toujours un arrangement
factice et précaire, substitué à cet ordre solide et régulier qui
repose sur les immuables lois de la nature.

Il y en a qui croient qu'un gouvernement circonscrit en est
plus faible. Il leur semble que de nombreuses attributions et
de nombreux agents donnent à l'État la stabilité d'une large
base. Mais c'est là une pure illusion. Si l'État ne peut sortir
d'un cercle déterminé sans se transformer en instrument
d'injustice, de ruine et de spoliation, sans bouleverser la
naturelle distribution du travail, des jouissances, des capitaux et des bras, sans créer des causes actives de chômages,
de crises industrielles et de paupérisme, sans augmenter la
proportion des délits et des crimes, sans recourir à des
moyens toujours plus énergiques de répression, sans exciter
le mécontentement et la désaffection, comment sortira-t-il

une garantie de stabilité de ces éléments amoncelés de désordre ?

On se plaint des tendances révolutionnaires des hommes. Assurément on n'y réfléchit pas. Quand on voit, chez un grand peuple, les services privés envahis et convertis en services publics, le gouvernement s'emparer du tiers des richesses produites par les citoyens, la loi devenue une arme de spoliation entre les mains des citoyens eux-mêmes, parce qu'elle a pour objet d'altérer, sous prétexte de l'établir, l'équivalence des services ; quand on voit la population et le travail législativement déplacés, un abîme de plus en plus profond se creuser entre l'opulence et la misère, le capital ne pouvant s'accumuler pour donner du travail aux générations croissantes, des classes entières vouées aux plus dures privations ; quand on voit les gouvernements, afin de pouvoir s'attribuer le peu de bien qui se fait, se proclamer mobiles universels, acceptant ainsi la responsabilité du mal, on est étonné que les révolutions ne soient pas plus fréquentes, et l'on admire les sacrifices que les peuples savent faire à l'ordre et à la tranquillité publique.

Que si les Lois et les Gouvernements qui en sont les organes se renfermaient dans les limites que j'ai indiquées, je me demande d'où pourraient venir les révolutions. Si chaque citoyen était libre, il souffrirait moins sans doute, et si, en même temps, il sentait la responsabilité qui le presse de toutes parts, comment lui viendrait l'idée de s'en prendre de ses souffrances à une Loi, à un Gouvernement qui ne s'occuperait de lui que pour réprimer ses injustices et le protéger contre les injustices d'autrui ? A-t-on jamais vu un village s'insurger contre son juge de paix ?

L'influence de la liberté sur l'ordre est sensible aux États-Unis. Là, sauf la Justice, sauf l'administration des propriétés communes, tout est laissé aux libres et volontaires transactions des hommes, et nous sentons tous instinctivement que c'est le pays du monde qui offre aux révolutions le moins d'éléments et de chances. Quel intérêt, même apparent, y peuvent avoir les citoyens à changer violemment l'ordre établi, quand d'un côté cet ordre ne froisse personne, et que d'autre part il peut être légalement modifié au besoin avec la plus grande facilité ?

Je me trompe, il y a deux causes actives de révolutions aux États-Unis : l'Esclavage et le Régime restrictif. Tout le monde sait qu'à chaque instant ces deux questions mettent en péril la paix publique et le lien fédéral. Or, remarquez-le bien, peut-on alléguer, en faveur de ma thèse, un argument plus décisif ? Ne voit-on pas ici la loi agissant en sens inverse de son but ? Ne voit-on pas ici la Loi et la Force publique, dont la mission devrait être de protéger les libertés et les propriétés, sanctionner, corroborer, perpétuer, systématiser et protéger l'oppression et la spoliation ? Dans la question de l'esclavage, la loi dit : « Je créerai une force, aux frais des citoyens, non afin qu'elle maintienne chacun dans son droit, mais pour qu'elle anéantisse dans quelques-uns tous les droits. » Dans la question des tarifs la loi dit : « Je créerai une force, aux frais des citoyens, non pour que leurs transactions soient libres, mais pour qu'elles ne le soient pas, pour que l'équivalence des services soit altérée, pour qu'un citoyen ait la liberté de deux, et qu'un autre n'en ait pas du tout. Je me charge de commettre ces injustices, que je punirais des plus sévères châtiments si les citoyens se les permettaient sans mon aveu. »

Ce n'est donc pas parce qu'il y a peu de lois et de fonctionnaires, autrement dit, peu de services publics, que les révolutions sont à craindre. C'est, au contraire, parce qu'il y a beaucoup de lois, beaucoup de fonctionnaires, beaucoup de services publics. Car, par leur nature, les services publics, la loi qui les règle, la force qui les fait prévaloir, ne sont jamais neutres. Ils peuvent, ils doivent s'étendre sans danger, avec avantage, autant qu'il est nécessaire pour faire régner entre tous la justice rigoureuse : au-delà, ce sont autant d'instruments d'oppression et de spoliation légales, autant de causes de désordre, autant de ferments révolutionnaires.

Parlerai-je de cette délétère immoralité qui filtre dans toutes les veines du corps social, quand, en principe, la loi se met au service de tous les penchants spoliateurs ? Assistez à une séance de la Représentation nationale, le jour où il est question de primes, d'encouragements, de faveurs, de restrictions. Voyez avec quelle rapacité éhontée chacun veut s'assurer une part du vol, vol auquel, certes, on rougirait de se livrer personnellement. Tel se considérerait comme un bandit s'il m'empêchait, le pistolet au poing, d'accomplir à la frontière une transaction conforme à mes intérêts ; mais il ne se fait aucun scrupule de solliciter et de voter une loi qui substitue la force publique à la sienne, et me soumette, à mes propres frais, à cette injuste interdiction. Sous ce rapport, quel triste spectacle offre maintenant la France ! Toutes les classes souffrent, et, au lieu de demander l'anéantissement, à tout jamais, de toute spoliation légale, chacune se tourne vers la loi, lui disant : « Vous qui pouvez tout, vous qui disposez de la Force, vous qui convertissez le mal en bien, de grâce, spoliez les autres classes à mon profit. Forcez-les à s'adresser à moi pour leurs achats, ou bien à me payer des primes, ou bien à me donner l'instruction gratuite, ou bien à me prêter sans intérêts, etc., etc... » C'est ainsi que la loi devient une grande école de démoralisation ; et si quelque chose doit nous surprendre, c'est que le penchant au vol individuel ne fasse pas plus de progrès, quand le sens moral des peuples est ainsi perverti par leur législation même.

Ce qu'il y a de plus déplorable, c'est que la spoliation, quand elle s'exerce ainsi à l'aide de la loi, sans qu'aucun scrupule individuel lui fasse obstacle, finit par devenir toute une savante théorie qui a ses professeurs, ses journaux, ses docteurs, ses législateurs, ses sophismes, ses subtilités. Parmi les arguties traditionnelles qu'on fait valoir en sa faveur, il est bon de discerner celle-ci : Toutes choses égales d'ailleurs, un accroissement de *demande* est un bien pour ceux qui ont un service à offrir ; puisque ce nouveau rapport entre une demande plus active et une offre stationnaire est ce qui augmente la *valeur* du service. De là on tire cette conclusion : La spoliation est avantageuse à tout le monde : à la classe spoliatrice qu'elle enrichit directement, aux classes spoliées qu'elle enrichit par ricochet. En effet, la classe spoliatrice, devenue plus riche, est en mesure d'étendre le cercle de ses jouissances. Elle ne le peut sans *demander*, dans une plus grande proportion, les *services* des classes spoliées. Or, relativement à tout service, accroissement de demande, c'est accroissement de valeur. Donc les classes légèrement volées sont trop heureuses de l'être, puisque le produit du vol concourt à les faire travailler.

Tant que la loi s'est bornée à spolier le grand nombre au profit du petit nombre, cette argutie a paru fort spécieuse et a toujours été invoquée avec succès. « Livrons aux riches des taxes mises sur les pauvres, disait-on ; par là nous augmenterons le capital des riches. Les riches s'adonneront au luxe, et le luxe donnera du travail aux pauvres. » Et chacun, les pauvres compris, de trouver le procédé infaillible. Pour avoir essayé d'en signaler le vice, j'ai passé longtemps, je passe encore pour un ennemi des classes laborieuses.

Mais, après la Révolution de Février, les pauvres ont eu voix au chapitre quand il s'est agi de faire la loi. Ont-ils demandé qu'elle cessât d'être spoliatrice ? Pas le moins du monde ; le sophisme des ricochets était trop enraciné dans leur tête. Qu'ont-ils donc demandé ? Que la loi, devenue impartiale, voulût bien spolier les classes riches à leur tour. Ils ont réclamé l'instruction gratuite, des avances gratuites de capitaux, des caisses de retraite fondées par l'État , l'impôt progressif, etc., etc... Les riches se sont mis à crier : « O scandale ! Tout est perdu ! De nouveaux barbares font irruption dans la société ! » Ils ont opposé aux prétentions des pauvres une résistance désespérée. On s'est battu d'abord à coups de fusil ; on se bat à présent à coups de scrutin. Mais les riches ont-ils renoncé pour cela à la spoliation ? Ils n'y ont pas seulement songé. L'argument des ricochets continue à leur servir de prétexte.

On pourrait cependant leur faire observer que si, au lieu d'exercer la spoliation par l'intermédiaire de la loi, ils l'exerçaient directement, leur sophisme s'évanouirait : Si, de votre autorité privée, vous preniez dans la poche d'un ouvrier un franc qui facilitât votre entrée au théâtre, seriez-vous bien venu à dire à cet ouvrier : « Mon ami, ce franc va circuler et va donner du travail à toi et à tes frères ? » Et l'ouvrier ne serait-il pas fondé à répondre : « Ce franc circulera de même si vous ne me le volez pas ; il ira au boulanger au lieu d'aller au machiniste ; il me procurera du pain au lieu de vous procurer des spectacles ? »

Il faut remarquer, en outre, que le sophisme des ricochets pourrait être aussi bien invoqué par les pauvres. Ils pourraient dire aux riches : « Que la loi nous aide à vous voler. Nous consommerons plus de drap, cela profitera à vos manufactures ; nous consommerons plus de viande, cela profitera à vos terres ; nous consommerons plus de sucre, cela profitera à vos armements. »

Malheureuse, trois fois malheureuse la nation où les questions se posent ainsi ; où nul ne songe à faire de la loi la règle de la justice ; où chacun n'y cherche qu'un instrument de vol à son profit, et où toutes les forces intellectuelles s'appliquent à trouver des excuses dans les effets éloignés et compliqués de la spoliation !

A l'appui des réflexions qui précèdent, il ne sera peut-être pas inutile de donner ici un extrait de la discussion qui eut lieu au Conseil général des Manufactures, de l'Agriculture et du Commerce, le samedi 27 avril 1850.

Table des matières.

DOMINIQUE RÉMY
Les lois de Vichy
Actes dits "lois"
de l'autorité de fait se prétendant
"gouvernement de l'État français"
(2ème édition)

PROCES DE NUREMBERG
PRÉSENTÉ PAR MICHEL DOBKINE
Crimes et humanité
Extraits des actes
du procès de Nuremberg
18 octobre 1945 - 1er octobre 1946

Les Constitutions d'Anderson
TEXTE DE 1723
TRADUIT EN FRANÇAIS
ET PUBLIÉ PAR DE LA TIERCE EN 1742
Histoire, Obligations et Statuts
de la très Vénérable Confraternité
des Francs-Maçons
(2ème édition)

PIE XI / GOEBELS
Le dernier avertissement
Pie XI : encyclique Mit brennender Sorge
(Avec une profonde inquiétude)
Goebbels : Dernier avertissement
aux catholiques allemands

FRÉDÉRIC BASTIAT
Ce qu'on voit
et Ce qu'on ne voit pas
Choix de Sophismes
et de Pamphlets économiques
(2ème édition)

PIERRE-JOSEPH PROUDHON
Du Principe Fédératif
et de la nécessité de reconstituer
le parti de la révolution

Éditions Romillat
17, rue Pascal 75005 Paris
tél. : 1 43 31 86 61 / fax : 1 43 31 86 34
web : romillat@romillat.fr
N° d'éditeur 87-894
Dépôt légal :
1ère édition : janvier 1994
2de édition : avril 2001
ISBN : 2-87894-065-2
N° d'imprimeur : 53318
Achevé d'imprimer par Corlet-Imprimeur SA
114110 Condé-sur-Noireau (France)
Imprimé en CEE